深埋隧道硬岩灾变
风险评估理论与方法

吴忠广　吴顺川　编著

人民交通出版社股份有限公司

北　京

内 容 提 要

本书利用案例统计、理论解析、现场监测与数值模拟等相结合的方法,系统介绍了作者多年来在硬岩隧道风险评估领域的研究成果,对深埋硬岩隧道风险评估基础理论、围岩参数不确定性对风险的影响、深埋硬岩隧道剥落破坏与岩爆风险评估方法等进行了全面系统的介绍,为有效指导深埋硬岩隧道灾变防治提供了理论和技术支持。

本书可供交通工程、道路工程、交通管理等专业的技术人员、管理人员、科研工作者使用,也可作为相关专业本科、研究生教学参考书。

图书在版编目(CIP)数据

深埋隧道硬岩灾变风险评估理论与方法 / 吴忠广,吴顺川编著. — 北京:人民交通出版社股份有限公司,2022.7

ISBN 978-7-114-17965-5

Ⅰ.①深… Ⅱ.①吴… ②吴… Ⅲ.①深埋隧道—岩石隧洞—隧道施工—风险管理 Ⅳ.①U459.9

中国版本图书馆 CIP 数据核字(2022)第 080655 号

Shenmai Suidao Yingyan Zaibian Fengxian Pinggu Lilun yu Fangfa

书　　名:深埋隧道硬岩灾变风险评估理论与方法
著 作 者:吴忠广　吴顺川
责任编辑:潘艳霞
责任校对:赵媛媛
责任印制:刘高彤
出版发行:人民交通出版社股份有限公司
地　　址:(100011)北京市朝阳区安定门外外馆斜街 3 号
网　　址:http://www.ccpcl.com.cn
销售电话:(010)59757973
总 经 销:人民交通出版社股份有限公司发行部
经　　销:各地新华书店
印　　刷:北京交通印务有限公司
开　　本:787×1092　1/16
印　　张:13.25
字　　数:323 千
版　　次:2022 年 7 月　第 1 版
印　　次:2022 年 7 月　第 1 次印刷
书　　号:ISBN 978-7-114-17965-5
定　　价:90.00 元

序　言

当前,我国交通基础设施建设进入黄金时期。据统计,我国铁路与公路隧道工程在“十三五”期间得到了快速发展,新增运营里程分别达到6592km与9315km,相比“十二五”期间的新增量,分别同比增加约9%与23%。按照《交通强国建设纲要》《国家综合立体交通网规划纲要》总体部署,到2035年,铁路和公路里程将分别达到20万km与46万km,其中,隧道工程建设任务依然繁重,中部丘陵地区和更复杂的西部盆地与高原地区都是隧道工程建设的重点。这些区域地形起伏较大、地质构造复杂、气候差异悬殊,给隧道工程尤其是硬岩隧道施工带来很大的风险。随埋深的增加,硬岩隧道工程以剥落破坏为代表的静态脆性破坏与岩爆动力破坏呈频发趋势,特别是岩爆,往往造成人员伤亡、工期延误与经济损失等。如何准确评估剥落破坏与岩爆风险,一直是岩土工程领域亟待解决的难题。

与传统结构工程材料不同,岩体是经过复杂地壳运动形成的天然地质体,其工程力学性质存在很大的不确定性,主要包括地质条件、力学参数和计算模型的不确定性等。这些不确定性因素的存在,给深埋硬岩隧道的可靠度分析与施工安全风险评估带来极大的困难,因此,亟须确定高效的硬岩隧道围岩参数不确定性表征方法与科学的定量风险评估方法。

硬岩隧道工程可靠度分析与风险评估的研究可系统地考虑隧道设计、施工等阶段所涉及的诸多不确定性因素,量化施工不确定性对隧道工程结构响应的影响,从而实现隧道工程施工安全风险评估。在国家重点研发计划、国家自然科学基金重点项目等资助下,吴顺川教授团队围绕“深埋隧道硬岩灾变风险评估”开展了系统深入的研究,揭示了深埋硬岩隧道围岩参数不确定性导致风险存在的演化机制,建立了剥落破坏随机高效风险评估模型,提出了不完备信息条件下岩爆风险动态评估方法,取得的系列创新性成果为解决深埋隧道硬岩灾变风险评估提供了有效的分析工具,有力推动了可靠度理论在深埋硬岩隧道施工安全风险分析中的应用。

本书紧扣国家和行业对深埋硬岩隧道工程建设安全的重大技术需求,提出了剥落破坏与岩爆灾害定量风险评估方法,丰富了基于可靠度分析的深埋隧道硬岩灾变风险评估理论体系,为隧道施工阶段防灾减灾提供了重要理论依据和技术支撑。本书理论推导严谨,语言表述简洁规范,对有效指导隧道工程施工的剥落破坏与岩爆风险防控具有重要意义,也为从事硬岩隧道设计、施工与科研人员提供了有益的参考,是一本值得借鉴的学术著作。

朱合华

中国工程院院士、同济大学教授

2022 年 4 月于上海

前　言

近年来,随着我国交通运输进入高质量发展阶段,交通基础设施建设进入转型发展的黄金时期,汶马高速公路、川藏铁路等一大批国家重点工程相继开工,大量的深埋隧道工程正在或即将在我国西部崇山峻岭地区兴建,硬脆性岩体隧道开挖卸荷诱发的剥落破坏和岩爆事故频发,给深埋硬岩隧道施工安全带来严峻的挑战。

作者以国家重点研发计划“交通运输基础设施施工安全关键技术与装备研究”之课题三“公路水运工程安全状态监测预警技术”(编号 2017YFC0805300)、国家自然科学基金重点项目“深地环境下结构控制型动力灾害孕育演化机制及监测预警方法研究”(编号 51934003)等为依托,围绕深埋硬岩隧道围岩参数不确定性对风险的影响量化表征、普适性的剥落破坏风险评估方法与不完备信息条件下岩爆风险评估方法三个关键科学问题,历经五年集中攻关,取得了一些创新成果,本书是在系统总结这些研究成果的基础上形成的。

本书共分 6 章,分别为绪论、风险评估基础理论、围岩参数不确定性对风险的影响量化表征、深埋硬岩隧道剥落破坏风险评估方法、深埋硬岩隧道岩爆风险评估方法、结论与展望。其中,风险评估基础理论系统分析了不确定与风险的关系,总结了“辨、析、估、控”风险评估流程,介绍了三种常见概率风险评估方法的研究现状;围岩参数不确定性对风险的影响量化表征主要针对硬岩隧道常用的启裂 - 剥落界限本构模型中围岩单轴抗压强度、启裂强度与抗压强度比及抗拉强度三个参数,结合贝叶斯分析方法构建概率反演模型,揭示了围岩参数不确定性导致风险产生的演化机制;深埋硬岩隧道剥落破坏风险评估方法主要利用可靠度设计方法,基于 Hermite 随机多项式,建立随机响应面的剥落破坏深度概率可靠度估测模型,推导得到剥落破坏预期成本比理论解析公式,计算得到风险分级标准;深埋硬岩隧道岩爆风险评估方法主要基于岩爆实际事故案例与微震监测案例统计分析,建立基于 Copula 理论的施工前岩爆风险可能性估测概率模型与基于贝叶斯网络的深埋硬岩隧道施工中岩爆风险动态评估方法。

每章节内容从方法原理、步骤流程、案例应用、讨论分析等四方面出发,对提出的新方法、建立的新模型进行了系统阐述,内容遵循理论性与规范性的同时,力求兼具完整性与实用性,旨在对深埋隧道硬岩灾变风险防控提供有益的参考和借鉴。

本书在研究和编写过程中,北京科技大学博士研究生吴金、王涵,硕士研究生张晨曦、朱强等,参与了本书部分资料的收集、绘图、校核等工作;玉溪矿业有限公司提供了本书封面图片素材;中交第二航务工程局有限公司安监部总经理吕树胜、副总经理李新明以及人民交通出版社股份有限公司潘艳霞等编辑为本书的出版付出了辛勤劳动,在此一并表示衷心的感谢!

本书对于深埋硬岩隧道剥落破坏和岩爆风险评估进行了初步的探索和尝试,由于学术水平有限,书中观点和内容难免有不足和疏漏之处,敬请读者批评指正。

作　者

2022 年 4 月

目　录

Chapter 01

第1章

绪论

1.1 研究背景

随着我国“一带一路”倡议的全面推进及新型城镇化建设的不断发展，交通运输基础设施发展进入转型发展的黄金时期，建设需求持续旺盛，交通建设工程向中西部地区深入推进，大量的隧道工程正在或即将在我国西部崇山峻岭中兴建。规划建设的川藏铁路全线隧道长789km，隧线比约为82%，长度20km以上的隧道有16座，长度30km以上隧道有5座，1座将达40km以上。由于我国西部山区地形地质条件复杂，地质构造活动强烈，工程埋深大，地应力水平高，工程建设过程中经常发生剥落破坏和岩爆事故，造成大量的人员伤亡、经济损失和工期延误等，深埋硬岩隧道施工安全面临严峻挑战。

1.1.1 剥落破坏事故频发

深埋隧道开挖施工过程中绝大部分围岩失稳为静态脆性破坏（片帮、剥落等），硬脆性岩体破坏模式、控制因素和变形破坏机制表现出与浅埋低应力条件下完全不同的变化。剥落破坏是深埋硬岩隧道施工过程中典型的脆性破坏，经常发生在隧道拱顶或边墙等部位。高应力下硬岩在开挖卸荷作用下围岩将持续裂化，围岩内部将发育一定深度的破裂损伤区，并随着表层围岩的破坏而向深部发展。

深埋硬岩隧道剥落破坏现象最具代表性的是20世纪90年代前期的加拿大原子能有限公司地下实验室Mine-by试验隧道V形脆性破坏，具体见图1-1。深埋硬岩隧道剥落破坏不但可能造成隧道局部围岩破坏，而且还会造成支护结构失效，甚至诱发岩爆，给隧道施工安全带来严重影响。2008年4月—2009年3月，锦屏一级水电站地下厂房区域施工中出现围岩破坏、变形量较大、卸荷松弛显著、混凝土喷层开裂、钢拱架挤压屈曲、锚杆应力和锚索载荷超载比例高等一系列变形破坏现象，其本质是由高地应力和相对较低的岩体强度形成的不利组合造成的围岩压致劈裂破坏。锦屏二级水电站深埋引水隧洞引(4)13+800洞段断面北侧边墙在2009年12月开挖施工时实施了喷射混凝土支护+系统锚杆支护，但下台阶开挖后未及时支护，到2010年1月，洞腰线以上喷层已经开裂，多处围岩出现鼓胀裂缝，北侧拱肩和边墙形成深度达5.2m的松动区，远超初挖时2~3m的深度，原设计方案已难以满足要求。2014年5月1日，雅康高速公路新二郎山隧道右线施工至K76+441时，在21:20爆破后听到连续性的多声巨响后，发现K76+456~K76+443.5段已施工完成(3d前施工完毕)的初期支护在拱顶与进洞右侧拱腰处出现多条贯通性、沿隧道径向发展的裂缝，具体见图1-2。此裂缝波及9榀已施工完成的拱架，并导致其中5榀有严重变形。

因此，针对深埋硬岩隧道围岩剥落破坏高度的不确定性和时空变异性，如何量化评估剥落破坏风险，对于有效指导深埋硬岩隧道脆性破坏防治与支护设计优化具有重要的现实意义。

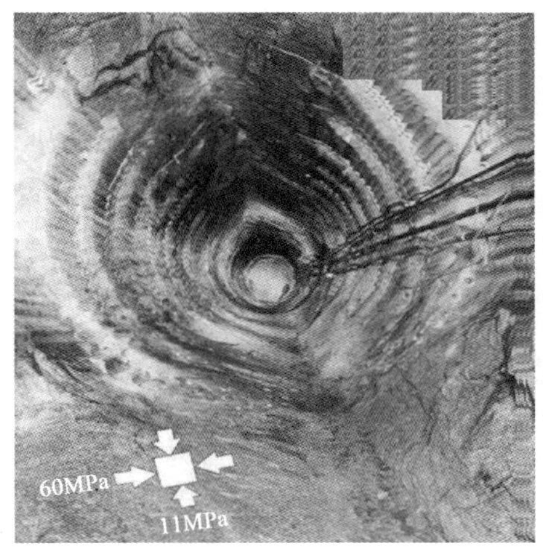

图 1-1　加拿大 Mine-by 试验隧道

图 1-2　雅康高速公路新二郎山隧道

1.1.2　岩爆事故后果严重

除剥落破坏形式外，在深埋高地应力条件下，硬脆性岩体隧道开挖卸荷诱发的岩爆灾害发生频率越来越高，造成的危害也越来越大。自 1738 年英国锡矿岩爆被首次报道以来，先后有 21 个国家和地区记录发生过岩爆。岩爆最早成为公认的问题是在 1898 年的印度 Kolar 金矿，到 1903 年底，共发生 75 次岩爆，造成严重的人员伤亡。我国最早的岩爆记录是 1933 年的抚顺胜利煤田。据不完全统计，1949—1997 年我国 33 个煤矿共发生岩爆 2000 多起；在水利水电和交通工程领域，每年由于深部工程灾害诱发的工程事故就达数千起，伤亡人数近千人，诸多工程工期延误半年甚至 1 年以上，数千万元甚至上亿元的机械设备报废，经济损失巨大。1993 年竣工的太平驿引水隧洞累计发生岩爆 400 余次，4 次砸断台车钻臂，2 次砸坏卡车，重伤 3 人，轻伤 4 人，共停工 32d。锦屏二级水电站引水隧洞截至 2012 年 2 月共发生岩爆 750 多次，其中，2009 年 11 月 28 日排水洞的一次极强岩爆导致 7 人死亡，一台全断面隧道掘进机(TBM)报废，造成严重经济损失。秦岭终南山特长公路隧道在施工区段内有 2664m 产生不同程度的岩爆，其中，中等与强烈岩爆共 14 段，占总岩爆长度的 38.3%。映汶高速公路福堂隧道施工过程中先后发生多次不同烈度的岩爆现象，出口段发生连续岩爆的洞段共有 19 段，双洞累计岩爆总长度达 2692m，占两隧道总长度 10611m 的 25.37%。2001 年交工的川藏公路老二郎山隧道施工过程中先后发生了 200 多次烈度不等的岩爆现象，岩爆发生部位共 15 段，长度共计 1776m。2018 年交工的雅康高速公路新二郎山隧道右线岩爆段落长度 2050m，左线岩爆段落长度 2058m，双洞累计岩爆总长度占两隧道总长度 26865m 的15.29%；2013 年 7 月 21 日—2014 年 7 月 10 日施工过程中左线岩爆实录调查共记录发生岩爆 131 次，2014 年 1 月 9 日—2014 年 7 月 14 日施工过程中右线岩爆实录调查共记录发生岩爆 118 次，多次砸坏卡车，施工进度严重滞后。2016 年 5 月，雅康高速公路大河沟隧道左线发生多次岩爆，造成不同程度的破坏，具体见图 1-3 与图 1-4。

图 1-3 大河沟隧道左线拱顶岩爆

图 1-4 大河沟隧道左线拱腰岩爆

因此,面对影响深埋硬岩隧道施工安全的岩爆灾害问题,如何准确评估岩爆风险,结合围岩脆性破坏动态信息融合特征提出动态风险评估方法,对于有效指导岩爆防治、遏制岩爆事故发生具有重要的现实意义。

1.2 硬岩灾变风险研究现状

1.2.1 隧道围岩参数不确定性分析

1.2.1.1 围岩参数不确定性对风险的影响研究

岩土工程中涉及大量不确定性因素,如岩体性质、荷载、几何尺寸、初始条件、边界条件、计算模型、破坏机理等,许多风险源或者事故隐患来自岩土工程中的不确定性或者误差,岩土工程的不确定性导致风险已成为业界共识。Einstein 与 Baecher(1983)认为岩土工程不确定性因素包括岩土体固有的时空变异性、测量误差(系统性或者随机性)、模型不确定性、荷载不确定性以及其他被忽略的因素等。国内外对岩土工程中不确定性的分类有不同的表述,谭文辉与蔡美峰(2010)将不确定性分为随机不确定性和模糊不确定性,随机不确定性因素主要有荷载环境、地质环境等,模糊不确定性包括由于对岩体特性、变形破坏机理认识不清楚等导致的对岩石力学分析和模拟的模糊性。张璐璐等(2011)将岩土工程中的不确定性分为客观不确定性与主观不确定性,含义基本同上。Baecher 与 Christian(2003)、Armen Der Kiureghian 与 O Ditlevsen(2007)、J. Connor Langford 与 Diederichs(2015)等,根据数据信息的掌握程度将不确定性分为随机不确定性和认知不确定性两类,这两类不确定性分类方法在岩土工程领域逐渐得到广泛认可。下面对这两类不确定性研究进展分别进行论述。

1)随机不确定性研究

岩体力学性质与岩体中的结构面、结构体及赋存环境密切相关,常表现出非线性、各向异

性及尺寸效应等特征，导致岩体力学参数存在随机不确定性。这是岩体性质的固有随机性，通过重复试验不能消除。国内外众多学者如 Casagrande(1965)、Whitman(1984)、Harr(1987)、K. K. Phoon(1999)等、苏永华等(2011)相关研究表明，由于岩体工程中存在的大量不确定性，采用传统的确定性研究方法不能足够表征岩土工程结构物的可靠性与不确定性条件下的风险。越来越多的研究开始认识到岩体参数的不确定性是岩土工程中不确定性的主要来源，岩体参数也具有类似土体参数的空间变异性，会对岩土工程问题计算结果的准确性和可靠性产生重要的影响。程勇刚等(2012)、李典庆等(2012)指出岩体性质在空间上具有较大的不确定性，并利用非侵入随机分析方法研究了岩体空间变异性对围岩变形的影响。方超与薛亚东(2014)利用随机场模型模拟了围岩参数的空间变异性。T. Miranda 等(2009)分析了岩体参数的变异性与不确定性问题，利用贝叶斯概率方法实现了地下洞室岩体弹性模量随工程施工信息变化的动态更新。

2)认知不确定性研究

由于现场数据缺失、测量不准确与模型误差等导致岩体力学参数存在认知不确定性，可以通过大量的试验与先进的统计分析技术来减少这种不确定性。岩体参数认知不确定性处理方法总体上可分为经验分类法、试验分析法与统计计算法。这三类方法的研究进展情况基本如下。

(1)经验分类法研究方面

围岩参数的经验分类方法是量化岩体地质条件的重要途径。岩体分类方法有很多种，目前国内外普遍使用的有 RMR 分类方法、Q 系统分类方法、广义 Hoek-Brown(以下简称 H-B)强度准则参数估算方法、[BQ]法等方法。其中，以 H-B 强度准则为基础的岩体宏观力学参数估算方法在岩土工程领域得到了广泛的使用，对该准则的不确定性研究一直是国内外研究的热点。H-B 强度准则是以岩石力学试验为基础提出的表征岩体非线性破坏的经验准则。多年来，Evert Hoek 与 Edwin T. Brown 等(1988,1992)对该准则进行了多次改进，并引入地质强度指标(Geological Strength Index, GSI)与可考虑爆破影响和应力释放的扰动参数，现已形成较为完整的体系。然而，该方法得到的岩体参数往往是"确定的"，未反映参数的认知不确定性。Hoek(1998)、吕庆等(2011)、曾鹏与 Rafael Jimenez(2014)、J. Connor Langford 与 Diederichs等(2013,2015,2016)基于广义 H-B 准则，利用可靠度方法研究了准则参数的不确定性对地下工程结构设计、稳定性分析产生的影响；J. Connor Langford 与 Diederichs(2015)利用回归统计方法，分析了广义 H-B 强度准则参数的不确定性对隧道支护性能的影响。针对深埋脆性岩石峰后强度弱化的特征，为准确评估峰后残余强度参数，蔡明等(2007)考虑节理构造和节理面性质对岩体的影响，建立了残余 GSI_r 量化评分系统来确定岩体残余强度等参数，Carranza-Torres 等(2002)、Cundall 等(2003)在 H-B 强度准则中引入强度损失因子，提出了考虑强度弱化的 H-B 强度准则修正模式，在此基础上，萧富元等(2011)利用岩石力学试验确定强度损失因子取值，进而计算岩体残余强度参数，避免低估峰后强度弱化对隧道变形的影响。

因此，科学量化广义 H-B 强度准则参数的认知不确定性对于合理估测岩体力学参数、准确研判岩土工程结构风险具有重要的意义，也是保证岩体工程合理设计、安全施工及正常运营的关键。

（2）试验分析法研究方面

岩石力学试验分析方法主要包括室内岩石力学试验、岩体现场原位试验与数值试验三种，具体研究进展情况如下：

①室内岩石力学试验与岩体现场原位试验。

室内岩石力学试验、岩体现场原位试验通过对岩石/岩体样本施加外荷载来求取参数试验数据，再采用一定的数学分析方法确定相应力学参数值，得到的试验数据量有限，往往为小样本数据，充分挖掘利用有限现场试验数据的相关信息来估算岩体参数并分析参数不确定性特征一直是岩土工程领域重要的研究内容。B. Kostak 和 H. U. Bielenstein（1971）分析了 320 组完好的 Matinenda 砂岩单轴压缩试验数据，发现强度值概率分布存在波动性，带缺陷的样本波动性更加明显。谭忠盛等（1999）分析了隧道围岩抗剪强度参数的概率分布特征，杨超与黄达等（2013）基于 Copula 理论建立了小样本条件下岩体质量指标与抗剪强度参数间的联合分布函数，并分析了多变量参数间的相关关系。唐小松与李典庆等（2012）利用 4 组水利水电工程的岩基抗剪强度参数试验数据，分析了抗剪强度参数间相关结构对边坡可靠度的影响规律。宫凤强与李夕兵等（2006，2016）提出了正态信息扩散法，成功用于估算岩土参数概率分布。

②数值试验。

随着计算机技术的快速发展，利用数值试验分析的方法确定岩体力学参数已得到广泛应用。基于连续介质理论的数值计算方法将岩体等效为连续介质，伍法权（1991）、周维垣与杨延毅（1991）、朱维申和王平（1992）、晏石林和王建平（1997）等在节理岩体等效模型法的基础上，通过数值计算方法确定了岩体宏观等效参数。然而，岩体不是连续介质材料，节理裂隙等结构面的存在会引起岩体力学参数的尺寸效应，对岩体力学性质产生较大影响。不连续介质模型考虑了岩体中各结构面的实际强度与变形性质，离散单元法、不连续变形分析法、颗粒离散元法等诸多不连续介质数值模拟计算方法近年来得到了广泛应用，其中，颗粒离散元法能自动反映介质的连续非线性应力－应变关系、屈服强度和峰后应变软化或硬化过程等，在研究岩体的非均质材料力学性质方面具有较强的适用性。Potyondy 等（2004）、Holt 等（2005）利用颗粒离散元黏结颗粒模型数值计算方法模拟了岩样的力学性质与特征，张志刚等（2007）利用颗粒离散元方法，实现了对隧道工程岩体大尺度单节理岩体的强度预测，吴顺川等（2010）、周喻（2013）、高艳华（2016）等利用颗粒离散元方法，研究提出了等效岩体数值分析技术，成功获得了工程尺度的岩体宏观力学参数。

室内岩石力学试验与岩体现场原位试验是获取岩体力学参数最直接、最有效的方法，但受到试验样本数量、工程实际情况、数据处理方法等客观因素影响，岩体参数试验值与真值之间存在一定的误差；而采用简化等效的岩体非连续介质计算方法可近似模拟岩体实际工况，但在节理等结构面实际分布状态确定、真实岩体赋存环境模拟、与现场监测数据融合反馈等方面尚存在很大差距，导致获取的岩体力学参数存在较大的不确定性。因此，量化反映试验分析方法的不确定性，对于准确确定岩体力学参数具有重要的意义。

（3）统计计算法研究方面

岩土参数不同的概率分布类型会直接影响岩土工程结构的可靠度计算结果，因此，准确模拟岩体参数不确定性是进行隧道工程可靠度分析与风险评估的前提。从统计计算方法的角度而言，不确定性建模主要考虑两个方面：一是岩体参数概率分布函数的确定，二是岩体参数间

相关性分析。具体研究进展情况如下：

①岩体参数概率分布函数的确定。

岩体参数最优分布函数常基于实测数据，利用包括赤池信息准则（Akaike Information Criterion，AIC）和贝叶斯信息准则（Bayesian Information Criterion，BIC）等信息准则识别产生。岩土工程中常用的边缘分布函数包括正态分布函数、对数正态分布函数、极值 I 型分布函数、Weibull 分布函数、指数分布函数、Gamma 分布函数等，双参数情况时采用二维分布函数形式，多维分布模型以多维正态分布、多维偏正态分布、多维 t 分布等较为常见。岩体参数的不确定性建模一直是国内外岩土工程可靠度研究的关键问题。宫凤强与李夕兵团队（2006，2015，2016）先后提出了基于层次分析法（Analytic Hierarchy Process，AHP）先验分布融合方法的岩土参数概率分布函数，以及基于正态信息扩散法的小样本与大样本岩土参数概率密度函数；王宇与曹子君等（2015，2016）利用贝叶斯方法提出了土体等效弹性模量的计算方法，并将特定场地岩土参数概率密度近似视为若干不同参数分布函数的加权求和，提出了无信息先验分布法与主观概率评价法，解决了参数先验信息难以确定的难题；Phoon 和 Kulhawy（1999）给出了常见岩土体参数的均值和变异系数取值范围与适用条件，J. Connor Langford 和 Diederichs（2015）总结了花岗岩、石灰岩、页岩单轴抗压强度和弹性模量的变异系数变化范围。

②岩体参数间相关性分析。

一般情况下，岩土工程有限的试验数据只能获得岩土力学参数的边缘分布函数和相关系数，并不能得到参数的联合概率分布函数，相关非正态强度参数联合分布函数的建立需要大量的试验数据。李典庆与唐小松等（2015）研究指出，不完备概率信息条件下，常用的岩土体参数多维正态分布模型并不总是表征参数间相关结构的最优概率分布模型，揭示了岩土体参数多维正态分布模型可靠度结果的失真机制。岩土参数相关性对工程可靠度的影响表现在相关系数影响与相关结构影响两方面，不同 Copula（拉丁语，原意是“连接”）函数具有不同相关结构决定了岩土参数联合概率分布函数不唯一，导致岩土结构可靠度也不能被唯一确定。Copula理论是由 Sklar（1959）在 1959 年提出的。该理论指出，任意一个多维联合概率分布函数都可以分解为相应的边缘分布和一个 Copula 函数，而且变量边缘分布函数估计与 Copula 函数的选择分开独立进行，可以构造出包含任意边缘分布和任意相关结构的联合概率分布函数，Copula 函数唯一确定了变量间的相关性，包括相关系数的大小和相关结构的类型。近年来，Copula 理论为相关非正态变量联合分布函数的构造提供了新的路径，在可靠度研究领域得到了快速发展。与边缘分布函数具有分布参数类似，Copula 函数也具有相关参数，其大小表征了变量之间相关性的大小，可以由 Pearson 线性相关系数、Kendall 秩相关系数、Spearman 秩相关系数、尾部相关系数等估计。现有的大多数 Copula 函数仅能表示变量之间正相关或者较弱负相关情形，只有少数 Copula 函数能同时描述变量之间较强正负相关关系的能力。因此，最优 Copula 函数的识别是不确定性分析的关键，常用的定量判定方法是赤池信息准则（AIC）或者贝叶斯信息准则（BIC），将具有最小 AIC 值或者 BIC 值的 Copula 函数视为拟合原始数据相关结构的最优函数。

上述国内外研究成果表明，岩体参数的不确定性可分为岩体固有变异性导致的随机不确定性和由对岩体认识的缺失导致的认知不确定性两类。许多研究引入概率模型来刻画岩体参数的随机不确定性，而对概率模型中参数认识的不足会导致认知不确定性产生，这是由于无论模型参数还是支撑模型结构或理论的假设都存在不确定性。因此，开展隧道围岩参数不确定性研究的目的在于，分析输入的围岩参数不确定性所导致的隧道结构分析结果的不确定性，研究这种不确定性对隧道结构安全性能及施工安全风险的影响，进而对风险进行合理评估量化，确保施工安全。

1.2.1.2 概率反分析方法研究

隧道施工采用的是动态反馈方法，即要不断通过现场的监控量测来了解围岩与支护结构的变化，判断和预测隧道工程的稳定性，并反馈于下一循环的设计和施工，以确定是否要修改初始设计参数或者变更施工参数与方案，不断确保施工安全。在隧道设计施工中，这种通过监测数据来估计特征参数对隧道稳定性进行评价与预测，进而指导施工的方法称为反分析方法、反演方法等。从 20 世纪 70 年代起，日本、美国、意大利等国家的学者开始进行岩体位移反馈理论和应用研究，先后发展了位移反分析法、应力反分析法和混合反分析法，每种方法又可细分为解析法和数值法等。传统的确定性反分析方法没有考虑量测变形与反分析模型的不确定性，也不能反映岩体参数的不确定性。

20 世纪 90 年代以来，随着系统论、信息论等技术的发展，概率反分析、贝叶斯反分析、模糊反分析、智能反分析等不确定性反分析方法发展很快。贝叶斯反分析是不确定性分析的有效方法，它考虑工程参数先验信息，能够融合岩土工程位移、应力等多源监测数据，利用概率反分析计算参数的后验分布，合理表征参数的不确定性。贝叶斯反分析方法在岩土工程中应用较为广泛，解决了很多工程实际问题。黄宏伟等(2012)基于贝叶斯原理，考虑荷载、变形的不确定性及参数的先验信息，以随机过程理论为基础，提出了广义参数反分析法。Gilbert 等(1995，1998)、张璐璐等(2010，2013)、张洁与 Wilson H. Tang 等(2010)、王磊等(2013)、李绍军等(2016)利用贝叶斯概率反分析方法分析了边坡工程不确定性问题，T. Miranda 等(2011)、S. Miro 等(2015)通过对岩土参数进行贝叶斯概率反分析，研究其不确定性对隧道结构及周围环境的影响。目前，贝叶斯概率反分析已成为岩土力学参数不确定性问题研究的热点。Haas 与 Einstein(2002)利用贝叶斯方法动态更新了如密集裂隙平均长度等岩土工程参数；T. Miranda等(2009)考虑岩体参数无信息分布与共轭分布两种先验分布形式，利用贝叶斯方法实现了地下厂房岩体弹性模量的动态更新与不确定性估测；张洁与 Wilson H. Tang 等(2012)利用混合马尔科夫链蒙特卡洛方法研究了岩土力学模型的不确定性；彭铭等(2014)提出了边坡多源监测数据融合的贝叶斯可靠度计算方法；冯现大与 Rafael Jimenez(2014)、王宇与曹子君(2013，2016)等基于贝叶斯理论提出了等效岩土力学参数的计算方法；王宇与Adeyemi Emman Aladejare(2016)提出了计算岩石单轴抗压强度与杨氏模量相关系数的贝叶斯方法。

贝叶斯概率反分析方法通过建立岩体参数与工程监测数据之间的非线性映射关系，根据监测数据的变化反演计算岩体参数，实现参数的动态更新。对于复杂的非线性地下工程问题，数值计算非常复杂且计算量很大，为提高反分析计算效率，响应面方法常近似作为表征这种复杂映射关系的替代模型。传统的多项式响应面方法随着阶数的增加所需的计算量增大，多项式响应面拟合效果不佳，甚至可能会产生伪极限状态面。基于神经网络或者支持向量机的智能响应面具有利用较少的样本数据进行高阶逼近的优点，逐渐被应用于岩石工程智能分析领域中，与贝叶斯概率反分析方法相结合效果显著。

从上述概率反分析方法的研究现状来看,采用贝叶斯概率反分析的方法是合理估测隧道结构安全性能不确定性与施工安全风险的有效方法,可为本书深埋硬岩隧道施工安全风险量化评估提供一定的借鉴方法与理论支撑。

1.2.2　深埋硬岩隧道剥落破坏风险研究

剥落破坏是深埋硬岩隧道施工过程中典型的脆性破坏,经常发生在隧道拱顶或边墙等部位,可能造成隧道局部围岩破坏或支护结构失效,甚至诱发应变型岩爆,给隧道施工安全与长期稳定带来严重影响。因此,如何量化评估剥落破坏风险,对于有效指导深埋硬岩隧道脆性破坏防治与支护设计优化具有重要的现实意义。下面从剥落破坏风险分析与剥落破坏风险估测两个方面对剥落破坏风险研究现状进行总结。

1.2.2.1　剥落破坏风险分析现状

对于剥落破坏风险分析的研究主要是回答剥落破坏风险产生的机制与路径。当前剥落破坏风险分析方法研究可分为室内试验、原位试验与数值试验三个方面,具体研究进展情况如下。

1)室内试验与原位试验

剥落破坏室内试验主要有特征指标试验与物理模型试验两种。其中,特征指标试验主要针对影响硬岩脆性破坏的启裂强度、抗拉强度、抗压强度等进行单轴或三轴试验,分析特征参数与剥落破坏间的相关关系。Mohsen Nicksiar 与 C. D. Martin(2013)从 376 组火成岩、沉积岩与变质岩应力-应变试验室数据中推导得到启裂强度与峰值强度比、启裂强度与单轴抗压强度比变化范围分别为 0.42 ~ 0.47 与 0.5 ~ 0.54;唐辉明等(2018)对比分析了 5 种常规启裂强度试验测试方法,基于 227 组单轴抗压强度试验数据得到启裂强度与单轴抗压强度比在 0.5 左右,启裂强度与峰值强度比在 0.55 左右;冯夏庭等(2020)利用真三轴试验得到了破坏强度通用计算公式,并探讨了中间主应力与最小主应力对破坏强度的影响;Matthew A Perras 与 Mark S. Diederichs(2014)系统总结分析了抗拉强度试验测试方法结果差异,并给出了单轴抗拉强度与单轴抗压强度的关系公式。剥落破坏室内试验物理模型试验方面,宫凤强等(2018,2020)利用圆形试验隧道先后开展了剥落破坏室内模拟,再现了 V 形破坏现象,并分析得到了剥落破坏变形机制及其主要影响因素。

其中,抗拉强度室内试验方法一览表见表 1-1,启裂强度室内试验方法总结见表 1-2。

原位试验主要是利用现场监测等方法开展剥落破坏机理的研究。李术才等(2008)采用矿井钻孔电视成像仪对淮南矿区近千米深井巷道断面不同钻孔内的破裂情况进行监测,得到了围岩分区破裂分布图;冯夏庭等(2017)利用多点位移计与数字钻孔摄像相结合的方法对某水电站地下厂房进行了长期监测,观测到了高应力环境下围岩具有明显的分区破裂特征;蔡明等(2014)利用 Mine – by 试验隧道验证了剥落破坏时岩体表面不均匀性对岩体强度的影响,现场实际岩体启裂强度高达 0.8UCS ± 0.05UCS(UCS 指单轴抗压强度),远大于通常所说的 0.4UCS ± 0.1UCS;Alex Hall 等(2021)利用高精度激光雷达(LiDAR)扫描、微震与现场勘查相结合的手段,分析了加拿大 Sudbury 矿山钻孔天井围岩劣化机理,指出开挖带来的应力变化、局部地质结构等因素造成围岩不同程度的剥落破坏。

抗拉强度室内试验方法一览表

表 1-1

实验名称	试样	原理	计算公式	特点
直接拉伸法	直接拉伸试样的最佳形状描述为“狗骨头”形状，其中高度与直径之比应为中心测试区域的2.0～3.0倍。圆角的曲率半径应为$1D \sim 2D$（D为直径）	根据抗拉强度的定义，采用直接拉伸的方法测量岩石抗拉强度	计算公式为$\sigma_t = \frac{P}{A}$。式中，σ_t为岩石试件的抗拉强度；P为试件破坏时的最大拉力；A为试件的破坏截面面积。有效的直接拉伸试验应导致试样中点的失效。 双轴拉伸计算公式为$\sigma_t = \frac{F_a}{A_1} - \frac{P(A_1 - A_2)}{A_1}$。式中，$F_a$为施加的轴向荷载；$A_1$为窄直径；$A_2$为压头直径；$P$为围压（李斌与张先普，1992）	直接拉伸试验被认为是确定岩石真实拉伸强度的最有效方法，但做起来难度很大。用直接拉伸法测定岩石抗拉强度的最大困难是试件的夹持易损伤岩石表面和施加的荷载难以保证应力在试件横截面内均匀分布（李斌与张先普，1992）
圆盘劈裂法	圆盘试件，直径宜为48～54mm，高度与直径之比宜为0.5～1.0，试件高度应大于岩石最大颗粒粒径的10倍	在圆盘试件的相对轴向表面上施加均匀的对称荷载，使试件垂直于作用力的面内产生均匀的拉应力，当拉应力达到岩石抗拉强度时，最后试件被劈裂破坏，从而测定岩石的抗拉强度	按弹性力学 Hondros 解，可计算出岩石抗拉强度为$\sigma_t = \frac{2P}{\pi dt}$。式中，$P$为岩石破坏时承受的最大荷载；$d$、$t$为圆盘试件的直径与厚度	劈裂试验中受加载点应力集中的影响，岩石试样必然会从加载点启裂，所以劈裂法不适用于岩石类材料的抗拉强度测试（魏炯，等，2016）
圆环劈裂法	圆环试件	为了克服实心圆盘中混合失效模式的趋势而提出的。一般认为当荷载达到最大值时裂纹开始萌生。因此，根据最大荷载值可以计算出圆环岩石试样中心孔表面的最大抗拉强度，并把这个强度值看作岩石的抗拉强度（李地元，等，2016）	计算公式为$\sigma_t = k\frac{2P}{Dt}$，$k = \frac{1}{\pi}\left[6 + 38\left(\frac{d}{D}\right)^2\right]$，式中，$\sigma_t$为试件的抗拉强度，MPa；$P$为试样破坏所需的荷载，N；$D$为圆环试样的外部直径，mm，$d$为圆环试样的内部直径，mm；$t$为圆环试样的厚度，mm	劈裂法不能真实反映岩石的抗拉强度，对于硬岩，一般偏低50%～100%；无效试验经常发生在变质或沉积样品中

续上表

实验名称	试样	原理	计算公式	特点
四点弯曲试验法	长方形梁试件	对于纯弯状态的梁，将分别在梁的凸边和凹边产生拉应力和压应力，而岩石的抗拉强度又远小于其抗压强度，所以当荷载超过岩石的拉伸强度极限时，试件将由于拉应力而破坏，四点弯曲方法正是利用这一原理来测出岩石的抗拉强度(李斌与张先普，1992)	适合于岩石材料的纯弯梁计算，凸边拉应力计算公式为 $\sigma_t = \frac{3M}{bh^2} \cdot \frac{\varepsilon_1 + \varepsilon_2}{\varepsilon_2}$。式中，$M$ 为作用于试件中部的弯矩；ε_1 为试件破坏的最大压缩应变；ε_2 为试件破坏的最大拉伸应变；b、h 为试件的宽度及高度	无论是三点式弯曲试验，还是四点式弯曲试验，拉、压弹性模量不等和屈服引起误差均无法避免。现有弯曲法测抗拉强度的方法很不可靠，通常弯曲法测定的抗拉强度偏大很多(陈津民，2008)
三点弯曲试验法	长方形梁或圆柱梁试件	因岩石和混凝土材料抗拉强度远小于抗压强度，在三点弯曲试验中，首先从下缘处出现拉伸断裂，此时是材料的弯曲抗拉强度(也称抗折强度或抗弯强度)	长方形梁计算公式为 $\sigma_{tb} = \frac{3P_{max}l}{2bh^2}$，如换成直径 d 的圆柱梁，则计算公式为 $\sigma_{tb} = \frac{8P_{max}l}{\pi d^3}$(魏炯，等，2016)	三点弯曲方法下岩石的变形破坏由底部表面启裂并向中间发展(黄正均，等，2020)。该方法贴近工程实际，与直接拉伸相比，制样和试验难度较低且成功率高；与劈裂拉伸相比，能绘制应力-应变关系曲线和计算拉伸弹性模量，在岩体工程和建筑材料中具有广泛的应用前景，可进一步完善及推广
圆盘弯曲法	圆盘试件	处于简单支撑的圆盘试件在中心受载时，试件的底面将产生拉应力，而当拉应力超过材料本身的极限拉伸强度时，试件就会破坏，这样就可测得岩石的抗拉强度(叶明亮，等，2001)	按圆板弹性挠曲理论可推算出在板中引起的最大拉应力为：$\sigma_t = -\frac{3(1+\mu)P}{2\pi t^2}\left(\frac{1}{1+\mu} + \ln\frac{r_d}{r_p} - \frac{1-\mu}{1+\mu} \cdot \frac{r_p^2}{4r_d^2}\right)$。式中，$\mu$ 为岩石的泊松比；P 为试件承受的最大破坏荷载；t、r_d 为圆盘试件的厚度与半径；r_p 为加载压头的半径	通常弯曲法测定的抗拉强度偏大很多(陈津民，2008)

启裂强度试验方法总结

表 1-2

试验方法	原理	特点
应力-应变法	启裂强度(CI)阈值可以确定为应力－应变(体积或横向)偏离线性的点(彭军,等,2018)	如果样品中存在预先存在的损伤(微裂纹),则可能不存在线弹性行为,或者可能无法准确定义真实的 CI
累积声发射撞击切线法(CAEHT)	对应于最大累积声发射撞击差的轴向应力被假定为裂纹起始应力阈值(彭俊,等,2015)	当应力－应变关系不可用时,声发射技术是获得应力阈值的有效技术;当沿着近似线性截面绘制切线时,不能保证结果的唯一性。用累积声发射撞击切线法确定 CI 取决于具有 S 形特征的曲线;然而,在声发射试验过程中,大多数岩石很难获得具有明显 S 形特征的累积声发射撞击曲线(文涛,等,2018)。背景噪声和真正裂纹萌生之间的清晰界限可能难以确定(赵星海,等,2015)
声发射振铃计数	其振铃计数连续性增加的起点即为 CI(胡少伟,等,2014)	当应力－应变关系不可用时,声发射技术是获得应力阈值的有效技术;背景噪声和真正裂纹萌生之间的清晰界限可能难以确定(赵星海,等,2015)
声波传播方法(WT)	波速的增加速率逐渐减小,横向速度 v_0 最大。随后,v_0 保持恒定。之后,波速开始降低,这一点被认为对应 CI(张国凯,等,2020)	侧重于岩石的微观尺度行为,准确地检测 CI(张国凯,等,2020)
体积应变法(VS)	通过体积应变来确定应力－体积应变曲线中的扩容起始点,从而确定 CI;应力－体积应变曲线在应力达到 CI 之前呈现线性特征,应力－体积应变曲线线性部分末端的点通常被认为是 CI(文涛,等,2018;Martin,等,1994)	由于其明确的物理意义,用于确定 CI 是实用的。但是该方法有明显的主观性。在应力－体积应变曲线中确定线性部分的起始点是困难的,因为轴向应变和横向应变都影响体积应变,导致从沿着线性部分切线导出的 CI 存在随机性。此外,在一定应力范围内的应力－体积应变行为表现出近似弹性,如果应力超过一定范围,岩石表现出很强的非线性特征,导致线性偏离点的均匀性非常差(文涛,等,2018)
裂纹体积应变法(CVS)	通过绘制轴向应力－裂纹体积应变曲线来确定 CI。CI 对应于水平截面端部的应力,裂纹体积应变为零(文涛,等,2018;Martin,等,1994)	更准确、更客观,易于程序化。CVS 方法的一个缺点是弹性常数(E、v)对 CI 有很大的影响(赵星海,等,2015);当测试前岩石样品中有大量裂纹时,很难应用该方法。此外,当建立偏离水平截面的点时,容易引入误差
横向应变法监测(LS)	CI 通过定义与横向应变偏离线性点相对应的横向应变起始点来确定(文涛,等,2018;Stacey,1981)	更简单和更直观,并且可以避免轴向应变的干扰(Lajtai ,1974)。启裂的开始可以通过横向应变与轴向应力之比的变化来明确定义,这就可以很容易程序化并利用压缩试验期间收集大量的数据。然而,如果初始裂纹密集,应力－应变曲线与典型的应力－应变曲线不一致,该方法也是主观的。当应力－侧向应变曲线没有表现出明显的线性特征时,很难通过线性部分准确确定 CI(文涛,等,2018)

续上表

试验方法	原理	特点
瞬时泊松比(v)	瞬时泊松比曲线斜率变化点与应力门槛值对应(Diederichs,2007)	取决于观察者的主观判断。泊松比受岩样内部微裂纹影响较大,因此当试验前岩样内部已包含大量微裂纹时,该方法不再适用(彭俊,等,2015)
移动点回归技术(MPRT)	从平均体积刚度和轴向应力之间的关系中获取 CI	移动点回归分析的使用减少了该分析过程中的误差和主观性,但是观察者在判断曲线的斜率或速率变化时会遇到困难(赵星海,等,2015)
横向应变响应(LSR)	CI 对应横向应变差的最大值(文涛,等,2018)	LSR 方法的一个优点是横向应变差的最大值是唯一的,这样就消除了主观判断的需要,并提高了 CI 确定的客观性(Nicksiar 与 Martin,2013)。另一个优点是它基于测量的横向应变和参考横向应变之间的差值计算,为离散点处理提供了可靠的数学方法。但是,需要精确确定破坏强度 σ_{cd} 和多项式拟合方程来找到最大 LSR 值(赵星海,等,2015),但它的物理意义本质上是模糊的,并且标准的物理意义没有得到很好的解释
相对压缩应变响应(RCSR)	相对压缩应变的表达式为 $\varepsilon_3^c = \dfrac{\varepsilon_3^d - \varepsilon_3}{\varepsilon_3^d}$,式中,$\varepsilon_3^c$ 是相对压缩应变;ε_3^d 是对应于损伤应力的横向应变。它由从零应力到损伤应力区域的应力-相对压缩应变曲线决定。CI 对应相对压缩应变差的最大值。相对压缩应变差最大值的物理意义被认为新微裂纹的开始(文涛,等,2018)	RCSR 方法的一个优点是相对压缩应变差的最大值是唯一的,这样就消除了主观判断的需要,并提高了确定 CI 的客观性
直接拉伸试验	在拉伸状态下,由于临界尺寸不稳定,损伤起始和峰值强度是一致的;在无约束测试中($\sigma_3 = 0$),$\sigma_1 = -8\sigma_t$,$\sigma_1 = -12\sigma_t$。在直接拉伸试验中,CI 和峰值抗拉强度几乎同时出现,因此 $\sigma_1 = \text{CI}$。随后,当应力差 $2\alpha < 16$ 时,CI 可发生在压板区域并将超过 $8\sigma_t$ 或 $12\sigma_t$(Perras 与 Diederichs,2014)	直接拉伸试验确定 CI 的试验难度很大,易损伤岩石表面,施加的荷载也难以保证应力在试件横截面内均匀分布

2)数值试验

近年来,国内外学者利用数值试验方法研究深埋硬岩隧道剥落破坏现象取得了较多的成果。为了更好解决传统本构模型不能很好揭示荷载作用下硬岩损伤演化过程和破坏机制的问题,V. Hajiabdolmajid 和 P. K. Kaiser(2003)在莫尔-库仑(Mohr-Coulomb)强度准则的基础上提出了黏聚力弱化-摩擦力强化(Cohesion Weakening and Friction Strengthening,CWFS)强度准则模型,冯夏庭(2013)、蔡明(2016)等利用此模型成功模拟得到"V"形破裂现象,唐春安和张永彬(2008)运用 RFPA 数值软件得到了岩体分区破裂机制及演化规律,吴顺川(2019)、张春生(2016)利用颗粒流程序(Particle Flow Code,PFC)方法实现了硬脆性围岩分区破裂现象,肖睿胤(2016)利用弱单元有限元法模拟了锦屏一级水电站地下厂房边墙破裂区及对锚杆/锚索支护造成的超限影响,Nick Barton 与沈宝堂(2017)利用 FRACOD 模型研究了深部高应力围岩开挖拉剪应力导致的剥落破坏风险。

1.2.2.2 剥落破坏风险估测现状

深埋硬岩隧道剥落破坏定量风险估测需要解决风险可能性概率估测、风险后果严重程度估测与风险分级标准界定等三方面关键问题。国内外针对以上问题开展了系列研究,现将研究进展情况总结如下。

1)剥落破坏风险可能性概率估测方法研究

(1)基于可靠度设计的风险分析方法

对于隧道剥落破坏风险可能性概率估测的研究集中在基于可靠度设计(Reliability-Based Design, RBD)的风险分析方法。RBD 起源于欧洲、北美,近年来在地下工程领域快速发展。该方法通过考虑围岩的自然变异性与量化各设计阶段的不确定性,确定隧道在不同极限状态下的失效概率,可以使设计者以安全-效益的方式优化设计方案。基于 RBD 的风险分析方法在岩土工程领域已成为研究的热点。Harr(1987)系统介绍了 RBD 方法在土木工程领域中的应用;Baecher 与 Christian(2003)利用统计、可靠度模型与工程判断的方法分析岩土工程领域的风险问题;Pierpaolo(2005)在隧道支护设计中引入概率数值计算方法,根据得到的支护安全系数概率分布曲线来设计隧道初期支护;Fenton 与 Griffiths(2008)系统总结了风险评估方法在岩土工程领域中的广泛应用;Yoojeong 等(2009)利用 Gaussian Copula 函数分析了输入参数相关性情况下可靠度设计的优化问题;Low 与 Phoon(2015)在欧洲岩土工程设计规范(Eurocode7)中尝试引入可靠度设计方法,证明该方法在解决参数敏感性、参数交叉相关与空间相关性、基于目标可靠性或失效概率的设计等方面对 Eurocode7 现行方法是很好的补充;Willian Bjureland 等(2017)进一步优化了 Eurocode7 中推荐的隧道设计方法——观察法,将 RBD 方法融入观察法框架中,实现了岩体隧道设计中强化结构安全、优化决策过程、利用贝叶斯动态更新消除随机不确定性等目标。

(2)基于 RBD 的概率可靠度估测方法

在基于 RBD 的概率可靠度估测方法在隧道结构风险评估的应用方面,Pierpaolo(2005)提出了隧道支护设计概率可靠度计算流程,即确定随机参数的累计概率函数、利用蒙特卡洛模拟抽取岩体参数等设计值、确定岩体-支护相互作用的基底刚度与极限压力、计算支护结构弯矩、压力与剪力值,确定支护结构最大压力与剪力值、重复以上步骤直到获得安全系数统计样

本值。J. Connor Langford 与 Diederichs(2015)利用全局响应面与一阶可靠度、随机抽样及有限元分析相结合的方法,系统分析了脆性岩体隧道剥落破坏风险,提出了可靠度设计流程,即确定功能函数、计算输入参数的统计矩与随机变量、确定每个抽样点的随机变量值、利用数值模型估算各抽样点影响、利用计算结果确定全局响应面、计算系统可靠度。Pierpaolo 概率方法(2005)与 J. Connor Langford 和 Diederichs(2015)可靠度方法在计算流程上基本一致,但在功能函数确定与数值计算方面存在明显的不同,基于 RBD 的概率分析方法可以确定复杂系统的极限状态,得到支护结构特征值在参数空间上的分布,计算结果与实际情况更加贴近。近年来,结合概率可靠度估测提出的新方法不断涌现。Hoek(1998)利用蒙特卡洛模拟的方法分析了圆形隧道支护可靠度,Li 和 Low(2010)利用一阶可靠性方法计算了圆形隧道相对静水压力情况下基于位移判据的支护压力可靠度,吕庆等(2011,2017)利用一阶可靠性/二阶可靠性方法估算隧道地层－支护相互作用的功能函数失效概率,并利用响应面方法来分析隐性收敛－约束法的可靠性;同时,为解决传统响应面方法在复杂系统可靠度方面显性表征等不足,又发展了移动最小二乘响应面方法,在评估隧道可靠性方面具有较好的应用效果。J. Connor Langford 等(2013)提出了改进的点估计方法,结合极限强度曲线评估隧道支护风险。苏永华等(2011)在一阶可靠性方法框架下,利用中心差分近似法、泰勒公式及复合函数求导法,来确定隧道初期支护的隐性极限状态函数,计算相对高效。冯夏庭等(2008)、李夕兵等(2016)利用神经网络、支持向量机等智能分析方法计算隧道支护结构的风险与可靠度。Sousa(2010)提出了用于隧道施工过程中风险分析与决策的贝叶斯网络方法,在设计阶段可估测不同支护结构与施工方案的风险情况。贝叶斯网络方法以影响图的形式考虑决策节点与功效节点等不同节点的先验分布及后验分布,同时分析费用与效益情况,为支护结构的决策选择提供依据。何满潮等(2015)将此方法应用到软岩巷道大变形的风险评估中,对支护设计具有较好的指导性。

(3)剥落破坏深度估测方法

深埋硬岩隧道支护结构设计需要合理评估剥落破坏施工安全风险,而剥落破坏深度的不确定性常用于表征剥落破坏风险发生的可能性。Martin 等(2003)分析了地下工程开挖应力不确定性导致的风险,运用观察设计方法量化不同设计条件下的应力状态,并利用概率风险评估的方法估测剥落破坏风险。在此基础上,Martin 与 Christiansson(2009)又进一步提出了剥落破坏风险可能性与严重程度估测方法,并以 AECL URL 隧道为实例校正了风险评估模型,应用效果较好。Dammyr Ø(2016)分析了地应力变异性对 TBM 隧道脆性破坏预测结果的影响,对比分析了现有半经验准则、Hoek-Brown 脆性参数与非线性启裂－剥落界限(Damage Initiation and Spalling Limit, DISL)方法在预测围岩脆性破坏方面的适用性,为 TBM 隧道施工与支护提供参考。Perras 与 Diederichs(2016)提出了隧道开挖损伤区与高度损伤区深度估测公式,为开挖方法与支护形式的确定提供了途径。目前脆性破坏深度的估计以经验公式和数值模拟为主,常见的隧道剥落破坏深度数学解析方法有四种。其中,以 Martin 等(2009)剥落破坏计算公式应用最为广泛。在此基础上,Diederichs(2015,2016,2017)等先后发展了不同的剥落破坏深度计算公式,具体见表 1-3。

因此,基于 RBD 的概率可靠度估测方法,不但能够明确反映围岩参数或应力的不确定性对隧道剥落破坏风险的影响,而且可以区分不确定性的重要程度,比确定性分析方法更加合理,但存在功能函数不易显式表达、计算效率低等问题。

隧道剥落破坏深度计算公式　　表 1-3

序号	剥落破坏深度计算公式	来　源
1	$\frac{R_f}{r_0}=0.49(\pm 0.1)+1.25\frac{\sigma_{max}}{UCS}$	Martin 等(2009)
2	$Z(X_1,X_2)=\frac{a_1+a_2X_1+a_3X_2+a_4X_1^2+a_5X_2^2}{1+\exp(a_6+a_7X_1+a_8X_2)}$	Langford 与 Diederichs(2015)
3	$\frac{R_f}{r_0}=1+B\left(\frac{\sigma_{max}}{CI}-1\right)^D$	Perras 与 Diederichs(2016)
4	$d_f=r_0\left[1+0.4k^{-0.27}\left(\frac{\sigma_{max}}{CI}-1\right)^{0.65k^{0.14}}\right]$	Diederichs(2017)

注:$R_f=d_f+r_0$,其中,R_f 为隧道剥落破坏实际深度与隧道半径的和;d_f 为隧道剥落破坏实际深度;r_0 为隧道半径。$\sigma_{max}=\sigma_1-3\sigma_3$,其中,$\sigma_{max}$ 为最大切应力,σ_1 与 σ_3 分别为最大主应力与最小主应力。$Z(X_1,X_2)$ 为围岩参数 X_1、X_2 的函数;$a_1,a_2,\cdots,a_8$ 为待定系数;B,D 为待定系数;系数 $k=\frac{\sigma_1}{\sigma_3}$。

2)剥落破坏风险后果严重程度估测方法研究

对于隧道剥落破坏风险后果严重程度的估测方法总体上可分为确定性估测方法与概率估测方法两种。其中,对于确定性估测方法,Martin 与 Christiansson(2009)将剥落破坏楔形块大小与剥落深度视为风险后果严重程度,国际隧道与地下空间协会(2004)将隧道风险后果分为人员伤亡、直接经济损失、环境影响与工期延误四种类型,何满潮等(2015)、J. Connor Langford 等(2016)以直接经济损失来衡量软岩隧道变形风险严重程度。以上确定性估测方法应用较为简单,但存在准确损失难以量化、针对脆性破坏可能造成的人员伤亡、环境影响与工期延误等后果损失适用性不强等问题。近年来,隧道风险后果严重程度概率估测方法逐渐成为研究的热点,其中,Isaksson 与 Stille(2005)、Sousa 与 Einstein(2012)、Špačková(2012)、关振长等(2014)、Mahmoodzadeh 与 Zare(2016)等分别提出了经济损失与工期损失概率预测模型,以上概率估测方法能够近似得到隧道风险后果严重程度发生概率,但存在先验概率分布函数不易确定、概率模型计算复杂等问题。因此,需要提出一种基于深埋硬岩隧道剥落破坏风险特点的后果损失估测方法。

3)剥落破坏风险分级标准研究

对于隧道剥落破坏风险分级标准的确定一直是风险评估的难点,目前尚未形成普适性的计算方法,均需要结合具体问题具体分析。国际隧道与地下空间协会、我国公路与铁路行业(2004,2011,2014)均利用风险矩阵方法确定风险分级,将风险等级分为极高风险、高度风险、中度风险与低度风险等四种。这种风险分级标准指导性强、应用广泛,但存在风险分级阈值经验统计判断居多、准确量化困难等问题。其他常用的风险分级标准还包括美国陆军工程师兵团(1997)风险期望性能分级标准、最低合理可行准则(1981)、社会生命风险 F-N(累积频率 - 死亡人数)风险控制图(2005)、经济可接受风险 F-D(累积频率 - 经济损失)曲线图(2018)等

风险分级标准。这类风险分级标准大都从社会公共安全角度，考虑社会群体生命与经济风险接受程度，对于隧道剥落破坏风险问题适用性不佳。另外，部分学者以某种特征指标作为风险分级与评价风险的依据，如 Martin 与 Christiansson(2009)利用安全系数评估剥落破坏风险水平，何满潮等(2015)、Sousa 与 Einstein(2012)采用预期总成本作为衡量风险水平的指标。这类方法计算简单，但未明确具体风险分级标准。因此，需要结合以上方法的优点，提出一种剥落破坏风险分级标准计算方法。

通过以上的研究可知，深埋硬岩隧道剥落破坏风险可能性概率可靠度估测主要通过围岩参数或应力的不确定性分析，基于 RBD 方法计算结构力学响应，进而对结果进行统计分析确定概率分布。其中，由于剥落破坏深度应用广泛、计算简便，在现行研究中常以剥落破坏深度为例构建功能函数与极限状态方程，依此在 RBD 方法框架下，建立剥落破坏发生可能性概率可靠度估测模型，计算剥落破坏发生可能性概率。然而，对于剥落破坏风险可能造成的人员伤亡、财产损失与工期延误等后果研究较少，风险分级标准界定不清，导致风险评估结果对施工决策指导性不足。现有研究成果表明，对于剥落破坏风险评估，利用概率可靠度分析是一种有效的方法，应在寻求风险可能性概率高效计算方法与综合考虑风险后果的估测方法方面提高风险评估水平，合理确定风险分级标准，使其更能贴近工程实际，用于指导深埋硬岩隧道施工安全动态风险防控及支护设计优化。

1.2.3 深埋硬岩隧道岩爆风险研究

迄今为止，关于岩爆的定义学术界尚未达成一致意见，普遍接受的观点有两种。一是挪威岩爆专家 B. F. Russenes(1999)的观点：只要岩体破坏时有响声，并伴随片帮、爆裂剥落甚至弹射等现象，并有新鲜破裂面形成即为岩爆。二是我国谭以安(1991)的观点：破坏岩体产生弹射、抛掷性的破坏(弹射速度大于 3m/s)才称为岩爆，而将无动力弹射现象的岩石破裂称为静态脆性破坏。对于岩爆的分类大致也可分为两类，即从形成岩爆产生的应力作用方式划分与依据岩爆破坏模式特征划分(2014)。冯夏庭等(2013)从岩爆的孕育过程入手，将岩爆分为即时应变型、即时应变－结构面滑移型与时滞型。钱七虎院士(2014)根据岩爆发生机制的不同，将岩爆分为断裂滑移型岩爆和应变型岩爆。何满潮等(2007)利用自行设计的深部岩爆试验系统，将岩爆破坏后的形式分为颗粒弹射破坏、片状劈裂破坏及块状崩裂破坏。下面从岩爆风险分析与风险估测两个方面对岩爆风险研究现状进行总结。

1.2.3.1 岩爆风险分析现状

对于岩爆风险分析的研究主要是回答岩爆风险产生的机制与路径。当前岩爆风险分析方法研究侧重室内试验与现场监测两个方面，主要研究进展情况如下。

1)室内试验方面

岩爆室内试验主要集中在岩爆特征指标试验与岩爆物理模型试验两个方面。其中，特征指标试验主要通过单轴或三轴加卸载试验，分析脆性指数、弹性能量指标、岩体破裂声发射信号等表征岩爆发生的特征参数；物理模型试验通过进行不同路径和速率的加卸载相似试验模拟岩爆发生机理。脆性是岩体材料的综合特性，是岩体在天然非均质性和外在特定加载条件下产生内部非均匀应力,导致局部破坏进而形成多维破裂面的能力。国内外学者用脆性指数来表征岩体脆性破坏的难易和强弱,反映岩体破坏前抵抗非弹性变形能力与破坏后丧失承载力情况。张艳与冯夏庭等(2021)总结了4大类13种现有脆性指数计算方法,并提出了真三轴应力状态下基于峰前变形特征与峰后能量演化的脆性指数计算公式,具体见表1-4。宫凤强等(2020)利用14种不同岩样室内试验,提出了岩体材料岩爆倾向性残余弹性能量指标,并探究了不同岩样形状对岩爆倾向性的影响。

利用声发射监测进行岩爆预报主要基于岩体变形破坏前,声发射信号会急剧增加的特征(2014)。目前利用声发射技术研究岩爆风险取得了很大进步。何满潮等(2010)采用深部岩爆过程模拟系统,成功再现了真三轴卸载条件下石灰岩岩爆过程,并研究了岩爆过程中岩体声发射波形和频率特性;何满潮与Sousa等(2015)利用数据挖掘技术,对大量岩爆室内试验数据进行了统计分析,得出岩爆最大应力σ_{RB}与岩爆风险指标I_{RB}的经验公式;张艳博等(2014)通过室内试验及数值模拟研究了构造应力对花岗岩巷道岩爆的影响,并分析了巷道岩爆孕育机制中可见光图像、声发射、远红外的变化规律。李永兵(2015)研究了公路隧道白云岩岩爆模拟试验中声发射能量特征演化规律。在物理模型试验方面,夏元友等(2014)利用岩爆模拟试验装置对不同加卸载路径下大尺寸试件进行岩爆试验,探讨了岩爆烈度与碎屑分形维数的关系。宫凤强等(2018)利用圆形砂岩巷道立方体试件开展了深部三维圆形洞室岩爆过程模拟。苏国韶等(2016)先后开展了岩爆弹射破坏过程试验、不同加载速率条件下岩爆碎块耗能特征试验、不同岩性岩石岩爆特性与内在机理真三轴试验等。

2)现场监测方面

对于深埋硬岩隧道,在宏观破坏前往往没有大的变形或位移显现,很难通过常规的变形或位移监测方法来监测预报岩爆的发生。近年来,微震或声发射监测技术在矿山领域岩爆监测中的广泛应用为水利、交通等领域的推广提供了借鉴。

唐春安等(2014,2015)利用ESG微震隧道监测系统,开发了可视化分析软件MMS-View,采用岩石破裂过程分析软件RFPA进行岩爆孕育过程与机理的分析,在锦屏二级电站岩爆监测中应用效果较好。冯夏庭团队(2012,2015,2016)基于微震监测技术,在锦屏二级电站、巴基斯坦Neelum-Jhelum隧道等工程岩爆风险监测与评估中取得了成功,提出了隧道施工微震监测前兆信息演化规律、微震事件时空分布特征、能量演化规律的分形行为、基于微震信息与模糊数学理论的岩爆风险动态预警方法等开创性成果,为深埋隧道工程岩爆监测与评估提供了经验参考。另外,在现场声发射监测应用方面,也有了初步进展。高娟等(2011)在秦岭终南山特长公路隧道施工中采用声发射仪监测现场岩爆倾向性,发现在发生岩爆时围岩有明显的声发射现象;陆日超(2014)在高黎贡山隧道建设过程中基于现场声发射监测结果与岩爆记录,研究了岩爆倾向性与发生规律及特征;I. Yu. Rasskazov等(2015)研发了新一代便携式地声监测仪,用于现场的岩爆风险监测与评估中,实现了岩爆风险区岩体破裂变形参数的高效获取,有望在现场岩爆监测领域推广应用。

1.2.3.2 岩爆风险估测现状

国内外对于岩爆风险估测方法的研究着重于经验指标分类法、统计分析法及数值计算法三个方面,这三类方法的研究进展情况基本如下。

表 1-4

脆性指数计算方法汇总表

分　类	具体方法	公　式	变量描述	参考文献
基于应力-应变曲线的脆性评价	基于应力/强度的方法	$b_1=\frac{\sigma_c}{\sigma_t}$ $b_2=\frac{\sigma_c\sigma_t}{2}$ $b_3=\left(\frac{\sigma_c\sigma_t}{2}\right)^{0.5}$ $b_4=\frac{\sigma_c-\sigma_t}{\sigma_c+\sigma_t}$ $b_5=\frac{\sigma_c}{\sigma_t}=8\frac{\sigma_c}{\sigma_{ci}}=\frac{8}{K}$ $b_6=\frac{\sigma_c-\sigma_t}{\sigma_c+\sigma_t}=\frac{8-K}{8+K}$ $b_7=\frac{\tau_P-\tau_r}{\tau_P}$	σ_c 和 σ_t 分别为单轴抗压强度和抗拉强度；τ_p 和 τ_r 分别为峰值强度和残余强度；σ_{ci} 和 K 分别为初始应力和初始应力水平	Hucka 和 Das(1974) Altindag(2003) Wang 等(2014) Bishop(1967)
	基于应变的方法	$b_8=\frac{\varepsilon_r}{\varepsilon_t}$ $b_9=\frac{\varepsilon_{ini}}{\varepsilon_t}$ $b_{10}=\frac{\varepsilon_p-\varepsilon_r}{\varepsilon_p}$ $b_{11}=\frac{\varepsilon_f^p-\varepsilon_c^p}{\varepsilon_c^p}$ $b_{12}=\varepsilon_{11}\times 100\%$	ε_t 和 ε_r 是失效时的总应变和可逆应变；ε_{ini} 是断裂开始(膨胀)时的应变；ε_p 和 ε_r 为峰值应变和残余应变；ε_c^p 和 ε_f^p 是黏聚力损失所必需的塑性应变和摩擦加强；ε_{11} 是失效时的绝对不可逆纵向应变	Hucka 和 Das(1974) Bishop(1967) Hajiabdolmajid 和 Kaiser(2003) Andreev(1996)
	基于应力-应变的方法	$b_{13}=\frac{\tau_p-\tau_r}{\tau_p}\cdot\frac{\lg\lvert k_{ac}\rvert}{10}$ $b_{14}=\frac{\sigma_p-\sigma_r}{\varepsilon_r-\varepsilon_p}+\frac{(\sigma_p-\sigma_r)(\varepsilon_r-\varepsilon_p)}{\sigma_p\varepsilon_p}$ $b_{15}=\frac{(\sigma_P-\sigma_i)/\sigma_P}{\varepsilon_p-\varepsilon_i}+\frac{(\sigma_P-\sigma_i)/\sigma_P}{\varepsilon_r-\varepsilon_p}$	τ_p 和 τ_r 为峰值强度和残余强度；k_{ac} 为峰后应力降的斜率；σ_i、σ_p 和 σ_r 为初始应力、峰值强度和残余强度；ε_i、ε_p 和 ε_r 为初始应变、峰值应变和残余应变	Meng 等(2015) Xia 等(2016) Chen 等(2019)

续上表

分　类	具体方法	公　式	变量描述	参考文献
基于应力-应变曲线的脆性评价	基于应变能的方法	$b_{16}=\frac{W_r}{W_t}$ $b_{17}=\frac{dW_r}{dW_e}$ $b_{18}=\frac{dW_\alpha}{dW_e}$ $b_{19}=\frac{dW_f+dW_d}{dW_{ue}+dW_d}$ $b_{20}=\frac{dW_x}{dW_{ue}+dW_d}$	W_r 和 W_t 是失效时的可回收能量和总能量；dW_r、dW_e 和 dW_α 是峰后破裂能、转换弹性能和释放能；dW_f 和 dW_d 是峰后破裂能和峰前耗散能；dW_{ue} 和 dW_x 是卸载弹性能和所需的额外能量或释放的多余能量	Hucka 和 Das(1974) Tarasov 和 Potvin(2013) Ai 等(2016)
	基于弹性参数的方法	$b_{21}=\frac{E}{\nu}$ $b_{22}=\frac{E_n+\nu_n}{2}$ $b_{23}=\frac{E}{\lambda}$ $b_{24}=\frac{\lambda+2G}{\lambda}$ $b_{25}=\frac{3K-5\lambda}{\lambda}$	E 和 ν 是杨氏模量和泊松比；E_n 和 ν_n 是归一化的杨氏模量和泊松比；λ 和 G 是第一和第二 Lame 参数；K 是体积模量	Luan 等(2014) Rickman 等(2008) Chen 等(2014) Huang 等(2015)
基于特殊试验的脆性评价	基于硬度测试的方法	$b_{26}=\frac{H_a}{K_c}$ $b_{27}=\frac{H_a\cdot E}{K_c^2}$ $b_{28}=\frac{H_\mu-H_m}{c}$	H_a 为硬度；K_c 为断裂韧性；E 为弹性模量；H_μ 为微压痕硬度；H_m 为宏观压痕硬度；c 为常数	Lawn 和 Marshall(1979) Quinn JB 和 Quinn GD(1997) Hucka 和 Das(1974)
	基于冲击试验的方法	$b_{29}=q\sigma_c$ $b_{30}=S_{20}$	q 是从 Protodyakonov 的冲击试验中获得的细粒(28 目以下)的百分比；S_{20} 是小于 11.2mm 的细粒百分比	Protodyakonov(1962)

续上表

分类	具体方法	公式	变量描述	参考文献
基于特殊试验的脆性评价	基于渗透试验的方法	$b_{31}=\frac{F_{max}}{P}$ $b_{32}=\frac{P_{dec}}{P_{inc}}$	F_{max}为最大作用力；P为最大作用力时的穿透深度；P_{inc}和P_{dec}是力的平均增量和减量	Yagiz(2006) Copur 等(2003)
	基于点荷载测试的方法	$b_{33}=K_b$ $\frac{K_s P}{h^2}=S_t-K_b P$	K_b是相对脆性指数；K_s是形状因子；P是破坏时施加的荷载；h是加载点之间的距离；S_t是抗拉强度	Reichmuth(1968)
	基于超固结试验的方法	$b_{34}=\frac{\sigma_c}{\sigma_{c\text{-}NC}}$ $b_{35}=OCR^b$ $OCR=\frac{\sigma_{vmax}}{\sigma_v}$	$\sigma_{c\text{-}NC}$是正常固结岩石在非超压区域的单轴抗压强度；OCR为超固结比；b为经验常数；σ_{vmax}和σ_v分别为经历的最大有效垂直应力和当前有效垂直应力	Ingram 和 Urai(1999) Nygård 等(2006)
基于矿物成分和孔隙度的脆性评价	基于矿物成分的方法	$b_{36}=\frac{W_q}{W_t}$ $b_{37}=\frac{W_q+W_c}{W_t}$	W_q为石英的重量；W_c为碳酸盐矿物重量；W_t是总矿物重量	Jarvie 等(2007) Jin 等(2014)
	基于孔隙度的方法	$b_{38}=-1.8748\phi+0.9679$	ϕ是中子孔隙度	Jin 等(2014)
基于莫尔包络线的脆性评价	基于莫尔包络线的方法	$b_{39}=\sin\theta$ $b_{40}=45°+\theta/2$	θ是当$\sigma_v=0$时莫尔包络线确定的内摩擦角	Hucka 和 Das(1974)
基于峰前变形特征与峰后能量演化的脆性评价	基于真三轴试验的方法	$b_{41}=\frac{K_1-K_3}{K_1-K_2}\cdot\frac{M_1-K_1}{M_1}$	K_1、K_2、K_3分别为σ_1、σ_2和σ_3峰值时的变形模量；M_1为σ_1峰后的变形模量	Zhang 和 Feng(2021)

1)经验指标分类法研究

对于岩爆风险评估经验指标分类的研究大多集中于岩爆倾向性的估测与判定,岩爆倾向性指标经验判据和分类常以强度理论、能量理论和刚度理论等为基础,常用的岩爆指标判别方法有十几种,具体分级方法见表1-5。

常见岩爆判据与分级方法 表1-5

序号	判据名称	判别式	分级标准	强度级别	备注	来源
1	Hoek判据	$\frac{\sigma_{max}}{\sigma_c}$	>0.7	严重岩爆	σ_{max}为围岩的最大切向应力;σ_v为隧洞垂向作用应力;σ_c为岩石单轴抗压强度	Hoek等(1980,2009)
			0.42~0.56	中等破坏		
			0.34~0.42	严重片帮		
			<0.34	少量片帮		
		$\frac{\sigma_v}{\sigma_c}$	>0.5	可能岩爆破坏		
			0.2~0.5	剥落和片帮破坏		
			<0.2	无岩爆或支护后稳定		
2	B. F. Russenes判据	$\frac{I_s(50)}{\sigma_\theta}$	<0.083	严重岩爆	$I_s(50)$为岩石修正的点荷载强度;σ_θ为洞室围岩的最大切向应力	Russenes(1974)
			0.083~0.15	中等破坏		
			0.15~0.20	低等岩爆		
			>0.20	无岩爆活动		
3	I. A. Turchaninov判据	$\frac{\sigma_\theta+\sigma_L}{\sigma_c}$	<0.3	无岩爆活动	σ_θ为洞室切向应力;σ_L为洞室轴向应力;σ_c为岩石单轴抗压强度	Turchaninov(1974)
			0.3~0.5	有岩爆可能		
			0.5~0.8	一定会发生岩爆		
			>0.8	有严重岩爆		
4	二郎山隧道判据	$\frac{\sigma_\theta}{\sigma_c}$	<0.3	无岩爆	σ_θ为洞室切向应力;σ_c为岩石单轴抗压强度	徐林生、王兰生(1999)
			0.5~0.7	一定会发生岩爆		
			>0.7	有严重岩爆		
5	Barton判据	$\frac{\sigma_c}{\sigma_1}$	2.5~5	中等岩爆活动	σ_1为围岩的最大主应力;σ_c为岩石单轴抗压强度	Barton等(1974)
			<2.5	有严重岩爆		
6	陶振宇判据	$\frac{\sigma_c}{\sigma_1}$	>14.5	无岩爆发生	σ_1为围岩的最大主应力;σ_c为岩石单轴抗压强度	陶振宇(1987)
			5.5~14.5	低岩爆,有轻微声发射的现象		
			2.5~5.5	中等岩爆,有较强声发射的现象		
			<2.5	高岩爆,有很强爆裂声		
7	《水力发电工程地质勘察规范》(GB 50287—2016)	$\frac{\sigma_c}{\sigma_{max}}$	<4.0	有岩爆发生,岩块弹出	σ_{max}为垂直洞轴线方向的最大初始应力;σ_c为岩石单轴抗压强度	中华人民共和国住房和城乡建设部(2016)
			4.0~7.0	可能出现岩爆,有剥落与掉块现象		

续上表

序号	判据名称	判别式	分级标准	强度级别	备注	来源
8	强度脆性系数	$\frac{\sigma_c}{\sigma_t}$	<10	无岩爆	σ_c为岩石单轴抗压强度；σ_t为岩石单轴抗拉强度	许梦国等(2008)
			10~14	弱岩爆		
			14~18	中等岩爆		
			>18	强烈岩爆		
9	变形脆性系数	$\frac{U}{U_1}$	<2.0	无岩爆	U为岩石峰值强度前的总变形；U_1为岩石峰值强度前的永久变形	许梦国等(2008)
			2.0~6.0	弱岩爆		
			6.0~9.0	中岩爆		
			>9.0	强岩爆		
10	脆性系数	$\alpha\frac{\sigma_c\varepsilon_f}{\sigma_t\varepsilon_b}$	≤3	无岩爆	α为调节参数，一般取0.1；σ_c为岩石单轴抗压强度；σ_t为岩石单轴抗拉强度；ε_f为峰前应变；ε_b为峰后应变	冯涛等(2000)
			3~5	轻度岩爆		
			≥5	严重岩爆		
11	弹性变形能指数W_{et}	$\frac{W_{sp}}{W_{st}}$	<2.0	无岩爆	W_{sp}为岩石试件加载到(0.7~0.8)σ_c后卸载到0.05σ_c，岩石释放的弹性应变能；W_{st}为岩石产生塑性变形与内部产生微裂隙所消耗的能量	冯夏庭等(2013)
			2.0~3.5	弱岩爆		
			3.5~5.0	中等岩爆		
			>5.0	强烈岩爆		
12	冲击性指数	$\frac{K_m}{\lvert K_S\rvert}$	<1.0	有岩爆可能	K_m为应力－应变全过程曲线上加载过程的刚度；$\lvert K_S\rvert$为应力－应变全过程曲线上达到峰值后的刚度	冯夏庭等(2013)
13	秦岭隧道判据	$\frac{\sigma_c}{\sigma_t}$ W_{et} $\frac{\sigma_\theta}{\sigma_c}$ K_v	≥15 ≥2 ≥0.3 ≥0.55	发生岩爆	σ_θ为洞室切向应力；σ_c为岩石单轴抗压强度；σ_t为岩石单轴抗拉强度；W_{et}为弹性变形能指数；K_v为岩体完整性指数	谷明成等(2002)
14	张镜剑等五因素综合判据(等级最低的即为整体判定结果)	$\frac{\sigma_1}{\sigma_c}$	<0.15	无岩爆	σ_1为围岩的最大主应力；σ_c为岩石单轴抗压强度	张镜剑等(2011)
			0.15~0.2	弱岩爆		
			0.2~0.4	中岩爆		
			>0.4	强岩爆		
		$\frac{\sigma_\theta}{\sigma_c}$	<0.2	无岩爆	σ_θ为洞室切向应力；σ_c为岩石单轴抗压强度	
			0.2~0.3	弱岩爆		
			0.3~0.55	中岩爆		
			>0.55	强岩爆		

续上表

序号	判据名称	判别式	分级标准	强度级别	备注	来源
14	张镜剑等五因素综合判据(等级最低的即为整体判定结果)	$\frac{\sigma_c}{\sigma_t}$	<15	无岩爆	σ_c为岩石单轴抗压强度;σ_t为岩石单轴抗拉强度	张镜剑等(2011)
			15~18	弱岩爆		
			18~22	中岩爆		
			>22	强岩爆		
		W_{et}	<2	无岩爆	W_{et}为弹性变形能指数	
			2~3.5	弱岩爆		
			3.5~5	中岩爆		
			>5	强岩爆		
		K_v	<0.55	无岩爆	K_v为岩体完整性指数	
			0.55~0.6	弱岩爆		
			0.6~0.8	中岩爆		
			>0.8	强岩爆		
15	尚彦军等岩爆势表达式	$\frac{\sigma_\theta}{\sigma_t}K_v$	<1.7	无岩爆	σ_θ为洞室切向应力;σ_t为岩石单轴抗拉强度;K_v为岩体完整性指数	尚彦军等(2013)
			1.7~3.3	弱岩爆		
			3.3~9.7	中岩爆		
			>9.7	强岩爆		
16	基于弹性应变能的岩爆倾向性评价指数	$K_v^2\frac{\sigma_i}{\sigma_c}\frac{\sigma_c}{\sigma_t}\frac{2E_0U^e}{\sigma_t^2}$	<3	无岩爆	K_v为岩体完整性指数;σ_i为主应力;σ_c为岩石单轴抗压强度;σ_t为岩石单轴抗拉强度;E_0为岩石初始弹性模量;U^e为岩石储存的弹性应变能	郭建强等(2015)
			3~10	弱岩爆		
			10~110	中岩爆		
			>110	强岩爆		

以上众多经验判据呈现出几个特点:一是判别式大部分以双参数比值形式表示;二是岩爆涉及因素中出现频率最高的两个参数分别是岩石单轴抗压强度与洞室切向应力;三是分级标准以四级划分方式为主。冯夏庭等(2013)通过对锦屏二级引水隧洞106个岩爆案例实际等级与常用的9个岩爆指标判据预测等级对比结果指出,单指标判据在评估具体岩爆等级时正确率偏低,呈现出高估计或低估计偏差,原因在于评价指标未全面反映如地质结构、工程活动等主要因素的影响。

2)统计分析法研究

针对指标经验判据存在的不足,如何确定合适的岩爆估测判据一直是岩爆研究中的难点,国内外越来越多的研究致力于岩爆多元复合判据的研究,考虑多因素的综合作用。多元复合判据常以岩爆发生实例为基础,考虑岩爆主要影响因素,利用统计分析的方法建立数学模型。

Kaiser 等(1992)在估计岩爆破坏时,考虑岩体质量、破坏可能性或应力条件、岩体局部刚度和支护作用等四方面因素的影响;钱七虎(2014)提出了考虑多因素条件的岩石工程岩爆可能性定量评估流程;Heal 等(2006)研究引入应力条件(E_1)、支护系统能力(E_2)、开挖跨度(E_3)和地质结构(E_4)等四个参数,并将破坏形成因子(E_1/E_2)和破坏深度因子(E_3/E_4)归为控制性因子,提出了开挖倾向性指标 EVP,并用实例统计分析得到 EVP 与岩爆等级呈指数关系。大部分的岩爆倾向性研究尚不能定量估计岩爆破坏程度与岩爆爆坑深度,邱士利等(2011)提出了岩爆倾向性指标 RVI,并成功用于评估岩爆倾向性和岩爆爆坑深度。

由于岩爆发生机制的随机性和复杂性,导致岩爆的预测与预报十分困难,基于实际岩爆案例分析的不确定性预测模型、智能优化预测模型等获得了广泛应用,具体如下。

(1)不确定性预测模型

对于不确定性预测模型,王元汉等(1998)选取主要因素,提出了基于模糊数学理论的岩爆预测综合评判模型。姜彤等(2004)利用灰色关联分析和模糊模式识别方法,建立了动态权重灰色最优归类岩爆预测模型。陈秀铜等(2008)结合层次分析法和模糊数学方法建立了岩爆估测模型。裴启涛等(2013)利用改进的灰色评估模型预测岩爆发生。Amoussou 等(2013)利用 174 例岩爆现场监测数据,提出了基于模糊推理系统与自适应神经模糊推理系统的岩爆预测方法。罗磊与曹平(2012)建立了岩爆预测的加权距离判别法模型。龚剑等(2014)与胡泉光等(2017)分别利用改进的 TOPSIS 评判模型来预测岩爆发生的倾向性。宫凤强与李夕兵(2007)利用距离判别方法预测岩爆发生可能性与烈度。王迎超等(2010)利用功效系数法实现了岩爆烈度的分级,取得了较好的效果。

(2)智能优化预测模型

人工智能的方法基于专家经验及工程实例,建立多元输入变量与岩爆之间非线性映射关系,通过网络推理实现岩爆的可能性估测,近年来已成为岩爆风险估测的研究热点。冯夏庭等(1994,2002,2013)先后提出了岩爆风险估测的自适应模式识别法、支持向量机法、基于工程实例神经网络类比的岩爆爆坑和等级估计方法等,估测结果与实际吻合度较高。郭立(2004)引入岩石工程系统理论方法构建工程岩爆倾向性智能动态预测模型,推导了基于改进 BP 神经网络的(整体)相对作用强度(G)岩石工程系统理论(RES)的算法流程。邱道宏(2008)提出了基于粗糙集理论、支持向量机和可拓学理论三者相结合的非线性岩爆预测新方法,并开发出可视化的应用程序软件。贾义鹏(2014)采用粒子群算法对广义回归神经网络进行了优化,构建了客观的岩爆预测模型,并相继开展了粗糙集 – 理想点法模型、粗糙集-证据理论模型和模糊数学方法等岩爆预测模型,对比分析其适用性。高玮(2010)利用蚁群聚类算法开展了岩爆预测方法研究;周建等(2012)利用 132 例岩爆实例,建立了基于启发式算法与支持向量机理论的岩爆长期预测模型;周建等(2018)系统对比分析了常见的 10 种监督学习方法,指出梯度推进机与随机森林方法岩爆预测精度较高。李宁等(2017)采用贝叶斯网络的方法预测了岩爆的发生概率,预测结果客观性较好。

从统计分析的角度可知,多指标岩爆风险评估方法发展较快,以模糊数学理论、智能分析方法等为代表的新理论、新方法层出不穷,其共同的特点是均基于实际的岩爆案例特征参数,如岩石单轴抗压强度、单轴抗拉强度、最大主应力、最大切向应力、完整性指数等,通过建立与岩爆间的映射关系评判风险大小。但如何根据不同的工程类型选取代表性的岩爆案例特征参数,实现多源数据的有效融合和岩爆风险分级仍是亟须解决的难题。

3)数值计算法研究

在深埋硬岩隧道施工过程中,利用数值模拟的方法分析岩体力学响应,根据计算结果选取合适的评价指标,对岩爆倾向性进行宏观判断,进而评估岩爆风险。一直以来,基于数值模拟计算的岩爆风险评估指标被学术界和工程界广泛采用。数值指标方法可以建立评价指标与岩爆特征参量间的量化映射关系,如岩爆能量、烈度、频次等,进而动态评估隧道新揭露区段的岩爆风险。按照评价指标形成的理论基础,总体上可分为以强度理论为基础的数值指标和以能量理论为基础的数值指标两类(冯夏庭等,2013),具体指标分类见表1-6。

常见数值指标　　表1-6

序号	类　型	评价指标	指标特点	来　源
1	以强度理论为基础的数值指标	超剪应力 ESS	可得到岩体结构应力控制型岩爆发生的可能性	Ryder(1988)
2		破坏接近度 FAI	可得到岩体破坏深度及断面分布位置	冯夏庭等(2013)
3	以能量理论为基础的数值指标	能量释放率 ERR	可获得不同开挖顺序、尺寸下岩体释放能量量值	Cook 等(1966)
4		能量储存率 ESR	表征岩体破坏前后过程中能量的演化	H. S. Mitri 等(2020)
5		岩爆潜能指标 BPI	表征岩体能量储存率达到最大储能极限岩爆发生的可能性	H. S. Mitri 等(1990)
6		局部能量释放密度 LERD	表征矿柱破坏前后围岩系统释放的有效动能	T. D. Wiles(1998)
7		模拟地层功 MGW	表征岩体破坏前后完全能量变化	D. A. Beck 和 B. H. G. Brady(2002)
8		局部能量释放率 LERR	可获得岩体开挖前后断面上能量释放量值和演化规律	苏国韶等(2006)
9		相对能量释放系数 RERI	表征围岩失稳后能量释放对围岩稳定性的控制作用	邱士利等(2014)

上述数值计算指标均具有各自的合理性与适用性,能够估测岩爆发生的可能性、风险区域和位置,甚至给出开挖损伤区范围,对于研究深埋隧道施工过程中的岩爆风险具有重要的工程价值和理论价值。然而,数值计算是在一定的假设条件下评估岩爆风险,计算参数的确定需要基于现场岩体脆性破坏程度和监测信息的反演分析得到,计算结果具有一定的参考价值,但不能准确预测岩爆发生。钱七虎(2014)指出,岩爆的定量预测需要精细结合数值模拟方法与现场观测方法。利用岩爆发生前特征信息的变化,开展基于实时监测信息的岩爆风险评估已经成为估测岩爆发生的有效方法。

现有岩爆研究成果中,相对经验指标分析与统计分析方法,现场监测与数值模拟相结合的方法能够在一定程度上判断岩爆发生区域、位置与烈度,但受到隧道施工环境影响大、仪器精

度不足、有效数据利用率不高等因素的影响，预测预报结果离散性较大，岩爆发生时间更是难以估测。以上的研究大部分侧重岩爆发生可能性的规律与机理探讨，对于岩爆造成人员伤亡、财产损失与工期延误等后果研究较少，只有少数学者研究了岩爆爆坑大小与规模或用经验与定性的方法给出岩爆后果影响，尚未形成系统的后果估测方法，导致对岩爆风险的估计准确性不足。由于岩爆发生的随机性与不确定性，应从岩爆特征参数的演化机理角度，结合施工过程中揭露断面信息的变化，统计分析岩爆发生可能性与后果严重程度，进而计算风险值，以提高岩爆风险量化估测的水平，有效指导施工。

1.3 研究中存在的主要问题

综上所述，针对深埋硬岩隧道围岩参数不确定性分析、剥落破坏风险评估与岩爆风险评估现状的研究，国内外很多学者开展了较为深入的研究。然而，由于研究对象的复杂性与研究方法的局限性，现有研究仍存在以下不足：

(1)深埋硬岩隧道围岩参数不确定性导致风险的传递机制尚不明确。

深埋硬岩隧道围岩参数的随机不确定性与认知不确定性是导致风险存在的主要致因，传统的确定性反演方法不能反映围岩参数的不确定性特征，也无法量化表征对风险的影响程度。

(2)深埋硬岩隧道剥落破坏风险评估普适性方法尚不健全。

深埋硬岩隧道剥落破坏定量风险评估尚需要解决风险可能性概率估测、风险后果损失估测与风险等级标准界定等三方面关键问题，目前尚未提出一种普适性的深埋硬岩隧道剥落破坏风险评估方法。

(3)不完备信息条件下深埋硬岩隧道岩爆风险评估方法尚不完善。

首先，传统的隧道岩爆预测模型所得结果大部分为定性表达的岩爆等级，尚未给出岩爆预测等级与发生概率间的对应关系，难以得到量化岩爆发生可能性的概率。其次，岩爆微震监测数据概率统计特征尚未明确，结合现场监测数据实现岩爆风险动态评估的有效方法尚未提出。最后，结合深埋硬岩隧道施工前风险可能性估测与施工中风险动态评估的评估机制尚未建立。

1.4 主要研究内容

1.4.1 研究内容

1)深埋硬岩隧道围岩参数不确定性对风险的影响量化表征

(1)围岩参数的不确定性分析

分析硬岩隧道常用的DISL模型中围岩单轴抗压强度、启裂强度与抗压强度比及抗拉强度三个参数不确定性来源，研究确定其概率统计特征。

(2)围岩参数不确定性对风险的影响量化表征方法研究

利用粒子群算法优化多输出支持向量机，研究建立反映反演参数与隧道监测数据间非线性映射关系的智能响应面；结合贝叶斯分析方法构建概率反演模型，研究马尔科夫链蒙特卡洛模拟算法；比较围岩参数初始值与更新后的值，讨论分析围岩参数随机不确定性与认知不确定性对风险的影响特征。

2)深埋硬岩隧道剥落破坏风险评估方法研究

(1)剥落破坏风险可能性概率分析

分析 DISL 模型中单轴抗压强度、启裂强度及抗拉强度三个围岩参数与模型曲线的不确定性特征，研究揭示参数不确定性与模型不确定性导致隧道剥落破坏风险产生的原因，给出剥落破坏风险估计公式；基于可靠度设计的方法，构建剥落破坏风险可能性概率可靠度估测模型，研究利用 Hermite 随机多项式展开(Polynomial Chaos Expansion, PCE)随机响应面拟合围岩参数与剥落破坏深度间近似显式函数关系，并通过蒙特卡洛模拟计算拱顶与拱腰剥落破坏发生概率。

(2)剥落破坏风险后果严重程度分析

利用单位长度隧道断面剥落破坏深度与平均损失费用的乘积表示单位长度隧道断面内剥落破坏后果平均损失，进而确定剥落破坏后果总损失，由此研究提出以直接经济损失衡量剥落破坏风险后果损失的计算方法。

(3)剥落破坏风险分级标准研究

推导剥落破坏预期成本比的数学解析公式，确定剥落破坏发生很可能、可能、偶然与不太可能四种概率等级对应的分级阈值，计算剥落破坏极高风险、高度风险、中度风险与低度风险的相应分级标准，由此研究建立基于剥落破坏预期成本比的风险分级标准确定方法。

3)深埋硬岩隧道岩爆风险评估方法研究

(1)基于案例分析的岩爆预测概率模型研究

从岩爆案例中提取最大切向应力、岩石单轴抗压强度、岩石单轴抗拉强度、应力强度比、岩石脆性系数、弹性变形能指数等 6 个主要特征参数，研究确定各参数概率统计特征；研究构建 Copula 理论框架下 6 个参数多维联合概率分布函数，建立反映 6 个参数与隧道岩爆预测等级值间非线性映射关系的粒子群算法优化最小二乘支持向量机智能响应面，联合确立基于 Copula理论的最小二乘支持向量机岩爆预测概率模型。

(2)基于微震信息演化特征的岩爆风险动态评估方法研究

从岩爆微震监测案例中选取累计事件数、事件率、累计释放能量对数、能量速率对数、累计视体积对数与视体积率对数等 6 个主要特征参数，研究确定各监测参数概率统计特征；研究构建 Copula 理论框架下 6 个监测参数多维联合概率分布函数，建立反映 6 个监测参数与隧道岩爆预测等级值间非线性映射关系的粒子群算法优化随机森林智能响应面，提出基于 Copula 理论的随机森林岩爆预测概率模型；基于人员伤亡、直接经济损失、社会影响、环境影响与工期延误等五种后果情形，研究建立岩爆事故后果当量计算模型；结合风险等高线图，确定岩爆风险分级标准，研究构建岩爆风险评估贝叶斯网络模型。

(3)岩爆两阶段风险评估机制研究

研究建立“施工前风险可能性估测与施工过程动态风险评估”两阶段岩爆风险评估机制，通过案例对比分析施工前风险可能性估测与施工过程动态风险评估结果变化情况，明确两阶段岩爆风险评估机制实施要求。

1.4.2 技术路线

本书采用案例统计、理论解析、现场监测与数值模拟等相结合的手段，对深埋硬岩隧道施工中可能发生的剥落破坏与岩爆两种典型地质灾害风险进行分析评估，研究提出适用于深埋隧道硬岩灾变特点的定量风险评估方法。具体技术路线如下：

第一，基于围岩参数的偶然不确定性与认知不确定性分析，利用有限元 Phase 2 软件，结合贝叶斯方法与粒子群优化的多输出支持向量机模型，建立现场监测数据与围岩参数间的映射关系，提出一种新的深埋硬岩隧道围岩参数动态概率反演贝叶斯-粒子群-多输出支持向量机(Bayesian-Particle Swarm Optimization-Multi-Output Support Vector Machine, B-PSO-MSVM)方法，运用马尔科夫链蒙特卡洛(Markov Chain Monte Carlo, MCMC)模拟实现参数的动态更新，并系统对比分析围岩参数不确定性对风险的影响特征。

第二，基于可靠度设计 RBD 方法，构建剥落破坏风险可能性概率可靠度估测模型，利用 Hermite 随机多项式展开随机响应面拟合围岩参数与剥落破坏深度间近似显式函数关系，通过蒙特卡洛模拟(Monte Carlo simulation, MCS)计算拱顶与拱腰剥落破坏发生概率。利用数理统计方法，推导得到剥落破坏预期成本比数学解析公式，由此计算确定剥落破坏发生概率等级对应的分级阈值。

第三，收集以往岩爆事故案例，对其进行系统的数理统计分析，提取确定 6 个特征参数概率分布函数；基于 Copula 理论建立 6 个参数多维联合概率分布函数，确定反映 6 个参数与隧道岩爆预测等级值间非线性映射关系的粒子群优化最小二乘支持向量机(Particle Swarm Optimization-Least Squares Support Vector Machine, PSO-LSSVM)智能响应面模型；利用 MCS 构建 Copula-LSSVM 岩爆预测概率模型，计算岩爆预测等级值最优概率分布函数。

第四，建立岩爆微震监测数据库，对其进行系统的数理统计分析，提取确定 6 个特征参数概率分布函数；基于 Copula 理论建立 6 个特征参数多维联合概率分布函数，确定反映 6 个特征参数与隧道岩爆预测等级值间非线性映射关系的粒子群优化随机森林(Random Forest, RF)智能响应面模型；利用贝叶斯网络(Bayesian Network, BN)模型，提出岩爆风险动态评估方法。结合施工前基于案例的岩爆概率预测方法，通过对比分析与统计总结，建立岩爆两阶段风险评估机制。

最后，基于文献调研、对比分析与归纳总结方法，结合现场观测、原位试验以及微震监测数据等，实现深埋隧道硬岩灾变风险的定量评估，并结合工程实际应用，验证评估方法的准确性与普适性。

本书从理论研究出发，结合工程应用不断反馈修正，由此建立深埋隧道硬岩灾变风险评估理论与方法体系，采用的技术路线如图 1-5 所示。

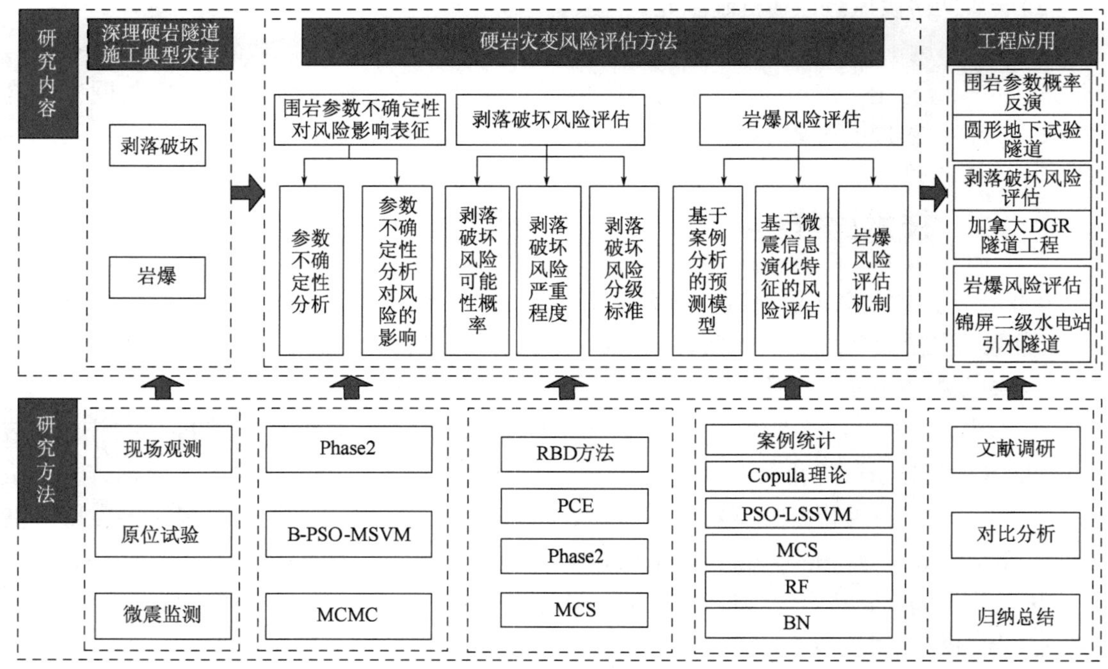

图 1-5　本书研究技术路线

1.5 本章小结

本章围绕深埋隧道硬岩灾变风险评估方法，系统梳理总结了隧道围岩参数不确定性分析、深埋硬岩隧道剥落破坏风险评估与岩爆风险评估等三方面的研究现状，对三方面研究中存在的主要问题进行了较为深入的分析，研究提出了相关技术发展趋势与实际需求，并简要阐述了本书的主要研究内容与技术路线。

Chapter 02

第2章

风险评估基础理论

2.1 不确定性与风险

2.1.1 不确定性分类

不确定性这个词有怀疑(如“这个工程或实验能否成功完成”)或者缺乏知识(如“不确定实验结果是否合理”)的意思。通常来说,任何没有完全和彻底了解的事物都是存在不确定性的。2009 年美国国家研究委员会定义不确定性为信息缺乏或不完整,定量不确定性分析试图描述计算值与真实值之间的差异程度,可以用概率形式表达。不确定性取决于数据的质量、数量和相关程度,以及模型和假设的可靠性和相关性。

工程地质不确定性的来源主要有以下几个方面:岩土工程分析方法的不严密性、不完善性和不成熟性;地质条件和岩体力学性状的不确定性;数据及各种参数的不确定性;测试方法的多样性。Morgenstern(2010)将岩土工程包括的不确定因素分为人为不确定性因素、模型不确定性因素和参数不确定性因素。由于上述各种不确定性因素的存在,在实际的工程中,设计人员在设计中不得不采用偏于保守的参数和条件、保留过大的安全裕度,不必要地增加了工程量和投资。

在现实生活中发生的现象,从概率的观点考虑可以分为两类:一类为确定现象,另一类为随机现象。其中,随机现象广泛存在于社会生活和工程实践中,这类现象具有不确定性,并有统计规律性。因此,可用数学的方法(概率论和数理统计)去研究其特性。一般情况下,在实际的问题分析中,可以将不确定性分为随机不确定性和认知不确定性两类,如图 2-1 所示。

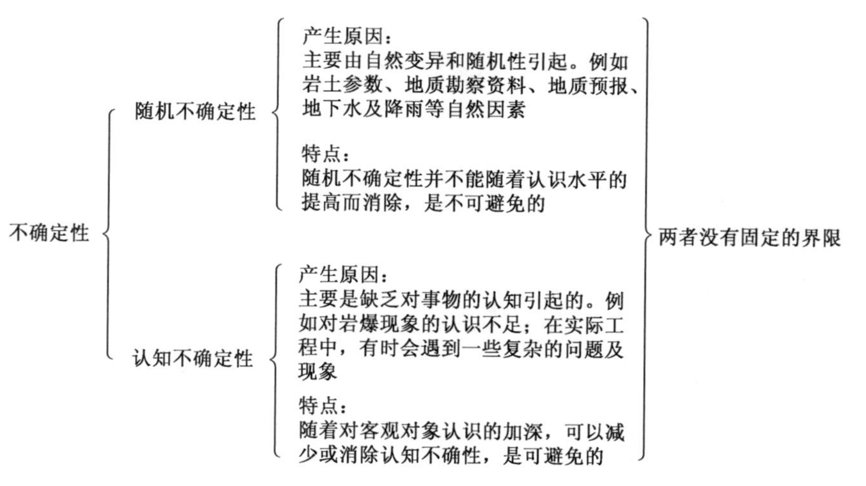

图 2-1 不确定性的分类和特点

随机不确定性也被称为变异性、内在不确定性、偶然不确定性和不可降低不确定性。这种不确定性主要由自然变异和随机性引起,是系统内在的变化。例如,在岩土工程中,岩土体的

工程性质复杂,其参数本身存在不确定性,准确获取岩土体的工程性质参数十分不易,这种不确定性是客观存在的。它的存在制约了可靠度分析方法在岩土工程中的应用。地质勘察资料不准确、地质预报不准确、施工操作不规范、地下水及降雨影响等人为和自然因素也是不可避免的;在岩土工程的室内和现场试验中,由于取样岩块的地点不同,所得到的岩石的物理力学性质也会有所差异,这种差异也是不可避免的。在实际岩土工程中,增加试验的次数并不能消除这类差异,但是却可以更加准确地描绘出结果变异的概率分布。因此,随机不确定性建模通常需要大量的样本信息来构造不确定性参数准确的概率分布。但是,随机不确定性并不能随着认识水平的增加而消除。

认知不确定性也可以被称为可降低的不确定性或主观不确定性,主要是由于缺乏对相关研究方面的知识、样本信息匮乏无法构建准确的概率分布引起的。随着人们对客观对象的知识储备的增加,认知不确定性可以降低。从理论上说,如果获得了有关研究对象足够的知识,就可以消除这种不确定性。例如,岩爆是深埋地下工程建设过程中常见的地质灾害,研究人员通过多种监测手段,包括微震监测、声发射和钻孔摄像等,来获得岩爆孕育发展信息,来真实揭示岩爆形成的机制和规律,对岩爆现象的认识也越来越深入。为了了解岩石的破坏机理,科研人员进行了大量的室内试验,获得许多有用的试验经验和试验结论,对岩石的破坏机理有着更深层次的理解。在隧道工程施工中,有时会遇到一些复杂的问题及现象,基于先前的经验和知识,对它们的认知和理解都是有限的,这需要现场研究人员不断学习,并总结出相关经验,为以后的工程施工提供借鉴。因此,随着对客观对象认识的加深,可以有效减少这方面的认知不确定性。

在随机不确定性和认知不确定性之间并没有固定的界限。如果有新的知识出现,可以更加深入地解释某一情况或现象,那么与之相应的随机不确定性就降低了。归根结底,可能所有的不确定性都是认知方面的。在岩土工程中为了减少不确定性对工程的影响,通常有以下几种做法:

(1)充分利用已有相似的工程经验。岩土工程以前经历过完全依靠经验设计的阶段,而且直到现在经验仍然占有重要地位。在岩土工程问题中,有很多因素是不确定的,因此很难进行准确分析,有时只能凭经验做出决策。

(2)采用合理的安全系数。在一些岩土工程设计中,安全系数是一个非常重要的概念,问题的关键是采用多大的安全系数。对于两种不同的设计方法,就算安全系数相同,但其安全程度并不相同,甚至会出现安全系数较大者,安全程度反而较低。

(3)谨慎决策。在进行决策时,经验性的、保守的、直观的因素是目前工程设计中普遍存在的一种现象,它可以表现为过分保守地确定岩土参数、较多地估算工程所需要的费用、较少地估算工程所产生的经济效益、较短地估计工程的寿命、较多地考虑各种危险因素的来源和影响。当对有关的不确定性了解很少时,这样考虑问题是合理的。

(4)动态设计,综合分析。为了减小岩土工程中的不确定性,项目前期的地质勘探工作应尽可能详细,岩石力学试验研究应更加深入,岩体承载力的利用在设计中应留有适当的余地和备份方案。在施工中根据随时发现的情况及时修改设计是最为有效的,即进行动态设计。例如,在施工过程中不断地更新岩土体参数。

2.1.2 风险定义与内涵

国际标准化组织(ISO)将风险定义为“不确定性对目标的影响”,各种类型和规模的组织都面临着内部和外部因素的影响,这些因素的影响使它们无法确定是否能够实现以及何时能够实现其目标,这种不确定性对组织目标的影响是“风险”。结构化的风险陈述通常包含四个要素:来源、事件、原因和后果。国内的一些学者将风险定义为可能发生损失的损害程度的大小;在一定条件下和时期内,由于各种结果发生的不确定性而导致行为主体遭受损失的大小以及这种损失发生可能性的大小;不利事件或事故发生的概率(频率)及其损失的组合;预见或者未预见的潜在事件或后果。目前,较为统一的认识是将风险定义为“不利事件发生的可能性与后果严重程度的组合”。

虽然风险定义不同,但其中均包含了风险的两个基本要素,即风险发生的概率和损失。目前比较通用的风险函数定义为:

$$R = f(p, c) \tag{2-1}$$

式中:R——风险;

p——风险事件发生的概率;

c——风险事件造成的后果,即损失。

风险具有自然属性、社会属性和经济属性,其特征是客观性、普遍性和动态性。在岩土工程中,不确定性通常和风险联系起来,它们之间相互影响。首先,风险的特征里就包含着不确定性,不确定性的范围包括发生与否的不确定性、发生时间的不确定性、发生状况的不确定性以及发生结果程度的不确定性等。在隧道施工过程中,常常伴随着许多的风险。例如,在硬岩隧道施工过程中经常发生岩爆、剥落破坏等事故风险,它们受许多不确定性的因素影响,有些因素是不可预防的,有些是可以预防的。这些不确定性因素的存在,让潜在的风险具有不确定性。为了尽量消除这些不确定性,通过对这些不确定性因素的归纳分析,可以对相应的风险有更深入的了解和认识。例如,地质构造的不确定性、地应力场的可变分布、岩体力学特性的不均匀性等,这些不确定性可以通过钻孔现场调查或通过开挖暴露来部分识别。基于这些确定的不确定性,可以了解工程中的风险,也可以形成更完善的工程设计。在隧道施工前考虑的风险因素通常和可以在施工开始前减少的认知不确定性有关;在施工过程中遇到的风险因素通常和随机不确定性有关,这种不确定性随着开挖的进行在一定程度上可以减少。

明确了风险的定义,需要根据不同的情况对风险进行分类。根据分类的依据和标准不同,风险的类别也不相同,主要分类如下;

(1)根据风险发生的形式可以分为两类:一类是静态风险,另一类是动态风险。其中,静态风险是指社会经济正常状态下的风险,动态风险是指由社会经济结构变化直接引起的风险。

(2)根据风险造成的后果可以将风险分为两类:一类是纯粹风险,另一类是投机风险。纯粹的风险只会导致两种结果,既有损失机会又有获利可能。投机风险造成的结果一般有三种,即无亏损、亏损和获利。

(3)根据风险发生的原因可以将风险分为主观风险和客观风险。主观风险是指由人的心

理状态或主观意愿引起的风险，一般难以准确衡量；客观风险是指按概率计算得到的风险，可以量化衡量。

(4)根据风险是否可以进行管理可以将风险分为可管理风险和不可管理风险。一般来说，收集的客观数据和认识的水平越高，掌握的控制技术水平越高，越有可能对风险进行管理。

如果对隧道工程面临的风险进行具体分类，可以按照风险发生的原因进行分类，可以简单分为经济风险、财务风险、合同风险、自然灾害风险、施工风险、运营风险、环境影响风险等。

2.2　风险评估流程

根据《风险管理　指南》(ISO31000:2018)的要求，风险管理是指在风险方面指导和控制组织的协调活动，风险管理包括风险评估与风险控制的全过程。其中，风险评估包括风险辨识、风险分析与风险估测的全过程，具体风险管理流程见图 2-2。在这种情况下，包括风险辨识、风险分析与风险估测全过程的风险评估可称为狭义的风险评估过程。

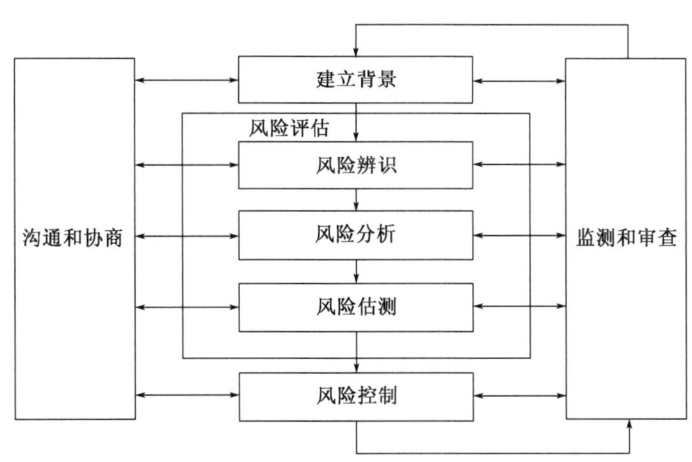

图 2-2　风险管理流程图

在《风险管理　指南》(ISO31000:2018)的基础上，我国公路水运工程与铁路工程领域学者结合行业施工安全管理实际情况，在编制公路水运工程与铁路建设工程施工安全风险评估标准规范时，将风险控制纳入风险评估过程中，风险评估过程拓展为风险辨识、风险分析、风险估测与风险控制，通常简称为“辨、析、估、控”。在这种情况下，包括风险辨识、风险分析、风险估测与风险控制全过程的风险评估可称为广义的风险评估过程。风险评估过程中每个阶段的作用和目的不同，其中，风险辨识主要是回答风险源的存在与表现形式，风险分析主要是解决风险传递路径问题，风险估测主要是衡量风险大小，风险控制主要是提出风险控制措施建议，风险评估具体流程见图 2-3。下面详细介绍风险评估过程各阶段的原理定义、研究现状与实施要求。

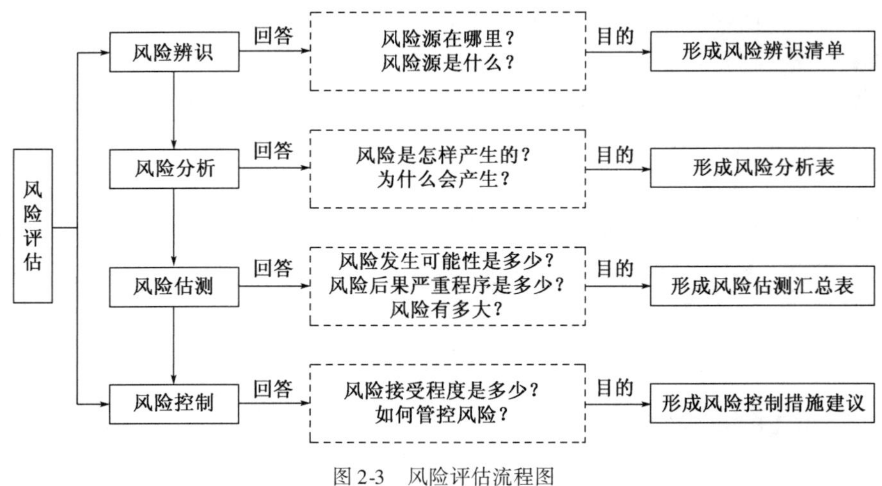

图 2-3　风险评估流程图

2.2.1　风险辨识

1）原理定义

风险辨识是通过系统分解隧道工程施工过程，找出可能存在的风险源，识别各施工工序风险事件的过程。风险辨识包括风险源与风险事件的识别，此处的风险源是指可能单独或共同引发风险的内在要素，可以是有形的，也可以是无形的；风险事件是指可能导致隧道工程发生人员伤亡、直接经济损失、社会影响、环境影响或工期延误等不利后果的事件，可以包括没有发生的情形，有时也称为“事故”。风险辨识包括收集整理工程资料、调查施工现场地质条件和环境条件（或补充勘察）、分解施工作业工序、分析施工作业可能产生的风险事件等四个步骤。其中，施工作业工序分解应依据现行《公路工程质量检验评定标准　第一册　土建工程》（JTG F80/1）、施工图设计及施工组织设计等文件，将隧道工程按照单位工程、分部工程、分项工程、工序（单位）作业的层次进行分解。这一步骤的目的是通过现场调查、评估小组讨论、专家咨询等方式，分析可能发生的典型风险事件类型。

2）研究现状

根据所面临的风险，需要应用适合的风险辨识工具和技术。其中，关于影响风险的信息及时更新对于识别风险也是非常重要的。当前，风险辨识的方法主要可分为专家经验法、现场监测法与智能识别法三类。

（1）专家经验法

专家经验法是依赖专家的经验、知识对项目或方案进行风险识别的判断方法。黄宏伟等（2009）通过对隧道工程风险的机理分析，建立了隧道工程风险分析与评价数学模型，给出了相应的评价程序与标准，并结合大规模的专家调研给出了城市软土盾构隧道对环境影响的风险分布一般规律；程远等（2011）综合运用工程地质勘查法、专家调查法找出主要的、后果影响严重的六项基本风险，构造风险判断矩阵计算隧道施工安全总体风险；陈亮（2006）利用基于信心指数的专家调查方法，开发了盾构隧道工程施工安全风险管理与控制软件，实现了工程现场应用。马安震（2016）基于模糊层次综合评估法和专家调查法，建立了长大隧道施工安全风

险评估模型,提出了长大隧道施工安全风险评估的一般流程;闫玉茹等(2007)针对大连湾海底隧道预工可阶段两种轴线推荐方案,采用基于信心指数的专家调查法对施工安全风险进行辨识分析,提出了风险控制措施建议,为同类工程的风险评估提供了参考;郑展飞等(2006)构建了工程项目风险辨识的综合评价数学模型,通过层次分析法的迭代算法确定子项目在风险分析中的重要程度,实现了专家主观判断与客观定量分析相结合;王弘琦(2013)通过专家调查法确定了施工中各类风险事件的风险等级,通过层次分析法对识别出的风险事件的影响因素进行分析,提出相应的风险控制对策。专家经验带有较强主观因素,不能全面识别风险,而是需要专家有过硬的专业知识。通常情况下,仅仅依靠专家已有的经验来辨识风险是不够的,需要结合其他技术手段进行补充。

(2)现场监测法

在岩土工程施工中,通常会借用相应的仪器设备对工程结构受力与变形情况进行监测,以此识别施工安全风险。刘泉声等(2016)依托吉林省中部城市引松供水工程,分别沿TBM掘进方向和迎TBM掘进方向进行了两次掘进过程中的现场声发射监测试验,分析结果为掘进机通过裂隙储水层、溶洞或软弱破碎带时识别掌子面岩体失稳坍塌风险提供了决策依据;韩如意(2020)借助现场声发射监测技术,对爆破前后隧道围岩损伤与发展情况进行分析,为爆破振动影响风险提供了新的辨识与评估方法;刘文杰(2020)利用数值模拟和现场监测分析方法,对复杂地质条件下的浅埋偏压隧道施工风险源识别方法进行了总结和改进,为后续风险评估工作做了技术准备;杜荣武等(2020)建立了基于移动三维激光扫描的地铁隧道三维全景监测系统,通过沿轨道匀速移动三维扫描仪,提取地铁隧道管片和轨道的三维点云数据,识别隧道运营安全风险;杨林松(2021)通过布置在隧道不同横断面及纵断面的无线传感器,对隧道纵向差异沉降、横向水平位移变形、扭转变形等指标参数进行监测,通过对各项监测数据进行规律分析及安全指标评价,实现对隧道结构服役状态风险的识别评价。利用现场监测方法对隧道工程施工安全风险进行识别,相对于专家经验法,客观性与准确性较高。

(3)智能识别法

智能识别法通过开发相应的平台、系统和软件,应用智能技术来识别风险。A. B. Huseby与S. Skogen(1992)提出连续风险评价的概念,结合影响图法和蒙特卡罗法设计了一个软件工具Dynrisk;V. M. R. Tvummal(2000)等提出了一种风险管理程序,包括风险管理的5个核心要素,即风险辨识、风险量测、风险估计、风险评价和风险监控,将项目风险管理过程视为伴随整个项目寿命期连续不断的循环动态过程;Fiona D. Patterson与Kevin Neailey(2002)开发了风险数据库系统,该系统包括风险识别和风险评估工具两个部分。该工具根据经验将风险按照风险概率、风险损失从VH-VL开始分为5级,分别对应概率和损失区间值,同时结合风险重要性权重将风险分为8级,并以总体工程风险值和风险关注度两个指标来评价风险。Chungsik Yoo与Jae-hoon Kim(2003)通过对隧道工程建设过程中的地面沉降预测方法进行归纳总结,开发了一个基于网络的建筑设施损坏评估系统TURISK。池秀文等(2010)开发了地下工程施工安全风险管理系统,该系统以ArcGIS Engine为开发平台,与地理信息系统有机结合,利用地理信息系统(GIS)的空间查询和分析功能,使得运行过程和结果更为直观生动;吴波等(2012)开发了一套基于Web网络分布式的隧道施工风险管理软件,利用网络技术对隧道施工进行全面的风险管理,使风险事件和风险因素标准化,为远程风险管理提供了一套完整的解决方案和工作平台。仇文革(2011)结合京石客运专线石家庄隧道工程,开发了基于 WebGIS 的风险管理系统,该系统能实时采集监测数据、专家评价等信息,可以及时给出风险的应对措施。吴全立等(2013)借鉴 WelcomRisk 风险管理软件的优点,采取 B/S 结构(浏览器/服务器模式),构建了风险源库、风险应对措施库、三维可视化预警、评估报告生成、系统管理、用户账户管理、系统扩展接口等模块,开发了一个全面、具有完整功能的盾构隧道风险管理软件系统。应用智能技术开展风险辨识,可以大量减少现场调查工作量,同时也更加简洁高效。随着实际工程需要,越来越多的平台、系统和软件会被开发出来,风险识别的准确程度也会越来越高。

3)实施要求

在隧道工程施工中,每一项施工作业对应各种可能的风险事件类型,对可预见的风险事件类型可逐一进行分析,筛选识别风险源。其中,风险事件类型分析是经验性很强的一项工作,应广泛听取专家意见,结合前期事故资料收集整理结果,采用头脑风暴方法,按照梳理的施工工序确定主要作业活动可能发生的风险事件类型,特别是重大风险事件类型及其对应的风险源。在风险辨识结束后,应形成风险辨识清单,清单示例如表 2-1 所示。

风险辨识清单　　表 2-1

序　　号	风　险　源	判断依据
1	风险源 1	
2	风险源 2	
……	……	
N	风险源 N	

2.2.2　风险分析

1)原理定义

风险分析是在风险辨识的基础上,采用系统安全工程的方法对风险源可能导致的风险事件进行分析,找出致险因素、事故原因,以及可能受伤害或影响的人和物等。在隧道工程施工过程中,应从人、机、料、法、环等方面对可能导致风险事件的致险因素进行分析,找出可能导致风险事件发生的物的不安全状态和人的不安全行为。其中,物的不安全状态分析主要从地质条件变化、施工环境、施工设备和施工工艺等方面进行分析;人的不安全行为分析主要从违反操作规程、违章指挥和管理缺陷等方面进行分析。通过对风险进行定性或定量的分析,为风险估测提供科学依据。

2)研究现状

当前,常用的风险分析方法有鱼刺图法、事故树法、事件树法、风险传递路径法等。下面以常用的鱼刺图法与事故树法为例,对典型风险分析方法研究现状进行总结。

(1)鱼刺图法

鱼刺图法是把系统中产生事故的原因及造成的结果所构成的因果关系,采用简单的文字和线条加以全面表示的方法。由于分析图的形状像鱼刺,故称为“鱼刺图”。制作鱼刺图分两个步骤,即分析问题的原因及结构、绘制鱼刺图。其中,绘制鱼刺图的过程包括:填写鱼头(要解决的问题)、画出主骨(影响结果的主要概况因素)、画出大骨并填写大要因、画出中骨、小骨

（填写中小要因）。以岩爆风险为例，绘制岩爆风险源分析鱼刺图见图 2-4。

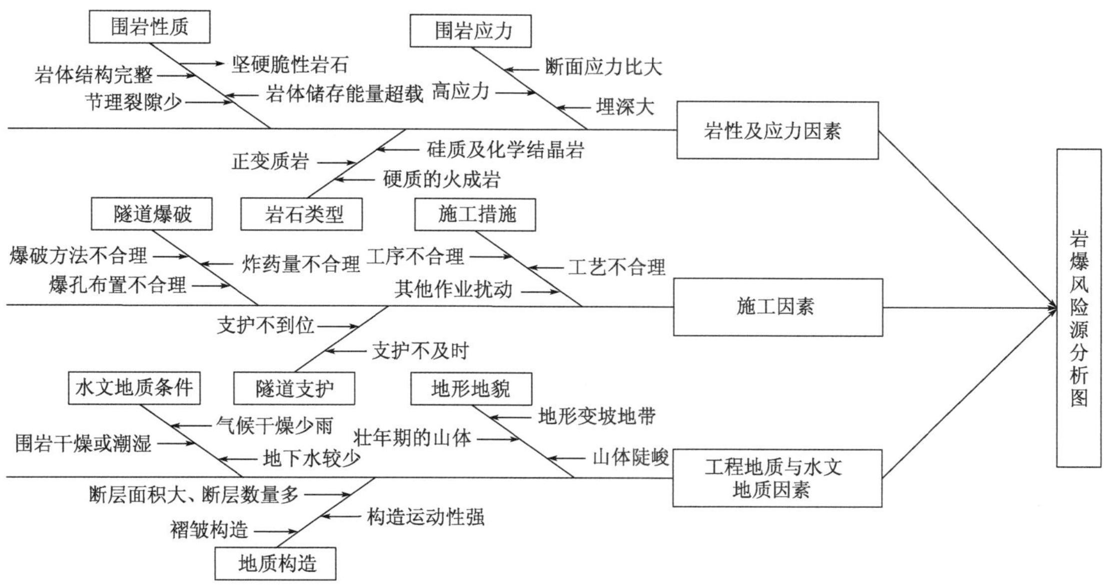

图 2-4　岩爆风险源分析鱼刺图

鱼刺图法原理简单、操作方便，很受工程项目施工人员欢迎，在学术研究领域应用也较为广泛。周志鹏等（2009）通过实证分析杭州地铁坍塌事故的致因，构建杭州地铁坍塌事故致因的鱼刺图，从地铁施工前与地铁施工时两时间段，对人员因素、环境因素、材料因素和设备因素四方面管理因素提出地铁坍塌事故的防范措施；王海强等（2015）对隧道开挖、施工过程中所涉及的危险有害因素，结合鱼刺图法，以结果作为特性，以原因作为因素，从"人—机—环—管—法"系统理论角度，利用层次分析法确定评判因素权重向量，选择合成算子和归一化处理对隧道工程整体施工安全状态进行了综合安全评价；柳皎等（2015）以某典型大跨度浅埋隧道作为工程背景，运用事故致因理论对该隧道进行风险分析，绘制大跨度浅埋隧道施工潜在风险鱼刺图，分析结果表明围岩失稳、塌方、滑坡、超挖、初期衬砌破损漏水、爆破和爆炸事故以及交通运输事故是潜在风险；尹亮等（2019）通过原因型鱼刺图法来分析黄土隧道施工常见的事故类型、事故原因，总结工程经验，提出了黄土隧道施工安全检查重点，为安全检查标准提供了依据；王强等（2020）通过鱼刺图法形象系统查找分析隧道施工过程中危险因素，运用作业条件危险性评价方法（LEC 法）对危险有害因素进行量化分级，依此确定主要危险因素。鱼刺图法不仅可用于隧道施工过程中的风险分析，对于隧道全生命周期内不同阶段的风险分析同样适用。

（2）事故树法

事故树又称为故障树，是一种特殊的树状逻辑因果关系图，它用规定的逻辑门和事件符号描述系统中各种事物之间的关系。事故树的编制要求分析人员十分熟悉工程系统情况，包括工作程序、各种参数、作业条件、环境影响因素及过去常发事故情况等。事故树的绘制包括：确定顶上事件（风险事件）、按逻辑关系向下罗列造成顶上事件发生的一级事件及原因、再往下罗列二级事件及原因，依次类推直至基本事件。以岩爆风险为例，绘制岩爆风险事故树分析图见图 2-5。

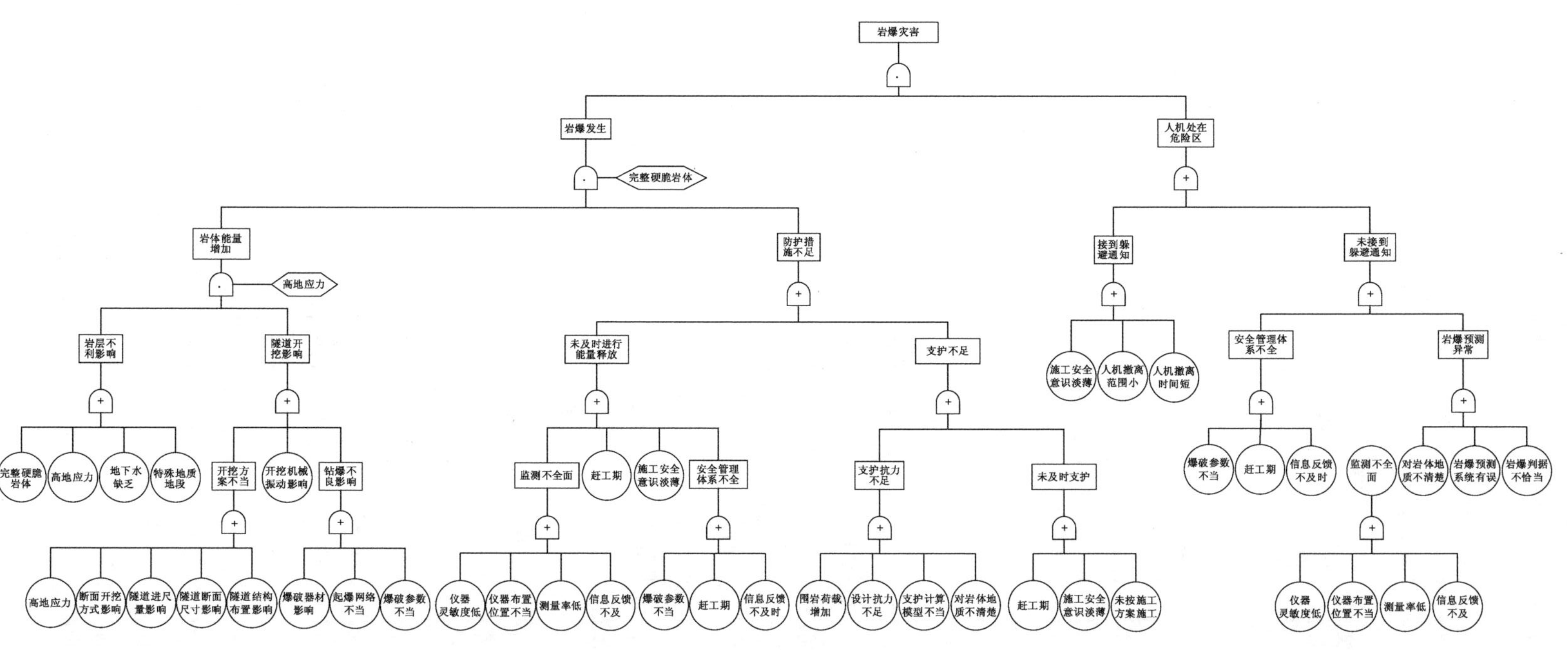

图2-5　岩爆风险事故树分析图

事故树法起源于化工领域事故原因分析,能够对导致事故的各种因素及逻辑关系进行全面、简洁和形象的描述,可用于定性与定量的分析,近年来在工程领域应用较为广泛。Ardeshir 与 Amiri 等(2014)采用故障树方法分析隧道事故发生的主要原因,使用模糊数据来计算风险发生的可能性和严重程度。采用层次分析法对各指标的显著性进行估计,并确定风险影响的显著性水平;吴贤国等(2014)结合地铁隧道施工过程,建立动态故障树评价模型,并将评价模型模块转化成静态子树和动态子树以简化计算过程,采用贝叶斯方法预测盾构刀盘在不同时段失效的可能性,确定关键影响因素;陈武威等(2012)运用故障树分析法寻找隧道产生渗漏水事件发生的所有可能途径,通过定性或定量分析得到该事件的发生概率;李明琨等(2016)根据公路项目建设管理特点,通过故障树法分析确定导致项目规划设计以及建设实施阶段失败的各种原因,并根据不同原因采取措施降低故障树基本事件发生概率,不断提高项目管理的可靠性。

除了上述风险分析方法之外,隧道工程施工安全的风险分析经常结合数值模拟方法进行,对隧道工程施工中的不确定性因素和规律进行研究。数值模拟在分析实际的隧道工程问题时,有着可重复性强、成本低、直观性好和结果较客观等优点。无论采用何种方法进行分析,均应认识到风险是客观存在的,但人对风险的认知和评价是主观的。由于隧道工程实际问题的复杂性,目前许多的隧道工程风险分析不得不在很大程度上依赖人的经验和主观判断。为了减少风险分析中人的主观因素所导致的不利影响,引入数值模拟作为风险分析的辅助方法是目前较为普遍的做法。

(3)实施要求

风险分析涉及对风险的原因和来源、其积极和消极后果以及这些后果可能发生的可能性的考虑,通过确定后果及其可能性来分析风险。其中,一个风险事件可能有多种后果,也可能影响多个目标。后果和可能性的表达方式以及将它们结合起来确定风险水平的方式反映风险类型。同时,考虑不同风险及其来源的相互依存关系也很重要。风险分析可以根据风险分析目的以及可用的信息、数据和资源进行不同程度的详细分析。分析可以是定性的、半定量的或定量的,或是这些的组合,这取决于具体实际工程的要求。后果及其可能性可以通过模拟一个风险事件或一组风险事件的结果,或者通过从试验研究或现有数据的推断来确定。因此,对于风险分析而言,必须能显示出风险事件的状态、时间、输入等要素之间的关系。换而言之,风险分析的目的是要回答:一个风险事件的不利后果是怎样产生的,为什么会产生。

风险分析的结果应汇总形成风险分析表,如表 2-2 所示。风险事件伤害的人员类型包括作业人员自身、同一作业场所的其他作业人员、作业场所附近的其他人员;人员可能受到伤害的程度包括死亡、重伤和轻伤。

风险分析表　　表 2-2

序　号	风险事件	原　因　1	原　因　2	……	原　因　N	风险事件后果
1						
2						
3						
……						
N						

2.2.3 风险估测

1)原理定义

风险估测是指采用定性或定量的方法,对风险事件发生的可能性及严重程度进行估算,并根据风险分级标准和接受准则,确定隧道工程施工安全风险等级的过程。根据风险的定义,风险估测需要采用定性或定量的方法估测风险事件发生的可能性及严重程度。其中,风险事件发生的可能性取决于物的不安全状态与人的不安全行为的组合。当前,隧道工程风险事件可能性的确定通常采用指标体系法、专家调查法等方法,同时辅以数值仿真、监控量测、超前地质预报等方法相结合,综合确定可能性等级。根据国际隧道与地下空间协会分级标准(2004),隧道工程施工安全风险事件可能性等级标准分为5级,具体见表2-3。风险事件后果严重程度通常考虑人员伤亡、直接经济损失、社会影响、环境影响与工期延误等情形。结合隧道工程施工实际,我国公路与铁路隧道风险事件后果严重程度分级标准在此基础上均进行了适当修正(交通运输部工程质量监督局,2011;中国铁路总公司,2014)。

隧道工程施工安全风险事件可能性等级 表2-3

概率范围	中心值	概率等级描述	概率等级
>0.3	1	很可能	5
0.03~0.3	0.1	可能	4
0.003~0.03	0.01	偶然	3
0.0003~0.003	0.001	可能性很小	2
<0.0003	0.0001	几乎不可能	1

注:1. 当概率值难以取得时,可用频率代替概率。
2. 中心值代表所给区间的对数平均值对应的概率。

2)研究现状

对于风险估测方法的研究是风险评估领域的热点,常见的风险估测方法总体上可分为定性分析方法、半定量分析方法与定量分析方法。定性分析方法包括检查表法、专家调查法等;半定量分析方法包括LEC法、事故树法、事件树法、影响图法等;定量分析方法包括层次分析法、模糊数学综合评判法、蒙特卡洛模拟法、点估计法等。下面以常见的检查表法与模糊数学综合评判法为例,介绍隧道工程施工安全风险估测方法的研究现状。

(1)检查表法

检查表法把检查对象加以分解,将大系统分割成若干子系统,以提问或打分的形式,将检查项目列表逐项检查,即做一份安全检查和危险诊断的项目明细表,打分型检查表如表2-4所示。检查表法应用简单,在实际工程中应用广泛。贾宏禹等(2006)结合层次分析法对安全检查表进行了改进,将原有的安全检查表定性分析扩展到定量分析,提高了安全评价的可靠性;唐协等(2012)采用基于工程类比的检查表法和专家调查法开展了隧道设计阶段的风险估测,分析了潜在的风险事件,确定了风险等级,提出了有效的风险控制措施建议;元莎莎(2017)对城市轨道交通运营线路中存在的危险因素进行辨识与分析,采用安全检查表法、预先危险分

析、人员疏散能力评价等方法，对轨道交通工程运营线路的各设备系统及各方面防护措施均进行了安全风险评价分析，并对重点问题制定了应对措施；高永涛等（2020）通过保留安全检查表法的核心分析构架，依靠文本挖掘技术，从隧道建设相关责任方汇集的各类文本资料中提取与工程安全相关的关键词，对关键词进行归类和定量评价，进而对隧道工程不同等级的事故隐患进行量化评分。

打分型检查表 表 2-4

检查项目和内容	检查结果		备注
	可判分数	判给分数	
检查条款	0-1-2-3（低度危险）		
	0-1-3-5（中度危险）		
	0-1-5-7（高度危险）		
	满分	判分	
百分比 = 总的分数/总的可能的分数 = 判分/满分			

注：选取 0-1-2-3 时，条款属于低危险程度，对条款的要求为“允许稍有选择，在条件许可的条件下首先应该这样做”；选取 0-1-3-5 时，条款属于中等危险程度，对条款的要求为“严格，在正常的情况下均应这样做”；选取 0-1-5-7 时，条款属于高危险程度，对条款的要求为“很严格，非这样做不可”。

（2）模糊数学综合评判法

模糊数学综合评判法是将模糊数学理论与其他方法相结合进行综合估测的方法。王海平（2008）采用层次分析法和模糊综合评判法对天津地铁 9 号线盾构穿越天津站内全部铁路隧道工程的施工风险进行了综合分析，最终确定其风险等级并给出相应的控制措施；张连凯（2009）从盾构法隧道工程施工进度、质量、费用三方面对风险进行分类和识别，运用层次分析法与模糊综合评判法的优点对项目总体风险进行评价；范玉祥（2010）对隧道工程的施工安全风险因素深入分析，确定各施工安全风险因素的权重，建立隶属度函数，进行了模糊综合评判；张永兴（2012）通过对 62 座初期支护发生破坏的隧道资料的收集和整理，总结出隧道初期支护破坏的等级，运用层次分析法和模糊综合评判法相集成的方法，建立了隧道初期支护安全性综合评判模型，提出了合理的风险应对措施；蒋立福（2014）将层次分析和模糊综合评判法引入浅埋暗挖地铁隧道下穿河流施工风险的评价中，建立了相应的评价指标体系，利用层次分析法计算指标权重，运用模糊综合评判法对研究对象进行评价；谢光明（2017）结合隧道工程实例，从模糊综合评估的角度出发，对隧道施工安全风险事件发生的概率以及后果损失严重性进行估测，提出了风险管控措施；张姣（2019）综合应用模糊综合评判法和熵度量法，构建跨海沉管隧道工程施工安全风险评估体系，并在施工过程中对风险因素进行动态控制；周前国（2019）构建了基于网络层次分析法（ANP）的模糊综合评判模型（ANP-FCE 模型），运用模型对成都地铁 4 号线凤溪—南熏区间的盾构施工风险进行评价，为其他类似工程制定风险防控措施提供了依据；赵轩（2019）通过广泛收集整理隧道施工常见事故案例资料，采用模糊层次综合分析法建立隧道大变形灾害风险评估体系，为隧道大变形灾害的风险管理提供了依据。

常用的风险估测方法优缺点与适用范围如表 2-5 所示。

常用的风险估测方法特点 表 2-5

分类	名　　称	优　缺　点	适 用 范 围
定性分析方法	检查表法	优点:①简单易行,能够根据预定的目标要求进行检查,突出重点、避免遗漏,便于发现和查明各种危险及隐患;②可作为安全检查人员履行职责的凭证,有利于落实安全生产责任制,并能将安全工作推向群众,达到“群查群治”的目的。 缺点:编制检查表难度较大,且不能定量评估	适用于各类系统的设计、验收、运行、管理、事故调查
	专家评议法	优点:①简单易行;②所得结论较为全面,能够对各种模糊、不确定的问题给出较为准确的回答。 缺点:易受主观因素影响,有可能使结果产生偏差,易偏于保守	适用于依靠专家集体直观判断进行的风险问题分析
	专家调查法(包括智力风暴法、德尔菲法)	优点:避免因专家多而产生当面交流困难、效率低等问题。 缺点:①由于专家不能当面交流,缺乏沟通,可能会坚持错误意见;②由于是函询法,可能多次重复,会使某些专家不耐烦而不仔细填写;③易受主观因素影响,有可能使结果产生偏差,容易偏于保守	适用条件:①依靠专家集体直观判断进行的风险问题分析;②问题复杂、专家代表不同专业且没有交流的经历;③受时间、经费限制,或因专家之间存有分歧、隔阂不宜当面交换意见的问题
半定量分析方法	LEC 法	优点:简单易行,具有较强的实用性,通过计算 LEC 分值直接判断风险等级,结果清楚、醒目。 缺点:影响危险性因素分值主要根据经验确定,具有一定的主观性和局限性	适用于作业现场局部性评价,不适用于整体、系统的评价
	事故树法	优点:对导致灾害目标事故的各种因素及逻辑关系做出全面、简洁和形象的描述,便于查明系统内固有或潜在的各种危险因素;便于进行逻辑运算、系统评价,以及进行定性、定量分析。 缺点:步骤较多、计算较复杂	应用范围较广泛,适合复杂性较大的系统;在工程设计阶段对风险事件查询时,可使用此方法对其安全性做出评价;常用于直接经验较少的危险源辨识
	事件树法	优点:事件树法是一种图解形式法,层次清楚、阶段明显,可进行多阶段、多因素复杂事件动态发展过程分析,预测系统中事故发生的趋势。 缺点:①应用数据较少,进行定量分析需做大量的工作;②用于大系统时,容易产生遗漏和错误;③事件树的大小随问题变量个数呈指数增长	用于分析系统故障、设备失效、工艺异常、人的失误等,应用较为广泛。不能分析平行产生的后果,不适用于详细分析

续上表

分类	名　称	优 缺 点	适 用 范 围
半定量分析方法	影响图法	优点：①能明显地表示一个决策分析问题中变量之间的独立关系；②能清晰地表示变量之间的时序关系、信息关系和概率关系，适合决策者认识问题的思维过程；③便于采用计算机存储与操作处理。 缺点：①节点边缘概率和节点间条件概率难以计算；②进行概率估计时，可能会违反概率理论	影响图法与事件树法适用性类似，由于影响图法比事件树法有更多的优点，因此也可应用于较大系统的分析
	原因-结果分析法	优缺点：原因-结果分析法实质是事件树法和事故树法的结合使用，因此，同时具有前述两种方法的优缺点	适用范围与事故树法和事件树法类似，适用于在设计、操作时分析事故的可能结果及原因，但不适于大型系统
定量分析方法	层次分析法	优点：具有实用、简洁和系统的特点。 缺点：①得出结果是粗略方案的排序；②对于较高定量要求的决策问题，单纯应用层次分析法，无论建立层次结构或者构造判断矩阵，主观判断、选择、偏好对结果的影响极大	①应用领域较广泛，可以分析社会、经济以及科学管理领域中的问题；②不适用于层次复杂的系统
	模糊数学综合评判法	优点：给出的数学模型，简单、易掌握，是多因素、多层次复杂问题评判效果较好的方法，可用于定性、定量分析，适用性较广泛。 缺点：①隶属函数或隶属度的确定、评价因素对评价对象权重的确定和评价结果均有较大的主观性；②对多因素、多层次的复杂问题评价，计算比较复杂	适用于任何系统的任何环节，适用性较广
	蒙特卡洛模拟法	优点：①用于包括随机变量在内的任何计算类型；②考虑变量数目不受限制；③用于计算随机变量可根据具体数据采用任何分布形式；④可有效发挥专家的作用。 缺点：①模拟系统较复杂，模型建立困难；②没有计入风险因素之间的相互影响，使得风险估计结果可能偏小	适用条件：①比较适合在大中型项目中应用；②可解决复杂概率运算问题，适合于无法进行真实试验的场合；③对于费用高或费时的试验，具有明显优越性；④在进行较精细的系统分析时使用，适用于问题比较复杂、精度要求较高的场合，特别对少数可行方案实行精选比较适用
	等风险图法	优点：方便直观、简单有效，对任何一个具体项目，只要得到其风险发生概率和风险后果，即可直接得到其风险系数。 缺点：①需得到风险发生概率和风险后果两个变量值，而其在实际操作中不易得到，需借助其他分析方法；②根据等风险图只能确定风险系数位于哪一个区间内，如果需得到具体数值，仍需进行计算	适用条件：①对结果精度要求不高，只需要进行粗略分析的项目；②多个类似项目同时分析或一个项目多个方案比较分析时使用

续上表

分类	名　　称	优　缺　点	适 用 范 围
定量分析方法	神经网络方法	优点：具有较强的学习能力、抗故障性和并行性。 缺点：神经网络综合评估模型在已知数据不足或无法准确构造训练样本集的情况下，需要结合其他综合评估方法得到训练样本集，才能实现对网络的训练	适用条件：①原因和结果关系模糊的场合；②涉及模糊信息的场合；③不一定得到最优解，可快速求得与之相近的次优解场合；④组合数量非常多，难以得到全部求解集合的场合；⑤对非线性较高的系统进行控制的场合
	点估计法	优点：简单易懂、计算较为方便，能够提供总体参数的估计值。 缺点：①用抽样指标直接代替全体指标，不可避免存在一定误差；②若选取参数具有高变异性特点时，计算结果会低估失效概率	适用条件：①总体分布函数形式已知，但一个或多个参数未知，借助于总体一个样本来估计总体未知参数的值的问题；②适用于研究问题中某一变量在一定范围内连续变化
	模糊层次综合评估方法	优点：①具有层次分析法和模糊数学综合评判法的优点；②在一定程度上减少评价因素对评价对象权重确定主观性强的缺点。 缺点：除了模糊数学综合评判法权重确定的主观性缺点外，具有层次分析法和模糊数学综合评判法的缺点	适用范围与模糊数学综合评判法一致
	事故树与模糊综合评判组合分析法	优点：①具有事故树法和模糊数学综合评判法的优点；②避免了在确定因素集过程中出现错漏；③对风险影响系数大的因素进行分析，得到结果更科学、合理。 缺点：除模糊数学综合评判法的权重确定较为主观的缺点外，具有事故树法和模糊数学综合评判法的缺点	适用范围与事故树法相同
	未确知测度法	优点：实用性强、科学合理，是一种定量化的评价方法，评价过程更为客观，应用较为广泛。 缺点：要求评估指标为定量指标，若为定性指标则需进一步定量化	适用于解决有序分割问题、受多因素影响，以及不确定性的评价、分类等问题

(3)实施要求

在隧道工程施工安全风险估测过程中，根据估测对象的不同，可分为一般风险源估测与重大风险源估测两类。其中，一般风险源是指隧道工程施工过程中，风险程度相对较小，运用一般知识与经验即可防范的风险源，常用的一般风险源估测方法包括检查表法、专家调查法、LEC 法等；重大风险源是指隧道工程施工过程中存在较大的不可预见性、引发的风险事件后果严重程度较大，应重点予以控制和防范的风险源。山岭隧道施工重大风险源包括洞口失稳、坍塌、涌水突泥、大变形、瓦斯爆炸、岩爆等六类，盾构法隧道施工重大风险源包括掌子面失稳、建(构)筑物受损、突水等三类。对于重大风险源的估测比较复杂，需要结合不同隧道的具体情形进行具体分析，常用的重大风险源估测方法包括风险矩阵法、模糊数学综合评判法、点估计法、未确知测度法等。对于施工区段特别复杂的隧道，重大风险源估测还应结合地质预报与

监控量测的结果，利用数值模拟等手段，采用综合估测方法确定风险等级。隧道工程施工安全风险估测汇总表如表 2-6 所示。

隧道工程施工安全风险估测汇总表　　表 2-6

序　号	风　险　源	可能性等级	后果严重程度等级	风 险 等 级
1				
2				
3				
……				
N				

2.2.4　风险控制

1）风险接受准则

风险接受准则是指对风险进行分析与管理，判断风险是否可接受的等级标准。隧道工程风险管理的实质是风险水平与风险控制成本之间的博弈与动态平衡过程，其核心问题是“要多安全才足够安全”，风险接受准则正是试图回答这一问题。因此，应根据风险辨识、风险分析与风险估测的结果，从管理、技术、教育、应急等方面对不同等级的风险，提出不同的风险控制措施建议。隧道工程施工安全风险评估接受准则见表 2-7。

隧道工程施工安全风险评估接受准则　　表 2-7

风 险 等 级	接 受 准 则	控制措施建议
低风险（Ⅰ级）	可忽略	不需采取特别的风险防控措施
一般风险（Ⅱ级）	可接受	宜采取风险防控措施，加强安全管理力量，严格日常安全生产管理工作
较大风险（Ⅲ级）	不期望	应采取措施降低风险，包括加大安全管理力量投入、强化安全资源配置、选择有经验及自控能力强的施工单位、增加工程保险投保等措施
重大风险（Ⅳ级）	不可接受	应采取一整套的措施降低风险，优化工程设计、改进施工工艺，高度重视项目的后续组织实施，采取加大安全管理力量和资金投入、强化安全资源配置、选择有经验及自控能力强的施工单位、增加工程保险投保等措施

2）风险控制措施建议

隧道工程施工安全风险控制措施应根据不同的风险等级制定。下面以隧道岩爆风险为例，介绍不同风险等级的控制措施。

（1）低风险（Ⅰ级）控制措施

一般可忽略，不需要采取特别的岩爆风险防控措施。在日常工作中，落实安全管理人员、安全管理制度、安全资金投入、现场管理措施即可。

（2）一般风险（Ⅱ级）控制措施

一般可以接受。施工前应该根据需要，收集周围类似隧道工程岩爆事故资料。必要时，选择适当优化的方法对施工计划进行调整。对于开挖作业过程，应根据需要对爆破频率、药量等进行控制；同时，在围岩上适当地喷洒冷水，进行喷射混凝土支护、锚杆支护等。

在监测管理方面，在观测作业区域内进行边帮开裂、脱落、异常响声和围岩的应力和位移等情况监测。在警报装置设置方面,应提前确定发出警报的标准、警报的种类、警报后的应急行动等要求,并通知到相关人员。在应急措施方面,应将紧急情况下使用的设施设备设置在必要的位置上,并将其位置及使用方法通知相关人员,进行紧急情况避险训练和紧急情况人员救护训练。在人员培训方面,应对以下内容进行针对性培训:①岩爆的危险性;②防止岩爆发生的措施及注意事项;③检查方法(检查内容及时间);④发生紧急情况时的对策措施。

(3)较大风险(Ⅲ级)控制措施

一般较危险,不期望的。施工前,需要收集项目周围已完工和在建隧道工程出现岩爆事故的资料。在前期调查的基础上,确定今后施工过程中哪些部位及里程容易发生岩爆;对于岩爆地段,需优化工程布置和开挖方式。对于开挖作业过程,同一般风险(Ⅱ级)控制措施。

在监测管理方面。进行表象观测,利用人的视觉与听觉直观感受作业区域异常现象,做到"一听响声、二看位置、三看方向",找出岩爆发生的前兆,如边帮开裂、脱落或出现异常响声等,做到及时发现险情及时处理。在施工现场,可利用收敛计、锚杆测力计、多点位移计等监测仪器进行监测。对于警报装置设置、应急措施和人员培训等方面应采取的措施同一般风险(Ⅱ级)。

(4)重大风险(Ⅳ级)控制措施

一般非常危险,不可接受的。施工前期的风险控制措施同较大风险(Ⅲ级)的控制措施;对于开挖作业过程,采用短进尺、多循环的施工方式,以及先导洞后扩挖二次推进的掘进方式;采用松动爆破、微差起爆,严格控制最大单响药量,减小药量和减少爆破频率,提高光面爆破效果,减少应力集中;采用应力释放孔或在孔中实施小药量爆破等方式进行应力释放;在掌子面(工作面)和洞壁经常喷洒冷水,降低表层围岩强度;爆破后应及时在拱部及侧壁喷射混凝土,采取双层锚喷网加锚杆等联合支护措施,紧跟二次衬砌工作。

在监测管理方面,与较大风险(Ⅲ级)控制措施一致;在警报装置设置、应急措施和人员培训等方面控制措施同较大风险(Ⅲ级)的控制措施。

2.3 概率风险评估方法

2.3.1 贝叶斯网络方法

贝叶斯方法源于 Thomas Bayes 发表于 1763 年的遗作,文中根据二项分布的观测值对其参数进行概率推断,之后经过多人研究完善了其基本理论和基本框架。在 20 世纪 80 年代后期,来自美国加利福尼亚大学的 Pearl 对贝叶斯网络进行了严格的定义,并创建了贝叶斯网络的基础理论体系(1988)。1995 年,微软的 Heckman 在其发表的论文中对贝叶斯网络进行了详细的介绍,这是贝叶斯网络理论成型的标志。

对概率的理解存在两种不同的学派,即频率主义学派和贝叶斯学派。贝叶斯学派认为随机事件发生的概率是人们的主观认识,人们对于任何随机事件发生的可能性大小都有一个初始的主观经验性认识,即先验概率或先验概率分布。然后,根据外部环境的实际发生情况对先

验概率或先验概率分布进行修正,获得相应的后验概率或后验概率分布,实现对客观世界认识的提升;贝叶斯定理形成了贝叶斯推理的基础,它允许使用概率来量化参数的不确定性。在贝叶斯视角下,概率被解释为信念的程度。因此,它可以被认为是在观察数据之前和在分析中考虑数据之后对参数的信任程度的演变(Jong 等,2021)。

贝叶斯网络在处理不确定性问题时具有突出的优点。首先,贝叶斯网络可以处理概率性和不确定性随机事件,贝叶斯网络以图论和概率论作为理论依据,有着扎实的数学基础;其次,贝叶斯网络可以用于学习因果等类型的关系,在贝叶斯网络模型中,网络结构图直观表述了随机变量间的直接或间接因果关系,能准确反映出网络中变量间的关系。

1)静态贝叶斯网络

对于 A 和 B 两个事件,用 $P(A)$ 和 $P(B)$ 来表示它们发生的概率。在 B 事件发生前,人们主观判断得出事件 A 的先验概率。而在事件 B 发生之后,由于受到事件 B 的影响,A 事件发生的概率需要重新进行评估,这种评估结果是事件 A 的后验概率,用公式 $P(A|B)=P(B|A)P(A)/P(B)$ 表示。其中,$P(B|A)$ 是事件 A 的发生对事件 B 的支持程度,即似然函数。

贝叶斯公式主要通过先验信息与样本信息的耦合分析得出后验信息,将上述中的 A 设定为样本 X,把 B 设定为参数 θ,样本 $x=(X_1,\cdots,X_i)$ 的密度函数属于参数族 $F=\{f(x;\theta):\theta\in\Theta\}$,$X_i(i=1,\cdots,n)$ 是相互独立的样本,其中参数 θ 是一个未知的常数。得到贝叶斯公式:

$$\pi(\theta_i|x)=\frac{f(\theta_i|x)\pi(\theta_i)}{\sum_i f(x|\theta_i)\pi(\theta)\mathrm{d}\theta_i} \tag{2-2}$$

该公式中,参数 θ 是离散的,当参数 θ 连续时,则上述公式可写为:

$$\pi(\theta\mid x)=\frac{f(\theta\mid x)\pi(\theta)}{\int_{\Theta}f(x\mid\theta)\pi(\theta)\mathrm{d}\theta} \tag{2-3}$$

一个典型的贝叶斯静态网络由两部分组成,第一部分是一个有向无环的图形结构 G。其中每个节点代表一个变量,节点之间的有向弧段反映了变量之间的依赖关系,指向节点 X_i 的所有节点称为 X_i 的父节点。其中,图 2-6 为一个贝叶斯网络的拓扑结构;另一部分是与每个节点相关的条件概率表,该表列出了此节点相对于其父节点的所有概率。以 X_4 为例,其条件概率表具体见表 2-8。

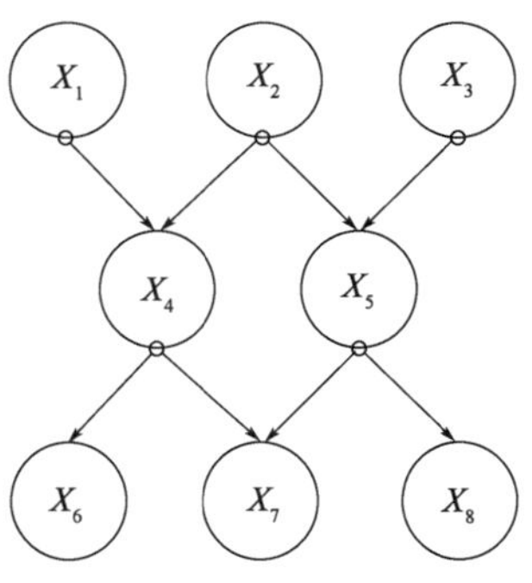

图 2-6　贝叶斯网络的拓扑结构

节点 X_4 条件概率表　　表 2-8

X_1	X_2	$X_4=0$	$X_4=1$
0	0	$1-P_1(X_4|X_1,X_2)$	$P_1(X_4|X_1,X_2)$
0	1	$1-P_2(X_4|X_1,X_2)$	$P_2(X_4|X_1,X_2)$
1	0	$1-P_3(X_4|X_1,X_2)$	$P_3(X_4|X_1,X_2)$
1	1	$1-P_4(X_4|X_1,X_2)$	$P_4(X_4|X_1,X_2)$

注:0 代表不发生,1 代表发生。

贝叶斯网络的构建与研究的具体问题和基础数据的积累密切相关,具体可分为以下三种不同的方式。

(1)专家知识手动构建

这种方式的贝叶斯网络拓扑结构和参数模型是由该领域的专家来确定的。采取这种方式构建时,专家必须对需要进行建模的问题有非常深入的研究。同时,模型中节点变量相对较少,节点之间的影响关系简单。在指定模型参数时需要进行反复调试和修改,最终形成贝叶斯网络模型。这种方式适用于构建简单的贝叶斯网络。

(2)数据学习构建

在确定节点变量之后,通过大量的样本数据,应用相应的结构学习算法和参数学习算法来学习贝叶斯网络的结构和参数。采用这种方式进行模型构建必须具备大量的样本学习数据,这种方式适用于构建相对复杂且有大量学习数据的网络模型。

(3)混合方式构建

在混合结构中,专家知识和数据学习相结合,由该领域的专家根据实际工程经验或相应的理论知识事先确定贝叶斯网络的拓扑结构,然后利用数据挖掘方法从观测数据中学习每个节点的条件概率。同时,还需要对学习的参数进行调整和修正。这种构建方式充分利用了前两种方法的优势,构建模型的效率较高。这种方法适用于研究问题领域中的节点变量之间的影响关系十分明显的情况。

2)动态贝叶斯网络

动态贝叶斯网络(Dynamic Bayesian Network,DBN)是静态贝叶斯网络在时间维度的拓展。它以概率网络为基础,将原有静态贝叶斯网络同时间信息结合,形成新的有处理实时数据功能的随机模型。加入时间因素后,随机变量的发展变化规律体现在不同时刻的动态数据中,反映在动态贝叶斯网络中就是网络结构和网络参数的不断变化和更新。因此,动态贝叶斯网络在处理时序数据和表达多层次的知识方面有扎实的理论基础和优势。

为方便处理,假设动态贝叶斯网络满足两个条件:①网络拓扑结构不随时间发生改变,即除去初始时刻,其余时刻的变量及其概率依存关系相同;②满足一阶马尔可夫条件,即给定当前时刻的状态后,未来时刻的状态和先前时刻的状态无关。满足上述条件后,动态贝叶斯网络可以看作贝叶斯网络在时间序列上的展开,如图 2-7 所示。

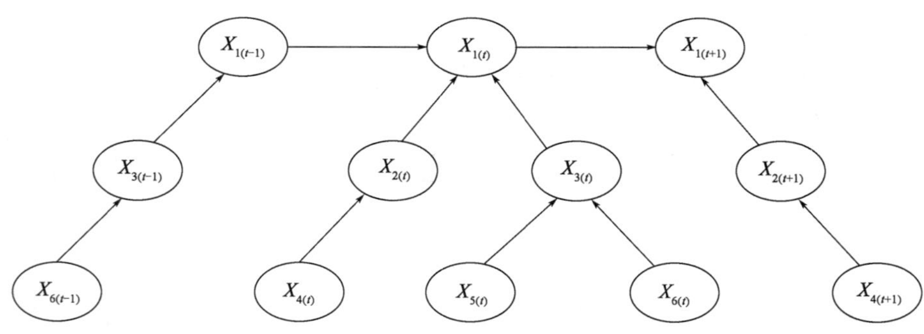

图 2-7　动态贝叶斯网络

一个 DBN 可以用(A_0,A_D)来定义,其中 A_0 表示一个标准的静态贝叶斯网络(初始网),并定义了在初始时刻的条件概率分布 $P(Z_0)$,A_D 是一个包含了两个相邻时间段的贝叶斯网络(转移网),并定义了在两个相邻时间段之间各变量的条件分布,即:

$$P(Z_t|Z_{t-1})=\prod_{i=1}^{N}P(Z_t^i|\pi(Z_t^i)) \tag{2-4}$$

式中：Z_t^i——在 t 时刻的节点 i；

$\pi(Z_t^i)$——父节点。

在转移网中，节点 Z_t^i 的父节点既可以与其在相同的时间段内，也可以在它上一个时间段内。在同一个时间段内的有向边可以认为是瞬时作用，而相邻时间段的有向边可以认为有时变的作用，体现了时间的变化。

在许多工程的施工过程中大部分环境因素是随时间与空间不断变化的，施工环境的安全是一个复杂的动态决策系统。传统的安全检查表法、事件树及事故树等安全评价方法往往局限于静态过程的推理，难以反映时空变化对安全风险演化的实时影响，而且较多依赖专家经验与知识，一旦事故发生，往往急于组织专家开展工程会议集中讨论处理方案，这很可能会延误工程事故处理的最佳时间。利用动态的贝叶斯网络能够融合多领域专家关于具体工程的实践经验，并为特定安全事故的处理提供实时决策支持，在动态决策上有着更好的效果。凭借强大的不确定性处理与推理能力，贝叶斯网络已在多个领域内取得广泛而成功的应用，如复杂系统故障诊断、聚类分析与模式识别、专家决策系统、军事安全控制等。在复杂工程管理方面，将贝叶斯网络的建模方法应用到地铁施工风险管理过程中，能够增强风险管理系统对数据和知识的处理能力，以及对实际问题的分析推理能力，能够为施工风险管理提供有力的辅助决策支撑。

构建初始贝叶斯网络主要是要进行结构学习和参数学习，即确定贝叶斯网络模型的拓扑结构和网络参数。

(1)结构学习

现在应用最广泛的结构学习方法是基于打分-搜索的方法。基于打分-搜索的方法可以将贝叶斯网络的结构学习问题分解成两个部分：第一部分是建立打分函数，第二部分是通过特定的搜索策略选出最优的网络结构。

(2)参数学习

贝叶斯网络参数学习方法包括最大似然计算法和贝叶斯方法。由于 DBN 处理的问题越来越复杂，单纯依靠专家知识对参数进行指定的方法渐渐难以适应多节点的研究。

近年来，随着 GeNIE、Netica、BayesianLab 等贝叶斯处理软件的不断完善和发展，使得大量的研究工作者开始依赖于数据学习来得到参数模型。DBN 参数学习大致经历过两个阶段：第一阶段，依靠专家经验进行指定；第二阶段，从数据中学习每个节点的概率分布。当前，贝叶斯网络的研究主要集中在大型复杂网络结构学习算法，随着数据量的不断增多，这是非常有必要的；基于模块化的并行网络结构学习算法，能够提高模块化的学习和应用效率；动态贝叶斯网络结构学习算法方面的研究相对较少，将会有很大的研究空间；在实际问题中数据通常都是不完备的，对于不完备数据的结构学习算法方面的研究将有利于实际问题的解决。

2.3.2　智能响应面方法

2.3.2.1　智能方法的历史沿革

机器学习在地球科学中有着悠久的历史，具体发展历程见图 2-8。最早时，使用克里金法应用于金矿估价预测,此后它在地质统计学中得到了广泛应用,k-均值被用来描述沉积物的周期性,基于决策树的方法在经济地质学和远景测绘中实现了早期应用。在 20 世纪 70～80 年代,由于一些特殊的原因,它们的发展和应用受到了制约。但是,随着计算机科学的发展和相应的机器学习软件的出现,机器学习又开始在地球科学各个领域内得到了应用和蓬勃发展。例如,支持向量机应用于地震数据分析和自动地震解释,随机森林在地震学领域应用较多,无监督 k-均值等效已应用于地震解释、地震动模型验证及地震速度拾取等。上述方法只是浅层的机器学习,随着神经网络的发展,深度的机器学习有着更大的优势。多层神经网络可以以任意精度处理任意函数,深度学习通过更多支持性数据展示其卓越的性能,而且兼具自动特征选择功能,在地球科学特别是岩土工程中的实际应用逐渐增多。

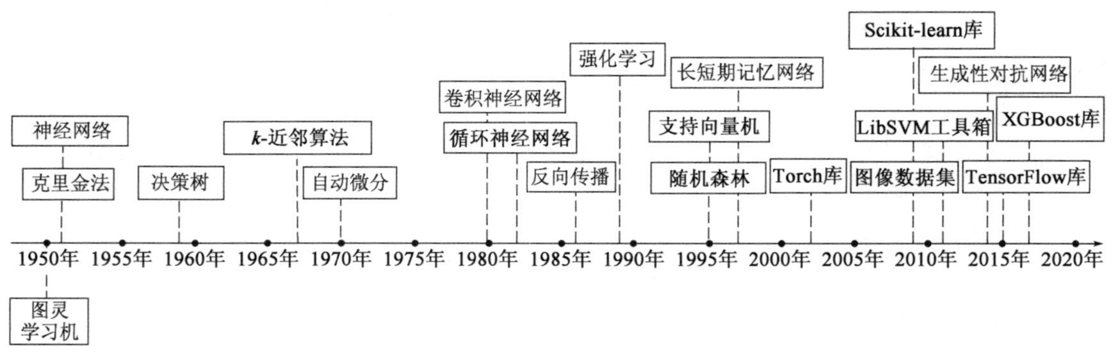

图 2-8 机器学习历史发展脉络图(Dramsch 等,2020)

Torch 是一个基于 BSD License 的开源的机器学习的框架;Seikit-lear 是针对 Python 编程语言的免费软件机器学习库;LibSVM 是台湾大学林智仁教授等开发设计的一个简单、易于使用和快速有效的 SVM 模式识别与回归的软件包;TensorFlow是一个端到端开源机器学习平台;XGBoost 是专注于梯度提升算法的机器学习函数库

地球科学的研究对象通常在空间和时间上具有无定形的边界,这些边界不像其他领域中的对象那样清晰定义。岩土工程现场数据常具有不同程度的噪声、不完整性和不确定性,这些是机器学习在地球科学发展中所遇到的问题。深度学习与岩土工程的结合将是其主要发展方向,而数据的收集和甄别是机器学习的重要环节。

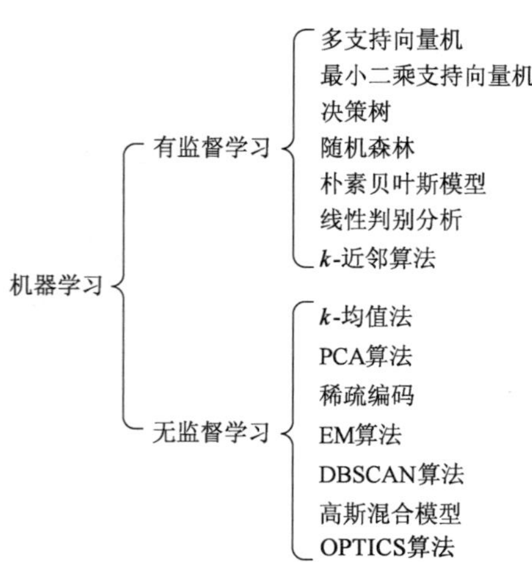

图 2-9 常见机器学习方法

近年来,机器学习技术在岩土工程领域得到了广泛的应用。利用机器学习方法预测岩爆、区域滑坡灾害等比传统方法考虑的因素更加全面(张文刚等,2021;刘艳辉等,2021)。在大数据时代下,采用机器学习进行大量数据的统计和分析,提高了数据的分析效率与模型的准确性。根据原始样本数据有无标签值,机器学习方法可以分为有监督学习方法和无监督学习方法,具体分类如图 2-9 所示。另外,深度学习也成为当前机器学习的重要领域,常见的深度学习方法包括前馈神经网络、卷积神经网络、循环神经网络、生成对抗性网络、双向神经网络等。

2.3.2.2　有监督学习方法

有监督学习的方法在岩土工程领域应用较为广泛,常见的有监督学习方法如下。

1)多支持向量机方法

支持向量机(Support Vector Machine, SVM)是一种基于统计学习理论、VC 维理论和结构风险最小化原理的机器学习方法(王荣贵等,2019)。SVM 是一种基于统计学习理论的非参数技术,通过控制模型的复杂性,利用核来解决非线性高维问题。支持向量机的机理是寻找一个满足分类要求的最优超平面 $w^{\mathrm{T}}X+b=0$,在保证分类精度的情况下,使得超平面两侧的空白区最大化。为了达到这个目标,首先需要做的是找到距离超平面最近的样本点(支持向量)。然后,要尽可能地让支持向量到超平面的距离尽可能大,依据这个条件来求取满足最佳分割超平面。它在解决小样本、非线性和高维模式识别问题上显示出许多独特的优势,克服了“维数突变”和“过度学习”的问题。在二维数据集的空间上,超平面 $w^{\mathrm{T}}X+b=0$ 如图 2-10 所示。

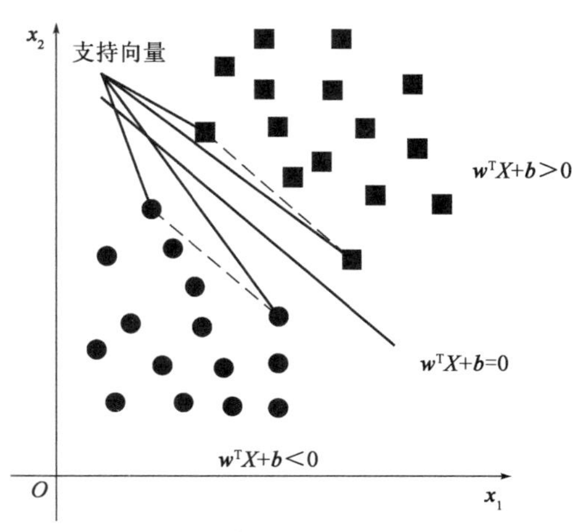

图 2-10　二维数据集超平面分割

在现实生活中,许多的问题并不是简单的两类问题,而是多类问题。这就需要将支持向量机方法从两类问题上推广至多类问题。一般情况下,支持向量机解决多类问题的指导思想大致有两种:

①构造一系列两类问题,同时建立起相应的两类分类机。然后,根据这些两类分类机的分类结果得到最终的判别结果。

②通过对支持向量分类机中的原始最优化问题进行改变,使得它能同时计算出所有多类分类决策函数,从而可以一次性地实现多类分类。

虽然第二种思路看起来简单,但是它的最优化问题求解过程太复杂,计算量太大,实现起来比较困难,所以未被广泛应用。因此,本书主要介绍第一种思路。

训练集 $T=\{(x_1,y_1),\cdots,(x_l,y_l)\}$,其中,$x_i\in R^n$,$y_i\in Y=\{1,2,\cdots,M\}$,$i=1,\cdots,l$。寻找空间 R^n 上的一个决策函数 $f(x):R^n\to Y$,来判断输入任意 x 对应的 y 值。

(1)成对分类法

成对分类法也称为一对一分类法(Jong 等,2021)。在训练集 T(共有 M 个不同类别)中找出所有不同类别的两两组合,共有 $P=(M-1)M/2$ 个,分别用这两个类别样本点组成两类问题训练集 $T(i,j)$,然后用求解两类问题的支持向量机分别求得 P 个判别函数 $f_{(i,j)}(x)=\mathrm{sgn}(g_{ij}(x))$。

对样本进行分类时采用投票的方法,依次使用 P 个分类器进行判别。如果判 X 为 i 类,i 类获得一票,否则判为 j 类,j 类获得一票。然后,分别统计 M 个类别在 P 个判别函数结果中的得票数,得票数最多的类别就是最终判定类别。

(2)一类对余类法

其步骤是构造 M 个分类机,训练时第 i 个分类机取训练集中第 i 类为正类,其余各类为负类进行训练(勾博等,2006)。判别时,输入信号分别经过 M 个分类机共得到 M 个输出值 $f_i(x)=\text{sgn}(g_i(x))$;若只有一个 +1 出现,则其对应类别为输入信号类别;若输出不止一个 +1(不只一类声称它属于自己),或者没有一个输出为 +1(即没有一个类声称它属于自己),则比较 g(x)输出值,最大者对应类别为输入的类别;当出现的两个或多个 $g(x)$ 输出值相差不大时,这就需要设置一个适当的阈值 θ,把两个最大的 $g(x)$ 输出值的差作为推断 x 的类别的依据。只有这个差值大于 θ 时,才对其进行分类,否则就拒绝它的判别。

(3)纠错输出编码法

对 M 个类别的分类问题,建立 L 个不同的两类分类问题系列,如把奇数类看作正类,偶数类看作负类;把 1、2、3 类看作正类,剩下的类看作负类等,这样就得到了一系列(L 个)两类问题(勾博,2006)。这时,可以得到以 1 和 -1 为元素的 $M\times L$ 阶的编码矩阵 $\boldsymbol{S}$。

每个两类问题可以建立一个决策函数,共有 L 个决策函数,每个决策函数的输出为 +1 或 -1。判别时,将 x 依次输入 L 个决策函数,得到一个元素为 +1 或 -1 的长度为 L 的数列,然后把该数列与矩阵 $\boldsymbol{S}$ 比较。若决策函数准确,两类问题的选择合理,矩阵 $\boldsymbol{S}$ 中应有且仅有一行与该数列相同,这一行对应的类别即为所求类别。若矩阵 $\boldsymbol{S}$ 中没有一行与该数列相等,那么找出最接近的一行(如计算 Hamming 距离),该行对应的类别即为所求类别。

多分类支持向量机因其可以避免过拟合的优越性质,现在已经广泛应用在智能分析领域。在现实生活中,各种分类问题都能看到多分类支持向量机的使用;在许多问题中,采用其他算法与多分类支持向量机的结合来解决分类问题。如在岩土参数反演中,利用遗传算法和多分类支持向量机的结合来进行参数的反演(袁兴国等,2014)。在解决问题时,单独利用多分类支持向量机是有一定缺陷的,各种算法与其结合来解决问题的实例会越来越多。同时,它本身的分类能力也会不断地加强和优化。

2)最小二乘支持向量机方法

最小二乘支持向量机(Least Squares Support Vector Machine, LSSVM)主要应用于解决非线性问题和分类及回归问题,出发点是寻求$(w\cdot x)+b=0$ 的划分超平面,不过与原始最优化问题有所不同,它的原始最优化问题是凸二次规划。度量偏差的标准使得所有训练样本共同决定直线$(w\cdot x)+b=1$ 和$(w\cdot x)+b=-1$ 的位置。因此,可以用于训练集中类别标号不十分准确的问题。同时,最小二乘支持向量机需要求解的最优化问题是一个只有等式约束的凸二次规划问题,因此,求解起来更加简单。不过,由于其几乎所有训练样本都含有偏差,故其算法不再具有稀疏性。

主要算法步骤如下所述:

(1)选择合适的核函数 $K(X_i,X_j)$ 以及惩罚因子 $C>0$。

(2)构造并求解与最优化问题等价的凸二次规划,解得 α^*(对偶问题的解)。

(3)计算 $b*$。

(4)构造决策函数 $f(x)=\text{sgn}(g(x))$。

由于生活中碰到的大多数都是非线性的分类或拟合问题,最小二乘支持向量机方法在实际问题中应用广泛。但是,本身算法使得它不再有稀疏性。为了增加最小二乘支持向量机算法解的稀疏性,提高运算效率,发展了变样本量学习最小二乘支持向量机算法(加尔肯别克等,2019)。现在,在实际应用中不仅只使用单纯的一种方法,而是和其他的算法结合起来,从

而达到更好的效果。在未来的发展中,最小二乘支持向量机算法的优化是必要的,与其他算法的结合使用将是研究的重点。

3)决策树方法

决策树(Decision Tree, DT)方法是一种基于树结构的机器学习算法,它的基本思想是直接模拟人类进行级联选择或决策的过程。决策树是通过将预测器空间分割成多个区域来解决分类和回归问题,从而产生基于一组分割规则开发的树状结构。该决策树由一个根节点(包含所有数据)、一组内部节点(拆分)和一组终端节点(叶子)组成。从根节点到离开节点的每条路径都包含一个决策规则,该规则清楚表示输入和输出变量之间的关系,允许对所提供的解决方案进行简单的解释(加尔肯别克等,2019)。决策树原理示意图如图 2-11 所示。

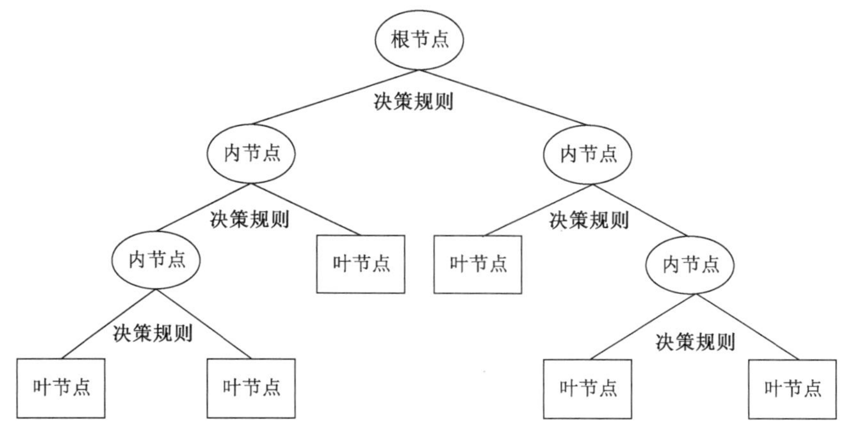

图 2-11　决策树原理示意图

决策树算法基本流程如下:

(1)首先,在数据集上建立根节点,接着按照分类规则将数据集划分成多个部分的数据子集。

(2)其次,使用判别规则对子数据集进行判别,构造出新的节点。在每一次生成子数据集之前,都要检验它是否符合递归终止条件。如果满足,那么结束构造过程;反之,将新节点所包含的数据集和类别标签作为输入,重复递归执行。

(3)最后,当决策树构造完成后,对于给定的样本输入,就可以通过所构造决策树得到判别所需的判别结果。

构造决策树最关键的在于,选择适当内部节点所对应的属性,使得节点所对应样本子集的样本尽可能多地属于同一类别,即具有较高的纯度。

对于样本 T 的纯度,采用经验熵 $H(T)$ 进行度量。$H(T)$ 的值越大,表明样本标签取值越杂乱;反之,越纯净。进一步,可以采用经验条件熵 $H(T|A)$ 来度量集合 T 在以属性 A 为标准划分后的纯度。最后,每个属性依次作为划分指标后,用信息增益 $G(T,A)$ 来衡量其对数据集经验熵变化的影响。$G(T,A)$ 的值越大,表示以属性 A 划分生成的子集合纯度越高;反之,则越杂乱。

决策树方法由于自身是单个分类器,所以会产生过度拟合的结果。针对传统的决策树算法计算信息增益率时间过长的问题,引用麦克劳林公式和泰勒公式的思想,将信息增益率计算公式从对数函数转化为非对数函数，从而降低运算时间（李春生等，2020）。在处理多关系时，传统的数据挖掘算法需要进行物理连接，因而存在效率不高的问题。为了解决这个问题，发展了有效的多关系决策树分类算法（邓左祥等，2020）。

决策树作为传统的机器学习算法，虽然有着其自身的优势，但它的缺点也是较明显的。相反，由决策树结合 Bagging 思想和随机子空间方法优化出的随机森林方法有着更多的优势。

4）随机森林方法

随机深林（Random Forest，RF）方法是一种基于统计学理论的组合方法，由多棵决策树作为弱学习器组成，随机森林需要构建多个决策树。作为一种统计学理论，随机森林综合了 Bagging 思想和随机子空间方法。首先，用来自训练的数据集通过随机采样创建 N 个自主采样集；然后，使用 N 个自主采样集构建 N 个决策树；最后，通过聚集所有树的输出获得最终结果（Jong 等，2021）。其流程示意图如图 2-12 所示。

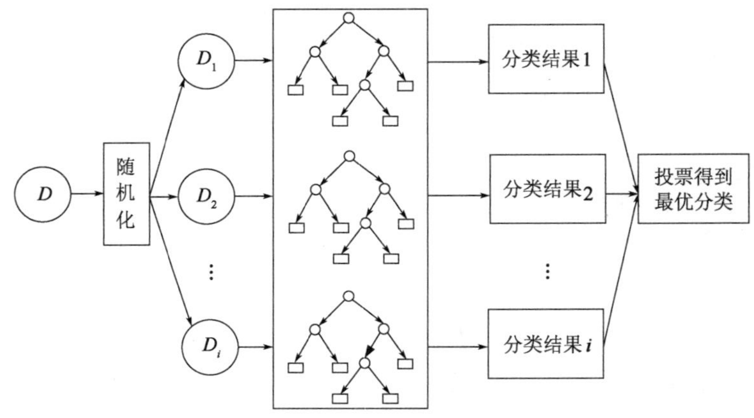

图 2-12　随机森林方法流程示意图

而且，它对异常值和噪声具有很好的容忍度，训练速度快，泛化误差小，不易出现过拟合现象。随机森林集成学习中构造单棵决策树算法的具体步骤如下：

（1）通过自助法确定训练样本集 D_i。

（2）从当前样本数据集的特征集合 $A_i = \{a_{i1}, a_{i2}\cdots, a_{im}\}$ 中随机选择 s 个特征组成新的特征组合 $S_i = \{s_{i1}, s_{i2}\cdots, s_{is}\}$。

（3）分别计算 S_i 中所有属性关于该样本数据集的基尼指数，并根据基尼指数确定最优特征切分点，然后依据最优特征切分点将 D_i 中的样本分配到子节点所对应的样本子集中。

（4）分别对两个子节点递归地调用步骤（2）~步骤（3），直至满足算法终止条件。算法终止条件为节点中样本个数或样本集基尼指数小于给定阈值，或者没有更多特征可以分裂。

目前，随机森林算法在理论和方法上都越来越成熟，并被广泛应用到各个学科之中。同样，在实际应用中随机森林算法经常结合其他算法一起有效解决问题。不过该方法也有缺点，需要对算法本身的流程进行优化，同时将其他的理论引入进来，对其进行不断改进。

5）k-近邻算法

k-近邻算法（K-Nearest Neighbor，KNN）的基本思想是给定一个训练数据集，对新的输入

实例,在训练数据集中找到与该实例最近邻的 k 个实例,这 k 个实例属于某类的个数最多,就把该输入实例分类到这个类下。显然,k-近邻算法是种懒惰的学习算法,不需要训练样本构造特定的分类模型来进行分类。它具有简单易于理解、容易实现和通过 k 值的选择可具备丢噪声数据的优点。它的缺点也显而易见,需要大量已知的标签样本,而且算法本身复杂。

该算法的具体步骤如下:

(1)首先需要确定近邻个数 k。

(2)对于输入的测试样本,需要计算它与所有已知训练样本的距离,其中,常用的计算方式有欧式距离、马氏距离等。

(3)将(2)中所计算的距离集按照从小到大的顺序进行排列,选择前 k 个作为测试样本的近邻样本。

(4)最后,将测试样本分到 k 个训练样本中标签个数最多的那个标签类。

显然,k 值选择是 KNN 算法的关键。若 k 值选择过小,得到的近邻数就过少,就会影响分类的精度;若 k 值选择过大,则结果会倾向于已知训练样本个数较多的类别。通常采用交叉验证法来选取最优 k 值,即比较不同的 k 值时的交叉验证平均误差,选择平均误差最小的那个 k 值。

KNN 算法是很基础的机器学习算法,非常容易学习,在维度很高时也有很好的分类效率,因此应用很广泛。目前,KNN 算法已被广泛应用于人脸识别、文字识别和医学图像处理等领域中,并且取得了一定的成果。同时,对 KNN 算法的优化和改进也在不断研究。例如,加权 KNN 算法可按照权重分配模型计算各训练样本的权重,然后对测试样本进行分类(王超学等,2012);对类别的重要性进行改进的 KNN 算法(FCD-KNN),可利用属性值对测试样本进行分类(肖辉辉等,2013)。在今后的研究中,需要对 KNN 算法进行改进,以对不同的问题都有良好的分类结果。

上述各种有监督学习方法的优缺点及应用范围见表 2-9。

有监督学习方法的优缺点及应用范围　　表 2-9

方法名称	优　点	缺　点	应用范围
多支持向量机	很大程度上克服了“维数灾难”和“过学习”等问题,利用核函数解决非线性高维问题具有鲁棒性	计算复杂程度高;对缺失和不平衡的数据敏感	黏土中打入桩的摩阻力预测、边坡稳定性预测、施工位移变形量预测、浅埋隧道围岩变形预测、岩爆预测和 TBM 性能预测等
最小二乘支持向量机	求解的最优化问题是一个只有等式约束的凸二次规划问题,求解起来更加简单	由于其几乎所有训练样本都含有偏差,故其算法不再具有稀疏性	边坡位移预测、砂土地震液化判别、岩土本构关系拟合和围岩松动圈预测等
决策树	便于使用且高效,易于解释并提供易于理解的规则或结构,提供了视觉的解释,计算复杂度不高	容易产生过拟合现象,在处理缺失数据时很困难,训练过程需要更多的数据来产生更全面的模型	岩土工程中风险评估方法分析、边坡稳定性评价和岩石力学与工程中的数据挖掘等

续上表

方法名称	优点	缺点	应用范围
随机森林	可以拟合出复杂的非线性关系,对异常值和噪声具有很好的容忍度,泛化误差小,不易出现过拟合现象	不能很好地处理不平衡数据,对连续性变量的处理还需要进行离散化,对树结构的数据集的选择敏感	隧道上方地面沉降预测、地下矿山开挖破坏区域预测、边坡稳定性预测、灾害危险性研究和岩爆等级的预测等
k-近邻	简单易于理解、容易实现和通过 *k* 值的选择可具备丢噪声数据的健壮性	需要大量已知的训练样本,算法较复杂	边坡稳定性预测、微地震信号的特征提取与分类识别、土地利用分类等

2.3.2.3 无监督学习

1)*k*-均值聚类法

k-均值聚类算法中的 *k* 表示聚类所得到聚族的个数。显然,*k*-均值聚类算法是一种通过均值指标对数据进行分类的方法。该算法基于同类样本者在特征空间中应该相距不远的基本思想。将集中在特征空间某一区域内的样本划分为同一个簇,其中区域位置的界定主要通过样本特征值的均值确定。*k*-均值聚类法主要流程图如图 2-13 所示。

由于 *k*-均值聚类法的初始聚类中心是随机产生的,这会导致同一批数据在多次使用该算法进行聚类操作时得到不同的聚类结果。为有效降低由于算法不稳定带来误差的影响,通常会使用多个不同的随机初始聚类中心,对同一样本数据集重复多次进行聚类分析,然后从中选择效果最好的聚类结果。

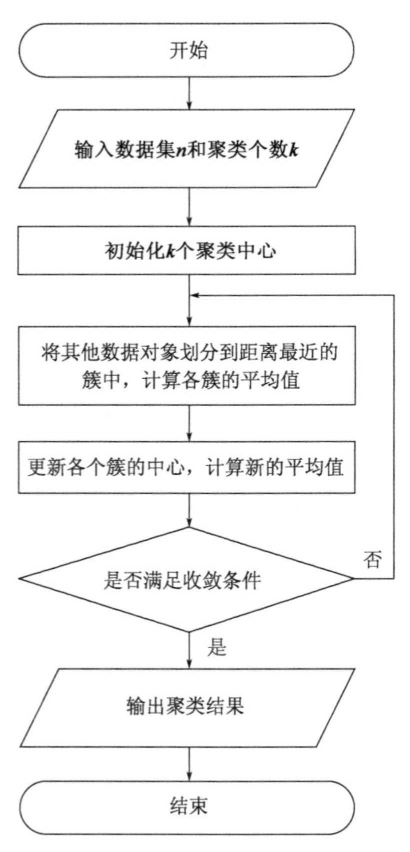

图 2-13 *k*-均值聚类主要流程图

具体的算法如下:

(1)从数据集中随机选取 *k* 个数据对象作为初始聚类中心。

(2)计算其余的各个数据对象到 *k* 个初始聚类中心的距离,根据最近邻原则,将数据对象划归到距离它最近的那个中心所在的簇中。

(3)最后调整新生成的簇,分别计算各个新生成的簇中数据对象的均值作为各簇新的中心。

(4)比较这两次计算出来的聚类中心,如相同,则聚类采用的准则函数收敛,算法终止;反之,根据新的聚类中心对所有数据对象重新进行划分,直到满足算法的收敛条件才终止。

k-均值聚类算法作为最经典的基于划分式的聚类算法,在它的基础上根据不同的应用背景和要求提出了很多改进方案。例如,引用 DB 指数、MH 指数、Dunn 指数等目标函数来进行优化。目前,和许多的算法一样,在实际的应用中,总是结合其他的算法或者理论来解决

分类问题。在今后的发展中,需要重点针对 k-均值聚类算法处理不同类型数据的能力以及算法适宜性等方面进行改进和优化。

2)基本 PCA 方法

对给定任意的一个 n 维向量 $\boldsymbol{X}$,都可以用一个 m 维坐标系来定量表示这个向量。显而易见,向量 $\boldsymbol{X}$ 的坐标分量在不同的坐标系下会有不同的取值。如果能够找到某种合适的坐标系或者基向量,使得在该坐标系下这组向量所包含的信息主要集中在少数坐标分量中,那么就可以直接舍去其余的坐标分量,进而实现降维的目的。基本 PCA 方法正是基于上述思想选择高维数据中某些较为重要的坐标分量或属性来近似表示原始数据,由此实现对原始数据的有效降维,并称这些较为重要的坐标分量或属性为主分量或主成分。

基本 PCA 方法的基本步骤如下:

(1)对数据集 D 中的样本数据进行标准化,组成新的数据矩阵 $\boldsymbol{Z}$。其中,u_j 和 s_j 分别是样本数据集 D 中第 j 维分量的均值和标准差。

(2)根据数据矩阵 $\boldsymbol{Z}$ 计算协方差矩阵 $\boldsymbol{C}=\frac{1}{m}\boldsymbol{Z}^{\mathrm{T}}\boldsymbol{Z}$。

(3)求出协方差矩阵 $\boldsymbol{C}$ 的全部特征根,并将这些特征根按照从大到小的依次排列,选择前 k 个特征值所对应的特征向量,并将它们按行排列构成变换矩阵 $\boldsymbol{W}$。

(4)使用变换矩阵 $\boldsymbol{W}$ 对原数据进行降维 $\boldsymbol{X}'=\boldsymbol{W}\boldsymbol{X}$,或对标准化数据进行降维 $\boldsymbol{Z}'=\boldsymbol{W}\boldsymbol{Z}$。显然,若 $k=m$,则转换后的数据保留了原数据的全部信息;若 $k=0$,则不完全显示原数据的信息。在确定 k 的具体取值时,通常会考虑不同 k 值可保留方差的百分比。这种方差占总方差的百分比称为该分量对总方差的贡献率。

令 $\lambda_1,\cdots,\lambda_2,\lambda_n$ 表示协方差矩阵 $\boldsymbol{C}$ 的全部特征值且按由大到小顺序排列,$\boldsymbol{w}_i$ 为特征值 λ_i 对应的特征向量,若保留变换后的样本数据的前 k 个分量,则得到相应累计方差的贡献率 Ω。通常选择 k 以保留 99% 或 97% 的累计方差的贡献率。当然,对于实际问题,k 的取值需要满足具体问题的要求。基本 PCA 方法可以有效地降低数据的维数,同时保留数据的主要信息。但是,它只适合数值型数据、容易受到噪声影响、未考虑样本固有的结构信息等。随着技术的不断优化,在 PCA 的基础上,相继提出了 2DPCA、2DLDA、$(2\mathrm{D})^2$PCA 和 Robust PCA 等更有优势的算法。

3)稀疏编码方法

一般情况下,直接对高维数据进行处理有时会出现维数灾难。因此,通常需要对高维数据进行降维。不过,并不是所有形式的高维数据都不利于机器学习,某些特定形式的高维数据还有利于解决某些机器学习任务。例如,对于很多数据分量为 0 的高维稀疏数据,由于它们在高维空间中分布较为分散,因此方便对其处理。

该方法对输入的样本数据采用稀疏向量或矩阵进行稀疏表示,经过稀疏编码后的样本数据通常结构更加清晰,数据计算也更加简便。稀疏编码过程示意图见图 2-14。

在对数据进行稀疏编码的过程中,系数矩阵 $\boldsymbol{\theta}$ 和字典矩阵 $\boldsymbol{W}$ 为待求矩阵,但同时对它们进行直接求解比较困难,所以为了实现对上述目标函数的优化求解,利用交替迭代的方式。具体求解步骤如下:

(1)设定初始字典矩阵 $\boldsymbol{W}_0$,设定 $t=0$ 及算法终止条件。

(2)将字典矩阵 $\boldsymbol{W}_t$ 作为已知量代入目标函数,并对目标函数进行优化求得相应参数矩

阵 $\boldsymbol{\theta}_t$。

(3)若不满足算法终止条件，则由参数矩阵 $\boldsymbol{\theta}_t$ 算出新一轮迭代的字典矩阵 $\boldsymbol{W}_{t+1}$，并令 $t=t+1$，返回步骤(2)；反之，结束迭代，返回字典矩阵 $\boldsymbol{W}_t$ 和参数矩阵 $\boldsymbol{\theta}_t$。

(4)计算并输出样本数据集 D 所对应数据矩阵 $\boldsymbol{X}$ 的稀疏表示 $\boldsymbol{\theta}_t\boldsymbol{W}_t$。

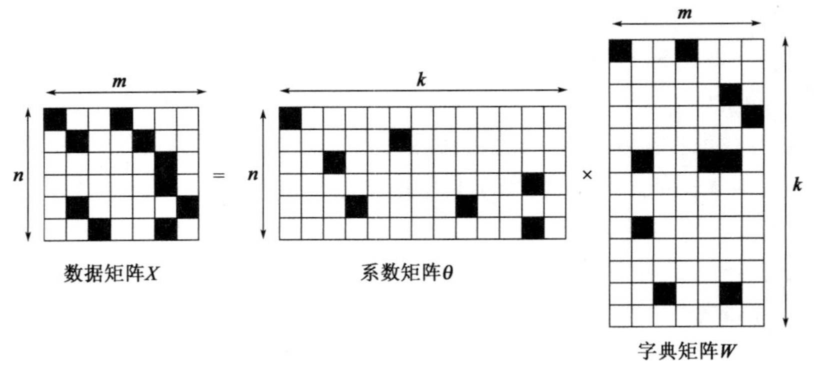

图 2-14　稀疏编码过程示意图

在大数据背景下稀疏字典学习方法有着更广阔的研究和发展空间，经过长期发展，字典学习形成了多种不同类型的学习方法。其中，不同类型的方法又有各自不同的方式和特征，它们会对稀疏编码的特性产生很大的影响，同时也对稀疏编码的稀疏性和可分性产生巨大影响。传统的稀疏字典学习算法在使用海量数据来学习稀疏字典时，有着明显的缺陷。因此，在稀疏字典学习中融入先验知识和深度学习技术，为稀疏字典学习方法提出新的研究思路，不断优化稀疏字典学习算法。

上述无监督学习方法的优缺点及应用范围见表 2-10。

无监督学习方法的优缺点及应用范围　　表 2-10

方法名称	优　点	缺　点	应用范围
k-均值聚类法	平方误差最小；类与类之间区别明显时，效果较好	k 值的选定是难以估计的；初始聚类中心选择得不好，可能无法得到有效的聚类结果	优势结构面分析、节理产状分组、结构面识别、图像内容识别及损伤分析等
基本 PCA 方法	数据集更易使用，能降低算法的计算耗时，可以去除噪声，结果容易理解，完全无参数限制	特征值分解有一些局限性，如变换的矩阵必须是方阵；在非高斯分布情况下，PCA 方法得出的主元可能并不是最优的	边坡稳定性预测、砂土液化预测、冲击地压预测和岩体质量等级分类等
稀疏编码方法	数据计算更加简便；可以实现特征的自动选择，更高效地表示输入样本，降低噪声并减轻过拟合；可解释性高	需要进行一些迭代最小化计算来为测试点推断出稀疏表示；计算量大，计算速度慢	图像分类、岩性识别、高维地震信号处理、自然图像特征提取及去噪、振动信号特征提取和缺陷检测等

2.3.2.4　深度学习

Hinton G 教授首先提出了深度学习(Deep Learning)的概念和计算机深度学习模型，掀起了深度学习在人工智能领域的新高潮(Hinton 等，2006)。区别于传统的浅层学习，深度学习的不同在于强调了模型结构的深度和明确了特征学习的重要性。深度学习通过组合低层特征

形成更加抽象的高层表示属性类别或特征,以发现数据的分布式特征表示。研究深度学习的动机在于建立模拟人脑进行深度学习的神经网络,它模仿人脑的机制来解释数据(例如图像、声音和文本等)。在给定一组数据的情况下,人工神经网络可以计算从多元信息空间到另一个多元信息空间的映射。因此,人工神经网络模型可以处理不完善或不完整的数据,并捕捉系统中变量之间的非线性关系(Jong 等,2021)。人工神经网络模型可以被认为是一个"黑盒",其中数据被提供给要处理的模型,然后产生映射输入的输出。因此,该模型仅能够描述端到端关系,但在分析数据时不提供任何物理推导过程。通常,人工神经网络的结构由一系列节点组成,这些节点排列在三个主要层中:输入层、一个或多个隐藏层和输出层。接下来介绍三个主要的神经网络方法。

1)卷积神经网络

卷积神经网络始于 20 世纪 80 ~ 90 年代,其中,时间延迟网络和 LeNet-5 是最早出现的卷积神经网络;在 21 世纪后,随着深度学习理论的提出和数值计算设备的改进,卷积神经网络得到了快速发展,并被应用于计算机视觉、自然语言处理等领域。在各种深度神经网络中,卷积神经网络是应用最广泛的一种。它可对生物神经科学中视觉神经元细胞具有选择性的特性进行模仿,可以进行监督学习和非监督学习。一般来说,卷积神经网络由输入层、卷积层、池化层、全连接层和输出层构成。一个简单的卷积神经网络如图 2-15 所示。

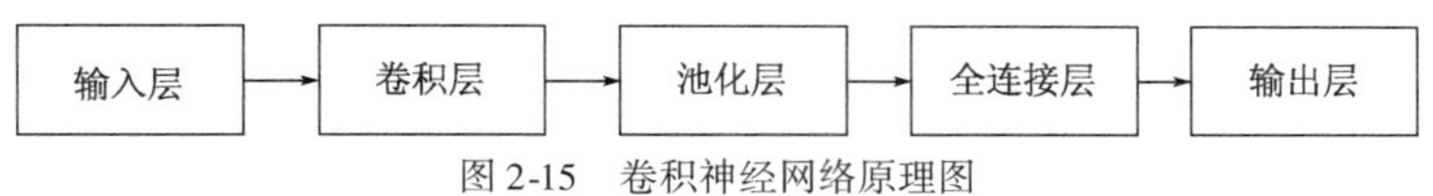

图 2-15　卷积神经网络原理图

其中,卷积是一种常见的运算。它利用一个卷积核矩阵对输入图像的信息矩阵从上到下、从左到右滑动,将卷积核矩阵的各个元素与它在图像上覆盖的对应位置的元素相乘,然后求和得到输出值。常用的卷积核有 Sobel 算子、Roberts 算子和 Prewitt 算子等。卷积核矩阵可以通过人工设计,也可以通过机器学习的手段来自动生成。一般来说,在实际问题中,通常需要多个卷积核来提取图像的不同特征。并且,由于图像通常是多通道的,因此卷积核也可以是多通道的。多通道卷积过程如图 2-16 所示。

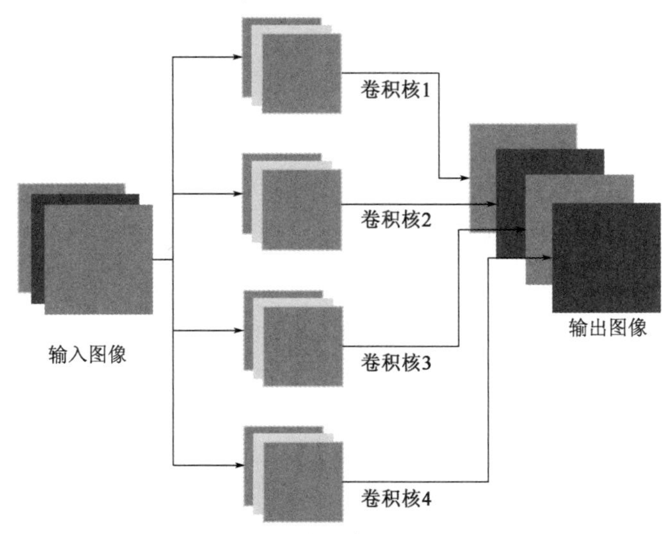

图 2-16　多通道卷积过程图

在进行卷积过程后，完成了对输入图像的降维和特征抽取。不过，特征图像的维数还是很高。因此，需要池化层对图像进行更进一步的采样工作。池化层中最基本的做法是对图像的某一个区域用一个值代替，如最大值（非线性函数）或平均值（线性函数）。如果采用最大值，称为最大池化；如果采用平均值，称为均值池化层。除此之外，它的另一个优点是一定程度的平移、旋转不变性。

一般来说，它是在神经网络的尾部用于分类任务，会把卷积层输出的二维向量转化为一维向量。由于全连接层连接了上层所有的神经元权重，因此存在众多冗余参数并占据了大量的硬件资源，且破坏了图像的空间结构。目前普遍使用卷积层或全局平均池化层代替全连接层。

目前，由于可以自动学习样本数据的特征表示，卷积神经网络已经广泛应用于图像分类、目标检测、语义分割以及自然语言处理等领域。为了提高其性能增加网络深度及宽度，提出了挤压网络模型、生成对抗神经网络模型和孪生神经网络模型。在今后的研究中，需要深入探讨的内容包括：典型卷积神经网络模型轻量化的设计，弱监督或无监督学习的卷积模型结构研究，构建多输入的卷积神经网络模型结构，研究效率更高的特征生成方式等（严春满等，2021）。

2）循环神经网络

在处理时间或空间上有前后关联的输入问题时，需要神经网络有记忆功能，循环神经网络的出现满足了该项需求（杨丽，2018）。循环神经网络的研究始于20世纪80~90年代，并在21世纪初发展为深度学习算法之一，其中双向循环神经网络（Bidirectional-Rerrent Neural Network，Bi-RNN）和长短期记忆网络（Long Short-Term Memory，LSTM）是常见的循环神经网络。一般的循环神经网络由输入层、循环层和输出层构成。一个简单的循环神经网络如图2-17所示。

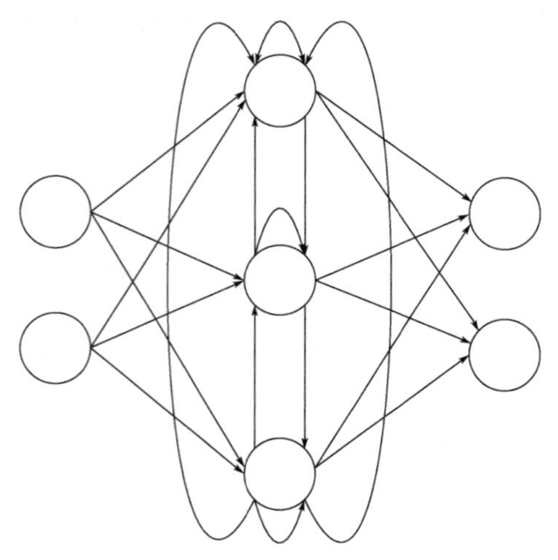

图2-17　简单的循环神经网络原理图

循环神经网络有记忆功能，会记住运行上一时刻的状态值；如果要得出下一时刻的输出值，就需要知道上一时刻的状态值和这一时刻的所输入的数据；它们共同决定了下一时刻的输出值。可以由下面的等式表达：

$$m_t = f(m_{t-1}, x_t) \tag{2-5}$$

式中：m_t、m_{t-1}——分别为 t 和 $t-1$ 时刻的状态值；

x_t——t 时刻的输入值。

上式只是一个递推的定义，循环层输出的状态值的计算公式为：

$$m_t = f(\boldsymbol{W}_{\mathrm{xh}} x_t + \boldsymbol{W}_{\mathrm{hh}} m_{t-1} + \boldsymbol{b}) \tag{2-6}$$

式中：$\boldsymbol{W}_{\mathrm{xh}}$——输入层到隐含层的权重矩阵；

$\boldsymbol{W}_{\mathrm{hh}}$——隐含层内的矩阵；

$\boldsymbol{b}$——偏置向量。

显而易见，m_{t-1}和 x_t一起决定 m_t，而 m_{t-1}又由 m_{t-2}和 x_{t-1}决定。以此类推，m_t的状态值是由 $x_1, x_2, \cdots, x_t$共同决定的。因此，它可完整记住之前的信息。顺着时间轴，循环层的输出情况如图 2-18 所示。

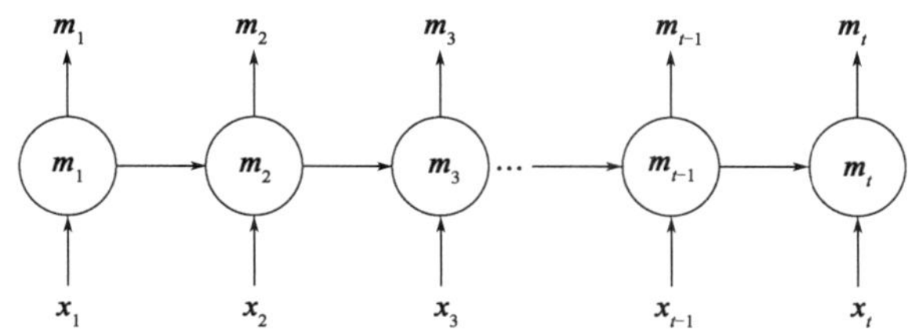

图 2-18　循环层按时间轴的展开

循环层的输出值作为输出层输入，最后产生循环神经网络的输出。但是，循环神经网络难以训练，且循环多次之后大多数情况下梯度往往倾向于消失，也会发生梯度爆炸的问题。随着循环神经网络的应用和发展，许多改进的模型相应被提出，有效克服了这些缺陷，常见的有 LSTM、多层双向长短时记忆（Bidirectional Long Short-term Memory, BLSTM）和门控循环单元（Gated Recurrent Unit, GRU）等。它们被广泛应用于语义分析、情感分析、图像文本标注和语言翻译等任务。

目前针对以上问题，对于循环神经网络的改进有很多，这些技术和改进大多都是基于研究 LSTM 的扩展。这些改进的工作可能会在未来几年的深度学习领域中发挥重要作用（杨丽等，2018）。在未来的发展中，针对不同的问题，循环神经网络需要通过改变它的参数、循环层的结构，以及研究混合神经网络、加速计算和新的变体等方面来适应各种环境的变化，从而使其具有更强大的功能。

3）生成对抗网络

鉴于人类有着独特的创造能力，科学家也开始设想如何让计算机也像人类一样具备生成新事物的能力。在此背景下，提出了生成对抗网络（Generative Adversarial Network, GAN）。整个模型包括两个子网络，一个称为生成器，另一个称为判别器。在这个设置中，两个网络参与了一场竞争游戏，并试图超越对方；同时，帮助对方完成自己的任务。经过数千次迭代后，如果顺利的话，生成器网络在生成逼真的假数据方面变得完美，而判别器网络在判断显示给它的数据是真的还是假的方面变得完美。生成对抗网络通过生成器和判别器之间的相互对抗，使得生成器能够学习并获得样本数据的分布，进而生成具有相似分布的新数据，基本原理如图 2-19 所示。

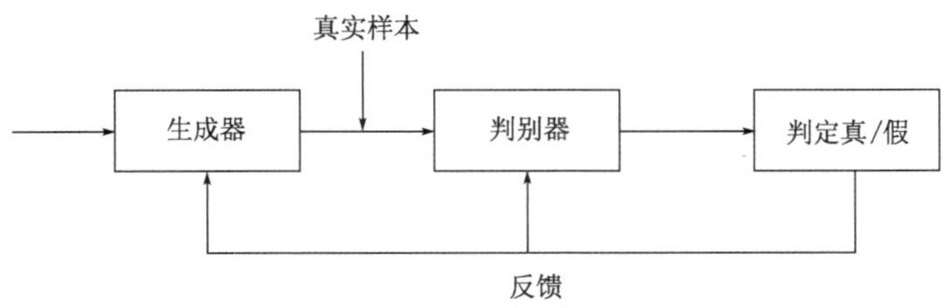

图 2-19　生成对抗网络原理

生成器和判别器具体介绍如下：

（1）生成器。生成对抗网络是一个抽象框架，并没有指明生成器和判别器具体为何种模型，可以采用全连接神经网络、卷积神经网络或者其他机器学习模型。生成器要做的事情是根据类型等输入变量来生成图像之类的样本数据。生成模型接收的输入是类别之类的隐变量和随机噪声,输出与训练样本相似的样本数据,其目标是从训练样本学习到它们所服从的概率分布。

(2)判别器。判别器一般是一个用于分类问题的神经网络,用于区分样本是生成器产生的还是真实样本,这是一个二分类问题。当这个样本被判定为真实数据时标记为1,判定为来自生成器时标记为0。

生成对抗网络目前已然成为人工智能领域的一个研究热点,它为无监督学习的研究带来新的活力,对生成式模型的发展具有举足轻重的意义。提出的深度卷积对抗神经网络(Deep Convolutional Generative Adversarial Networks,DCGAN),很好地解决了朴素GAN训练不稳定的问题。它的优化思路和其他的神经网络大体类似,需要对数据预处理和加入随机噪声等。在未来,GAN在图像生成和风格转换方面、图像修复领域和医学图像生成等方面的应用拥有广阔的发展前景。

上述深度学习方法的优缺点如表2-11所示。

深度学习方法的优缺点及应用　　表2-11

方法名称	优　点	缺　点	应用范围
卷积神经网络	共享卷积核,对高维数据处理无压力;无需手动选取特征,训练好权重,即特征分类效果好	需要调整参数,需要大样本量;提取的特征不能确定	岩石图像分类、隧道衬砌病害识别、岩性识别、遥感图像云层检测和地震数据重建等
循环神经网络	可以利用足够多的无标签数据进行模型预训练;具有较强的数据表征能力	需要训练的参数较多,容易出现过拟合;深度模型容易出现梯度消散问题	电话语音识别、恶意代码分类、机械故障诊断、矿山压力预测和水位预测等
生成对抗网络	能训练任何一种生成器网络;模型只用到了反向传播,而不需要马尔科夫链;训练时不需要对隐变量进行推断	可解释性差,生成模型的分布没有显式的表达;训练模型比较难	地震数据超分辨率重建、图像修复、语音信号分离、视频修复、机械系统异常检测等

2.3.3　随机响应面方法

响应面法(Response Surface Method, RSM)是合理利用试验中得到一定数据,采用多元二次回归方程来拟合影响因素与响应值之间的函数关系,最终通过对回归方程的分析来寻求最优参数,解决多变量问题的一种统计方法。但是,由于自然界的各种现象具有随机性,利用传统响应面的理论和方法难以合理描述这些随机现象。因此,为了更好解决实际问题中非线性问题,从传统的响应面法拓展出随机响应面方法(Stochastic Response Surface Method, SRSM)。随机响应面法是传统响应面法的一种延伸,是在传统响应面法基础上的改进,最早是由Isukapalli于1998年在研究环境和生物系统中不确定性问题时提出的。从数学理论方面来说,随机响应面法是数学家Wiener(1938)对布朗运动的理论研究中得出来的齐随机函数的概念。

随机响应面法与传统响应面法相比,不同的是采用了Hermite多项式进行拟合,弥补了传统响应面法在非线性及复杂问题方面的不足。在进行拟合之前,将随机变量取成具有正态分布的随机变量,这种方法降低了计算的难度,提高了计算的效率。随着对随机响应面方法的不断研究,相继推出了径向基函数随机响应面法、基于逐步回归分析的随机响应面法和基于线性无关原则选取配点的随机响应面法等不同类型的随机响应面方法。

1)径向基函数随机响应面法

径向基函数是一类以向量欧式范数为自变量的对称函数,由径向基函数及其线性组合张成的函数空间可以逼近空间内任何函数。为解决响应与输入之间复杂非线性隐函数的拟合问题,引入紧支径向基函数(Compactly Supported Radial Basis Function, CRBF)替代随机响应面中的 Hermite 多项式作为新型拟合函数(胡常福等,2014)。这时随机响应面方程如式(2-7)所示。

$$Y=f(\xi)=\sum_{i=1}^{n}\lambda_i\varphi(\|\xi-\xi_i\|)+\sum_{j=1}^{p}c_i g_j(x) \tag{2-7}$$

式中: ξ——标准正态分布随机变量;

n——样本点数量;

λ——径向基待定系数;

φ——径向基函数;

$\|\xi-\xi_i\|$——欧式范数;

ξ_i——第 i 个样本空间向量;

c_i——增广基待定系数;

$g_j(x)$——增广基多项式函数;

p——增广基多项式函数 j 个数。

2)基于逐步回归分析的随机响应面法

制约随机响应面法广泛应用的重要原因在于响应面展开式中的待定系数过多,计算效率不高(杨绿峰,2013)。并不是所有展开项都对随机响应量具有显著影响,因此有必要将次要项剔除,从而在保证计算精度的前提下有效减少待定系数,提高计算效率。

给定显著水平 α,可以确定检验的引入临界值 F_1 和剔除临界值 F_2。在此前提下,首先计算未引入展开项的偏回归平方和,并确定具有最大偏回归平方和的展开项的 F 检验值 F_{max},进而和 F_1 比较。若 $F_{max}>F_1$,则说明该展开项是显著的,需引入回归方程;然后重新计算各展开项的偏回归平方和,并确定具有最小偏回归平方和的展开项的 F 检验值 F_{min},进而和 F_2 比较。若 $F_{min}>F_2$,说明该展开项是显著的,需要保留在回归方程中;反之,则剔除。

3)基于线性无关原则选取配点的随机响应面法

基于线性无关原则选取概率配点保证 Hermite 系数矩阵按行是线性无关的,而且矩阵的秩恰好等于待定系数的个数,也就是说矩阵是行满秩矩阵。此时,系数矩阵行列式的值恒不等于零,线性代数方程组有唯一解(蒋水华,2012)。该方法选取概率配点方法的基本步骤如图 2-20所示。

一般情况下,基于 Hermite 多项式随机响应面法的工作步骤可分为:

(1)将随机变量取成具有正态分布的随机变量,即选择标准随机变量并建立输入随机变量和标准随机变量之间的映射关系,如式(2-8)所示:

$$X=F^{-1}[\Phi(U)] \tag{2-8}$$

式中:X——随机变量;

U——标准正态分布随机变量；

F^{-1}——X 累计概率分布函数的反函数；

Φ——标准正态分布的累计概率分布函数。

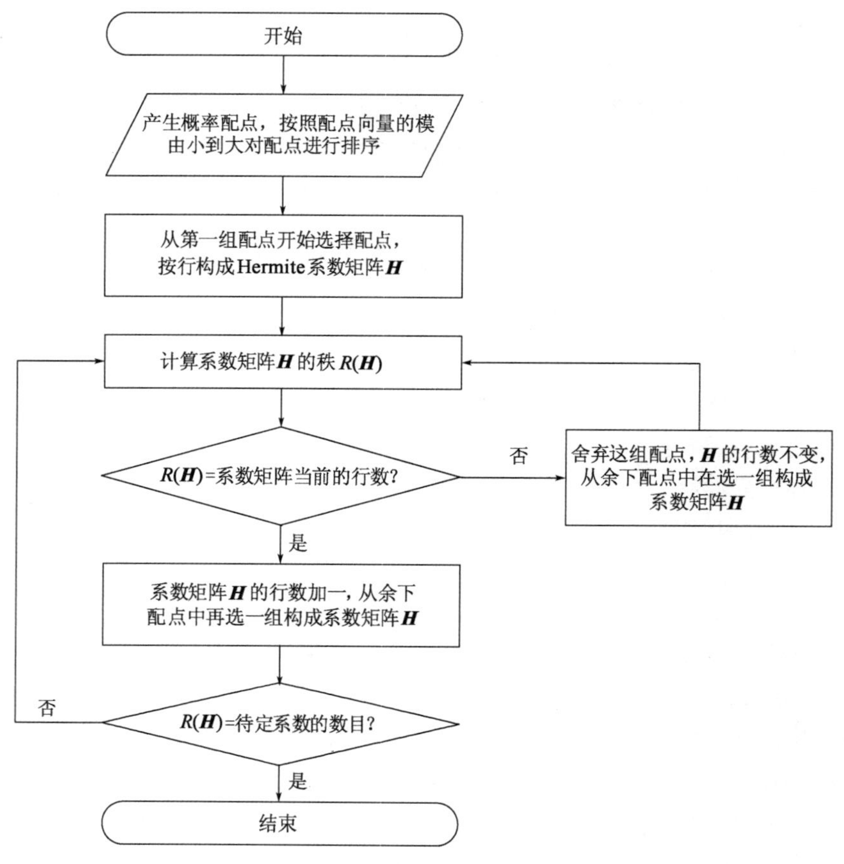

图 2-20　基于线性无关原则选取概率配点流程图

(2)以标准随机变量为变量的 Hermite 的随机多项式来表示输出的响应：

$$Y = a_0\Gamma_0 + \sum_{i_1=1}^{n} a_{i_1}\Gamma_1(\xi_{i_1}) + \sum_{i_1=1}^{n}\sum_{i_2=1}^{i_1} a_{i_1 i_2}\Gamma_2(\xi_{i_1},\xi_{i_2}) + \sum_{i_1=1}^{n}\sum_{i_2=1}^{i_1}\sum_{i_3=1}^{i_2} a_{i_1 i_2 i_3}\Gamma_3(\xi_{i_1},\xi_{i_2},\xi_{i_3}) + \cdots + \sum_{i_1=1}^{n}\sum_{i_2=1}^{i_1}\sum_{i_3=1}^{i_2}\cdots\sum_{i_n}^{i_{n-1}} a_{i_1 i_2 i_3 \cdots i_n}\Gamma_n(\xi_{i_1},\xi_{i_2},\xi_{i_3},\cdots,\xi_{i_n}) \tag{2-9}$$

式中：$a_0, a_{i_1}, a_{i_1 i_2}, a_{i_1 i_2 i_3}$ 等——待定系数；

n——标准正态随机变量的个数；

$\Gamma_n(\xi_{i_1},\xi_{i_2},\xi_{i_3},\cdots,\xi_{i_n})$——以 n 阶 Hermite 多项式，它可由下式表达：

$$\Gamma_n(\xi_{i_1},\xi_{i_2},\xi_{i_3},\cdots,\xi_{i_n}) = (-1)^n \exp\left(\frac{1}{2}\xi^{\mathrm{T}}\xi\right)\frac{\partial^n}{\partial\xi_{i_1}\partial\xi_{i_2}\partial\xi_{i_3}\cdots\partial\xi_{i_n}}\exp\left(-\frac{1}{2}\xi^{\mathrm{T}}\xi\right) \tag{2-10}$$

(3)确定待定系数的个数，由式(2-11)确定：

$$n_{\mathrm{c}} = \frac{(n+p)!}{n!\ p!} \tag{2-11}$$

式中：n_c——待定系数的个数；

p——随机多项式阶次；

n——随机变量的个数。

(4) 确定标准随机变量的配点值。一般采用概率抽样配点的方法，有均匀设计抽样、拉丁超立方抽样(Latin Hypercube Sampling, LHS)、改进拉丁超立方抽样和分层抽样等。

(5) 根据选取的配点值计算出待定系数。

(6) 最后进行可靠度分析及失效概率计算。

近年来，随机响应面方法在各类工程可靠度分析中有着广泛的应用，可以为岩土工程可靠度分析计算提供一条有效并且高效的途径，对工程实践具有重要的理论指导意义。

2.4　本章小结

本章提出了深埋硬岩隧道风险评估基本理论，从不确定性与风险的关系、风险评估流程与概率风险评估方法等三个方面进行了系统分析，得到如下结论：

(1) 总结了随机不确定性与认知不确定的来源与表现特征，分析了两类不确定性与风险的关系，提出了减少不确定性对工程影响的典型做法，并从不同角度给出了风险的分类。

(2) 从风险辨识、风险分析、风险估测与风险控制四个方面明确了风险评估流程，分别从原理定义、研究现状与实施要求三个方面分析了风险辨识、风险分析与风险估测的基本理论与方法，从风险接受准则与风险控制措施建议两个方面明确了风险控制要求。

(3) 分析了贝叶斯网络方法、智能响应面方法与随机响应面方法等三类常见的概率风险评估方法原理与特点。其中，对于贝叶斯网络方法，分别介绍了静态贝叶斯网络与动态贝叶斯网络的计算过程；对于智能响应面方法，对比分析了有监督学习与无监督学习常见机器学习方法的优缺点与应用范围，并分析了卷积神经网络、循环神经网络与生成对抗网络等三种深度学习方法的优缺点与应用范围；对于随机响应面方法，重点介绍了基于 Hermite 多项式的随机响应面法计算原理与工作步骤。

Chapter 03

第3章

围岩参数不确定性对风险的影响量化表征

3.1 引言

岩土工程的不确定性导致风险已成为业界共识,不确定性因素包括岩体性质、荷载、几何尺寸、初始条件、边界条件、计算模型、破坏机理等。Baecher 与 Christian(2003)、Armen Der Kiureghian 与 O Ditlevsen(2007)、J. Connor Langford 与 Diederichs(2015)等根据数据信息的掌握程度将不确定性分为随机不确定性和认知不确定性两类,这两类不确定性分类方法在岩土工程领域逐渐得到广泛认可。深埋硬岩隧道围岩力学参数具有以上两种不确定性特征,围岩力学性质与岩体中的结构面、结构体及赋存环境密切相关(蔡美峰等,2013),常表现出非线性、各向异性及尺寸效应等特征,导致围岩力学参数存在随机不确定性。然而,由于现场数据缺失、测量不准确与计算模型误差等原因,造成围岩力学参数也存在认知不确定性。因此,合理确定围岩力学参数,科学量化围岩参数不确定性对风险的影响,对于研判深埋硬岩隧道工程结构安全性能及施工安全风险具有重要的意义。然而,传统的确定性反演方法不能反映围岩参数的不确定性特征。本章在贝叶斯理论框架下,提出一种基于多源数据融合的深埋硬岩隧道围岩参数概率反演方法,进而研究参数不确定性导致隧道结构变形存在差异的原因。

3.2 启裂-剥落界限模型的不确定性

3.2.1 DISL 模型

DISL 模型是 Diederichs(2007)在 H-B 强度准则(Hoek 等,2002)的基础上提出的,常用于隧道围岩脆性破坏深度预测(Dammyr,2016;Perras 与 Diederichs,2016)与层裂破坏风险分析(Langford 与 Diederichs,2015)。DISL 模型较好反映了抗拉强度与围压对围岩脆性破坏的影响。在低围压区,当应力超过启裂强度时,易发生层状剥落破坏,围岩表现为应变软化特性;在高围压区,围岩历经裂隙萌生、扩展、贯通到剪切破坏的过程,残余强度大于峰值强度,围岩表现为应变硬化特性。该模型对应的强度曲线包括峰值强度曲线与残余强度曲线,分别由峰值参数与残余参数确定(Diederichs,2007)。DISL 模型图如图 3-1 所示。

H-B 强度准则可由式(3-1)表示:

$$\sigma_1' = \sigma_3' + \mathrm{UCS}\left(m_b \frac{\sigma_3'}{\mathrm{UCS}} + s\right)^a \tag{3-1}$$

式中:σ_1'、σ_3'——破坏时的最大、最小有效主应力;

UCS——完整岩石的单轴抗压强度(Uniaxial Compressive Strength,UCS);

m_b——完整岩石的材料常数 m_i 的折减值,m_b 的取值范围为 0.0000001 ~ 25;

s——岩石的完整性系数,s 的取值范围为 0 ~ 1;

a——包络线曲率参数。

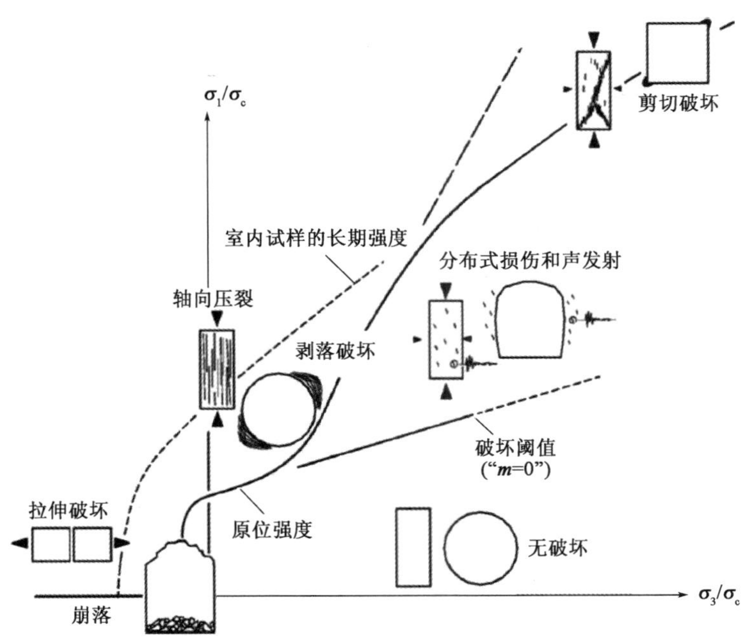

图 3-1　DISL 模型图

DISL 模型利用 UCS、启裂强度(Crack Initiation,CI)及抗拉强度(Tensile Strength, T)三个参数确定岩体强度曲线的峰值参数与残余参数(Diederichs,2007),具体取值见表 3-1。

DISL 模型参数取值　　表 3-1

参　数	峰值参数	残余参数
a	0.25	0.75
s	$\left(\frac{\mathrm{CI}}{\mathrm{UCS}}\right)^{1/a}$	0.001
m	$s\left(\frac{\mathrm{UCS}}{\lvert T\rvert}\right)$	6 ~ 12

3.2.2　模型参数不确定性来源

由表 3-1 可知,使用 DISL 模型需要事先确定 UCS、CI 及 T 三个参数值,这些参数具有概率统计特征。原因如下:

(1)UCS 是由完整岩石的室内单轴抗压强度试验得到,由于岩石中物质成分的不同与微结构面的存在导致岩石具有各向异性,岩样制作及试验测量误差等使得岩石单轴抗压强度具有很大的变异性。

(2)启裂强度 CI 主要是由实验室声发射试验来确定,CI 对于实验室测试误差影响不是很敏感,并没有随岩样的 UCS 变大而变化,Martin 等(1999)通过大量试验和统计分析得出启裂强度与抗压强度比值 CI/UCS 为 0.3 ~0.5。作为启裂－剥落界限模型的输入参数,CI/UCS 为一个独立参数存在，比值确定的差异与不确定性对于计算结果具有重要的影响。

（3）抗拉强度 T 的确定通常利用室内试验和经验公式两种方式，室内试验不确定性来源与 UCS 类同；经验公式法主要以 H-B 强度准则（Hoek 等，2002）与 Griffith 理论（Griffith，1924）为基础，Murrell（1963）、蔡明（2010）、Perras 与 Diederichs（2014）等进一步提出了以岩石启裂强度 CI 为基础的抗拉强度 T 经验确定方法。因此，由于试验误差或者模型不确定性等导致完整岩石的抗拉强度 T 取值存在不确定性。

3.3 概率反演 B-PSO-MSVM 方法

3.3.1 贝叶斯概率反演方法

假设隧道工程计算模型可用函数（Miro 等，2015）表示为：

$$\hat{y} = g(\theta) \tag{3-2}$$

式中：θ——模型的计算参数；

$\hat{y}$——模型响应的计算值，如位移、破裂深度等，则实际监测值 y 为：

$$y = \hat{y} + \varepsilon \tag{3-3}$$

式中：ε——模型残差，假设 ε 服从均值为 0，方差为 σ_ε^2 的正态分布，即 $\varepsilon \sim N(0, \sigma_\varepsilon^2)$。

设 θ 为随机变量，此处，θ 为 DISL 模型的三个基本参数{UCS、CI/UCS、T}的集合，可通过试验或历史数据统计获得先验概率密度函数 $f(\theta)$。由贝叶斯公式可知，θ 的后验概率密度函数 $f(\theta|y)$ 为：

$$f(\theta|y) = \lambda f(y|\theta) f(\theta) \tag{3-4}$$

式中：λ——归一化系数；

$f(y|\theta)$——似然函数。

对于多源监测数据，如已知 $y = (P_0, P_1, \text{EDZ})$，其中，$P_0$、$P_1$ 分别为拱顶下沉点与周边收敛点变化值，EDZ 为开挖损伤区深度（Excavation Damage Zone，EDZ），假设监测信息间彼此独立，则：

$$f(\theta|y) = f(P_0|\theta) f(P_1|\theta) f(\text{EDZ}|\theta) \tag{3-5}$$

由于式（3-4）中后验概率分布是复杂、高维、非标准的形式，直接积分计算十分困难，MCMC模拟方法（彭铭等，2014；张洁等，2012）是处理复杂统计学问题的有效工具，其核心思想是通过构造一条马尔科夫链，然后按照转移核规则引导马尔科夫链扰动过程使其逼近目标分布，抽取逼近后的样本来近似计算后验分布。MCMC 的算法很多，Metropolis-Hasting（Hastings，1970）算法应用广泛，它是构造马尔科夫链的一般方法。主要计算步骤如下：

（1）选取初始值 θ_0，满足 $f(\theta_0) > 0$。

（2）对于 $i = 1, 2, \cdots, n$：

①从转移概率分布 $f(\theta^* | \theta_{i-1})$ 中产生候选样本 θ^*，其中，转移概率函数要满足对称性 $f(\theta^* | \theta_{i-1}) = f(\theta_{i-1} | \theta^*)$；

②计算概率密度比：

$$r = \frac{f(\theta^* | y)}{f(\theta_{i-1} | y)} = \frac{f(y | \theta^*) f(\theta^*)}{f(y | \theta_{i-1}) f(\theta_{i-1})} \tag{3-6}$$

③在(0,1)均匀分布间随机产生一个 u，使得：

$$\theta_i = \begin{cases} \theta^* & (r \geqslant u) \\ \theta_{i-1} & (r < u) \end{cases} \tag{3-7}$$

④确定是否收敛。如果不满足要求，重复步骤①～步骤③，直至产生稳定序列。

对于转移概率分布函数的协方差矩阵取值，参照张璐璐等(2010)研究成果，当转移概率分布函数的协方差矩阵为先验概率分布协方差矩阵值的 0.5 时，马尔科夫链计算效率较高且能够得到合理的接受率。对于模型残差 ε 取值，参照彭铭等(2014)等推荐值，假设 $\varepsilon \sim N(0, 0.25\mu)$，其中，$\mu$ 为 P_0、P_1 与 EDZ 三个测试值各自对应的平均值。

3.3.2　基于 B-PSO-MSVM 的智能响应面方法

本书采用 MSVM 模型建立待反演参数与隧道监测数据之间的非线性映射关系，假设有 n 组训练样本数据 $\{x_i, \hat{y}_i\}$ $(i = 1, 2, \cdots, n)$，$x_i \in R^n$ 为待反演参数，$y_i \in R$ 为监测数据计算值，可建立如下关系：

$$\hat{y}: R^n \rightarrow R \tag{3-8}$$

根据 MSVM 理论(Tuia 等，2011)，相应的映射模型与对应的优化问题分别见式(3-9)与式(3-10)：

$$\hat{y}(x) = \boldsymbol{W}^{\mathrm{T}} \boldsymbol{\varphi}(x) + \boldsymbol{b} \tag{3-9}$$

$$L_{\mathrm{p}}(\boldsymbol{W}, \boldsymbol{b}) = \frac{1}{2} \sum_{j=1}^{Q} \| w^j \|^2 + C \sum_{i=1}^{l} L(u_i) \tag{3-10}$$

其中，$u_i = \| e_i \| = \sqrt{e_i^{\mathrm{T}} e_i}$，$\boldsymbol{e}_i^{\mathrm{T}} = \boldsymbol{y}_i^{\mathrm{T}} - \boldsymbol{\varphi}(x_i)^{\mathrm{T}} \boldsymbol{W} - \boldsymbol{b}^{\mathrm{T}}$，$\boldsymbol{W} = [\boldsymbol{w}^1, \boldsymbol{w}^2, \cdots, \boldsymbol{w}^Q]$；$\boldsymbol{b} = [b^1, b^2, \cdots, b^Q]^{\mathrm{T}}$。

为了得到式(3-10)对应的最优解，采用迭代加权最小二乘算法求解(Tuia 等，2011；郑东健等，2013)，进而得到下式：

$$L_{\mathrm{p}}(\boldsymbol{W}, \boldsymbol{b}) = L''_{\mathrm{p}}(\boldsymbol{W}, \boldsymbol{b}) = \frac{1}{2} \sum_{j=1}^{Q} \| w^j \|^2 + \frac{1}{2} \sum_{i=1}^{l} a_i u_i^2 + \tau \tag{3-11}$$

其中，τ 是与 $\boldsymbol{W}$ 或 $\boldsymbol{b}$ 无关的常数项的和。

$$a_i = \begin{cases} 0 & (u_i \leqslant \varepsilon) \\ \dfrac{2C(u_i - \varepsilon)}{u_i} & (u_i > \varepsilon) \end{cases} \tag{3-12}$$

根据 $L''_{\mathrm{p}}(\boldsymbol{W},\boldsymbol{b})$ 相对 $\boldsymbol{w}^j$ 与 $\boldsymbol{b}^j$ 驻点条件转化得到下式：

$$\begin{bmatrix} \boldsymbol{K}+\boldsymbol{D}_\alpha^{-1} & 1 \\ \boldsymbol{\alpha}^{\mathrm{T}} & 1^{\mathrm{T}} \end{bmatrix} \begin{bmatrix} \beta^j \\ b^j \end{bmatrix} = \begin{bmatrix} \boldsymbol{y}^j \\ \boldsymbol{\alpha}^{\mathrm{T}}\boldsymbol{y}^j \end{bmatrix} \quad (j=1,2,\cdots,Q) \tag{3-13}$$

其中，$\boldsymbol{D}_\alpha=\mathrm{diag}(\alpha_1,\alpha_2,\cdots,\alpha_l)$；$\boldsymbol{\alpha}=[\alpha_1,\alpha_2,\cdots,\alpha_l]^{\mathrm{T}}$；$\boldsymbol{y}_j=[y_{j1},y_{j2},\cdots,y_{jl}]^{\mathrm{T}}$；$\boldsymbol{\beta}_j=[\beta_{j1},\beta_{j2},\cdots,\beta_{jl}]$。

其中，$\boldsymbol{K}=\boldsymbol{\Phi}\boldsymbol{\Phi}^{\mathrm{T}}$ 是核函数矩阵；$\boldsymbol{\Phi}=[\varphi(x_1),\varphi(x_2),\cdots,\varphi(x_l)]^{\mathrm{T}}$。

常见的核函数分别有线性函数、多项式函数与径向基函数。本书选择性能较好的径向基函数：

$$K(x,x_i)=\exp\left\{-\frac{|x-x_i|^2}{\sigma^2}\right\} \tag{3-14}$$

核函数参数 σ^2 和惩罚因子 C 是影响 MSVM 建模精度的两个重要因素，为高效确定最优参数值，采用 PSO 搜索的方法优化 (σ^2,C) 的取值。PSO 算法的主要原理是通过对一群初始化的随机粒子进行迭代，从而确定最优解（Kennedy 与 Eberhart，1995）。在每次迭代中，粒子通过跟踪个体极值 p_{Best} 与全局极值 g_{Best} 来实现自我更新，具体计算公式如下：

$$v=wv+c_1\mathrm{rand}()(p_{\mathrm{Best}}-p)+c_2\mathrm{rand}()(g_{\mathrm{Best}}-p) \tag{3-15}$$

$$p=p+v \tag{3-16}$$

式中：v——粒子的速度；

p——粒子的当前位置；

c_1,c_2——学习因子，通常在 0 ~ 2 间取值；

rand( )——(0,1)之间的随机数；

w——加权因子。

针对传统 PSO 算法易早熟以及算法后期易在全局最优解附近产生振荡的现象，采用权重线性递减的 PSO 算法解决此问题。权重随算法迭代次数的变化公式为：

$$w=w_{\max}-\frac{t\times(w_{\max}-w_{\min})}{t_{\max}} \tag{3-17}$$

式中：$w_{\max},w_{\min}$——w 的最大值和最小值；

t——当前的迭代步数；

$t_{\max}$——最大迭代步数，通常取 $w_{\max}=0.9$，$w_{\min}=0.4$。

在优化过程中，目标函数选用通用的均方差函数，建立的 B-PSO-MSVM 模型作为代替有限元方法的智能响应面，用于 MCMC 模拟中估算似然函数。

3.3.3 模型计算过程

基于 B-PSO-MSVM 概率反演方法具体计算流程见图 3-2。

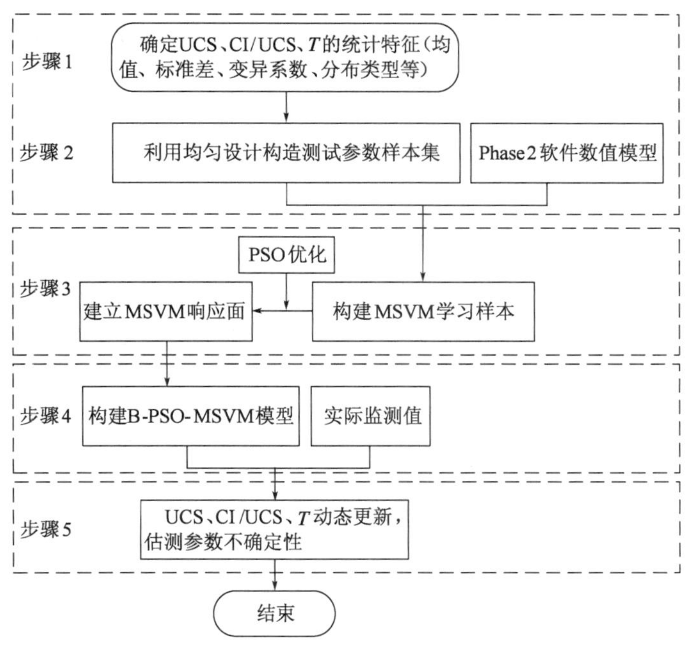

图3-2 基于B-PSO-MSVM概率反演方法计算流程

具体流程如下。

步骤1:通过室内试验与现场测量统计,获取UCS、CI/UCS、T的先验分布信息,如均值、标准差、变异系数与分布类型等。

步骤2:利用均匀设计建立参数样本集,结合Phase 2数值模拟软件计算隧道变形及损伤区深度值,构建MSVM学习样本。

步骤3:利用PSO方法优化模型参数,通过式(3-9)建立MSVM智能响应面模型代替数值模型。

步骤4:将贝叶斯方法与MSVM模型相结合,基于实际监测数据,构建B-PSO-MSVM概率反演方法,利用MCMC算法实现参数动态更新。

步骤5:确定UCS、CI/UCS、T的后验分布信息,进行参数不确定性分析。

3.4 结果验证与分析

3.4.1 工程背景

计算模型为圆形地下试验隧道,隧道直径为6.5m,长度为46m,埋深约680m。沿整个隧道长度上,岩体由石灰岩组成,经现场地应力实测,最大主应力为33MPa,中间主应力为17MPa,最小主应力为15MPa,中间主应力与隧道轴线近似平行,最大与最小主应力位于与洞轴线垂直的平面内,其中,最大主应力方向按近似水平计算,岩体力学参数按照J. Connor Langford等(2015)、吴成等(2012)案例取值,具体见表3-2。

岩体力学参数　　表 3-2

参数	取值	单位
地质强度指标(GSI)	90	—
岩石单轴抗压强度(UCS)	lg$N$(110,20)	MPa
启裂强度/抗压强度(CI/UCS)	N(0.403,0.022)	—
岩石抗拉强度(T)	N(-5.7,1.4)	MPa
残余 m 值(m_{res})	8	—
岩石弹性模量(E)	19	GPa
泊松比(v)	0.12	—

注:$N(\mu_1,\sigma_1)$指服从均值为μ_1,标准差为σ_1的正态分布;lg$N(\mu_2,\sigma_2)$指服从均值为μ_2,标准差为σ_2的对数正态分布。

3.4.2　基于均匀设计方法的训练样本集确定

将 UCS、CI/UCS 与 T 三个参数作为随机变量,在参数三倍标准差范围内取值,即 UCS 取值范围为$[\mu_{UCS}-3\sigma_{UCS},\mu_{UCS}+3\sigma_{UCS}]=[50,170]$,CI/UCS 取值范围为$[\mu_{CI/UCS}-3\sigma_{CI/UCS},\mu_{CI/UCS}+3\sigma_{CI/UCS}]=[0.337,0.469]$,$T$ 取值范围为$[\mu_T-3\sigma_T,\mu_T+3\sigma_T]=[-1.5,-9.9]$,利用均匀设计方法(李翔等,2016)构建 UCS、CI/UCS 与 T 的参数样本集,选取 $U_{37}(37^{12})$构造输入训练样本集,并计算拱顶下沉点 P_0、周边收敛点 P_1变化值与开挖损伤区深度 EDZ 作为训练输出样本,具体见表 3-3。

试验隧道训练样本集　　表 3-3

试验序号	样本输入			样本输出		
	UCS(MPa)	CI/UCS	T(MPa)	P_0(mm)	P_1(mm)	EDZ(m)
1	50	0.3722	-6.54	13.5	13.5	3.808
2	54	0.414	-3.46	12	12	3.263
3	58	0.4558	-8.78	15	13.5	2.966
4	60	0.359	-5.42	9.5	12	2.963
5	62	0.3986	-2.2	9	12	2.898
6	66	0.4382	-7.66	8.95	12	2.066
7	70	0.3458	-4.3	10.5	13.5	2.948
8	74	0.3854	-9.62	8.5	12	2.052
9	78	0.425	-6.4	1.35	9.5	0.556
10	80	0.4646	-3.18	8.8	12	1.929
11	82	0.37	-8.5	9.5	12	2.027
12	86	0.4118	-5.14	8.5	12	1.842
13	90	0.4514	-2.06	7.45	10.5	1.791
14	94	0.3546	-7.38	12	14	2.252
15	98	0.3942	-4.02	8.8	12	1.825
16	100	0.436	-9.34	12	12	1.788
17	102	0.3414	-5.14	9.5	12	1.827
18	106	0.381	-2.9	10.5	12	1.787

续上表

试验序号	样本输入			样本输出		
	UCS(MPa)	CI/UCS	T(MPa)	P_0(mm)	P_1(mm)	EDZ(m)
19	110	0.4206	-8.22	12	10.5	1.378
20	114	0.4602	-5	8.55	10.5	1.236
21	118	0.3678	-1.78	22	11.5	1.423
22	120	0.4074	-7.1	8.75	10.5	1.774
23	122	0.447	-3.74	10.5	10.5	1.367
24	126	0.3502	-9.2	18	12	1.785
25	130	0.392	-5.98	6.3	10.5	1.375
26	134	0.4338	-2.62	2	10	0.718
27	138	0.337	-7.94	15	12	1.399
28	140	0.3766	-4.86	8.1	12	1.772
29	142	0.4162	-1.5	7.65	10.5	1.111
30	146	0.458	-6.82	9.6	10	0.868
31	150	0.3634	-3.6	12	10.5	1.235
32	154	0.403	-9.06	15	10.5	1.282
33	158	0.4426	-5.7	4.35	10	0.675
34	160	0.348	-2.34	8.55	10.5	0.866
35	162	0.3898	-7.8	8.95	10.5	1.123
36	166	0.4294	-4.58	2	9.5	0.674
37	170	0.469	-9.9	3.5	9	0.556

以试验序号 19 参数值为例,利用 Phase 2 软件建立算例模型见图 3-3,计算结果见图 3-4 ~ 图 3-6。其中,EDZ 的确定见 Diederichs 等(2007,2015,2016)推荐的屈服单元方法,图 3-4 ~ 图 3-6 中 EDZ 的值 $L = 4.628$m,角度(从水平方向逆时针旋转)为 95.3°。

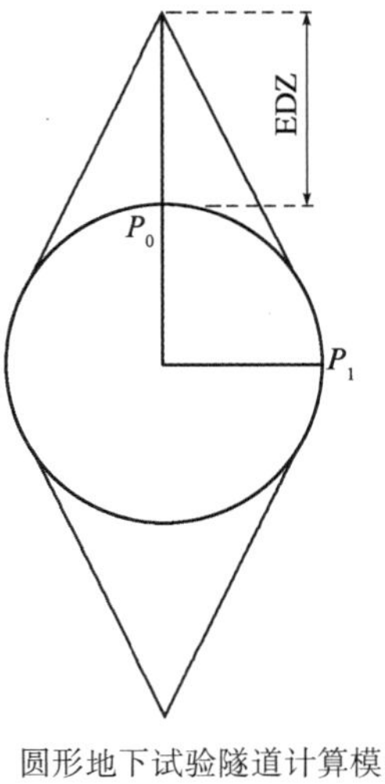

图 3-3 圆形地下试验隧道计算模型

3.4.3 MSVM 智能响应面模型建立

根据表 3-2 训练样本集数据,将前 30 组数据作为训练样本,后 7 组作为测试样本,利用 PSO 搜索优化核函数参数 σ^2 和惩罚因子 C,得到两者参数值分别为 3.1×10^7 与 6.7×10^7,对应的 P_0、P_1、EDZ 三者拟合相关系数 R 分别为 0.7933、0.9518、0.7793,由此确定了以 UCS、CI/UCS 及 T 为输入样本,P_0、P_1、EDZ 为相应输出样本的 MSVM 智能响应面模型。在此基础上,再随机构建 10 组样本数据,对比分析 MSVM 智能响应面与数值模拟计算结果,结果比较如图 3-7 ~ 图 3-9 所示,三者的均方根误差分别为 2.38、1.33、0.44,P_0与 P_1数值变化较小,这与硬岩隧道开挖拱顶下沉与周边收敛变形小直接相关,结果表明 MSVM 智能响应面可作为数值模拟替代模型用于后续概率反演计算。

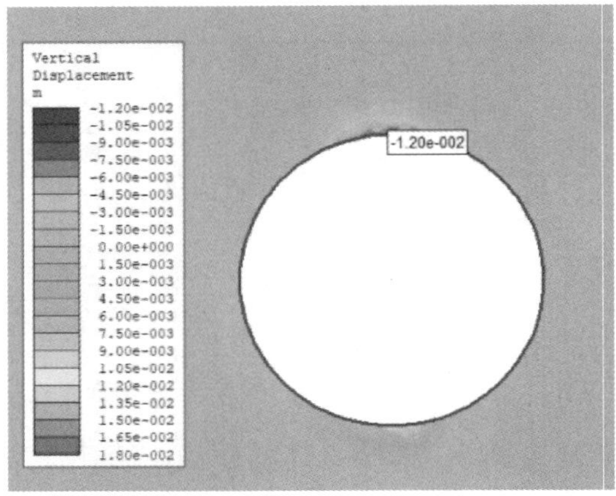

图 3-4　拱顶下沉点 P_0

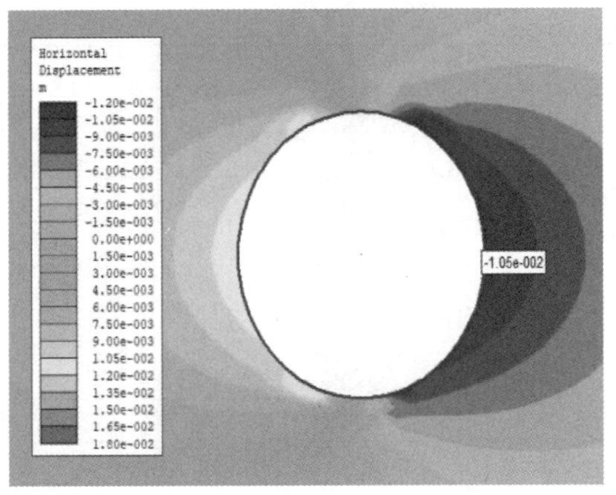

图 3-5　周边收敛点 P_1

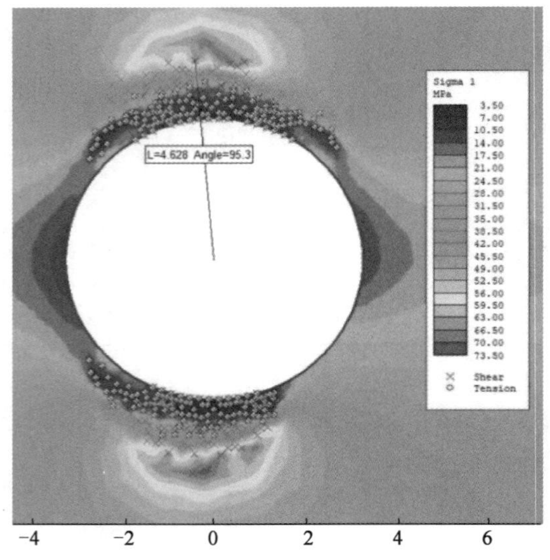

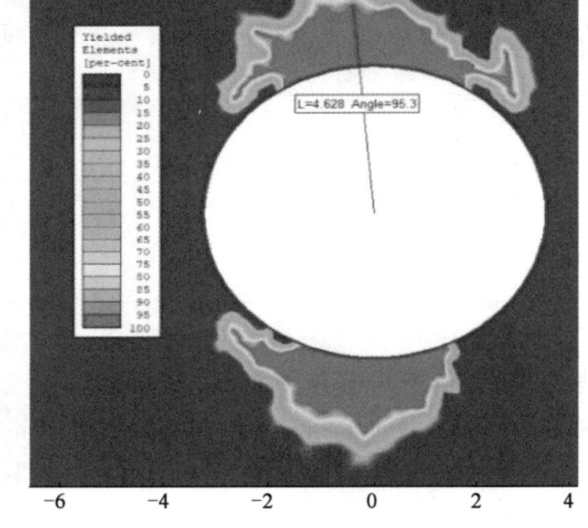

图 3-6　开挖损伤区深度 EDZ

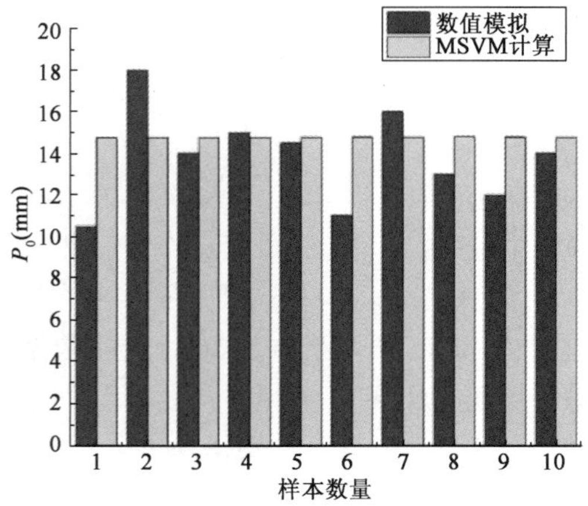

图 3-7　P_0 数值模拟与 MSVM 计算值比较图

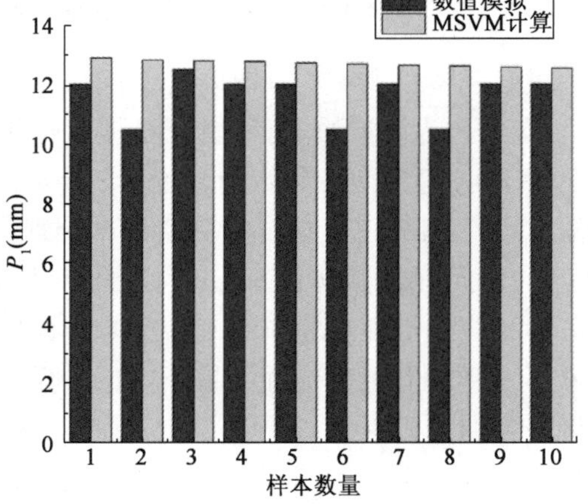

图 3-8　P_1 数值模拟与 MSVM 计算值比较图

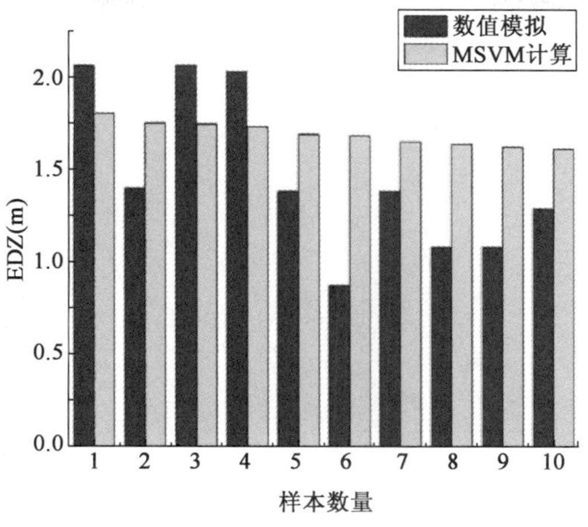

图 3-9 EDZ 数值模拟与 MSVM 计算值比较图

3.4.4 反演计算

利用构建的 MSVM 智能响应面，根据监测数据对 UCS、CI/UCS、T 三个参数进行反演计算。取监测数据 P_0 = 10mm，P_1 = 11mm，EDZ = 1.7m，利用构建的 B-PSO-MSVM 模型，在 Matlab 软件平台上编制 MCMC 算法程序进行参数反演计算，抽样次数为 2×10^4，拒绝率为 42.64%，结果见图 3-10、图 3-11。其中，UCS 均值为 111.2MPa，标准差为 20.53；CI/UCS 均值为 0.4025，标准差为 0.02168；T 均值为 5.734MPa，标准差为 1.403。

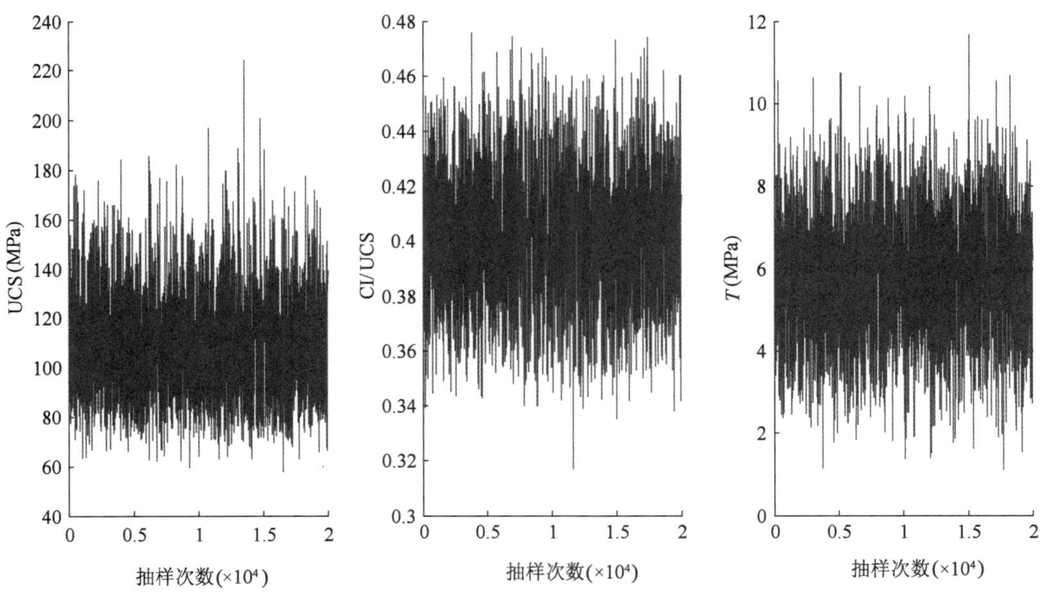

图 3-10 三个参数轨迹图

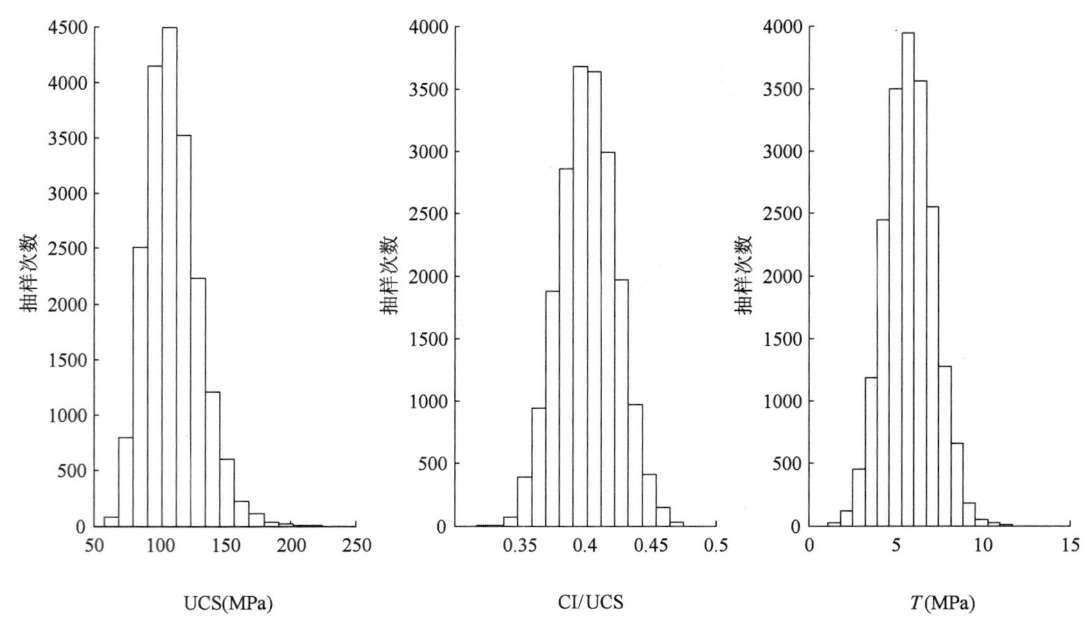

图 3-11　三个参数柱状图

将以上三个参数反演计算结果分别开展数值模拟计算与 MSVM 智能响应面计算，得到结果如表 3-4 所示，计算结果中 EDZ 的 MSVM 计算值与监测值更接近，进一步表明围岩参数更新后计算结果更加贴近实际情况。

参数更新后计算结果表　　表 3-4

试验序号	样本输出			备　注
	P_0(mm)	P_1(mm)	EDZ(m)	
1	10	11	1.7	监测值
2	8.95	12	1.785	数值模拟
3	14.76	12.82	1.75	MSVM 计算

3.4.5 参数不确定性分析

对三个参数更新后的数值与初始值相比较，具体见图 3-12 ~ 图 3-14。其中，UCS 更新后均值增大，CI/UCS 与 T 均值变化相对较小，标准差变小。由此可知，随着隧道施工进度的推进，考虑最新的监测值变化，围岩参数得到动态反演更新，不确定性进一步降低。

通过以上分析可知，基于围岩参数的不确定性概率反演，解释了围岩参数更新前后隧道结构变形存在差异的原因，实现了围岩参数不确定性导致风险产生的量化影响分析。

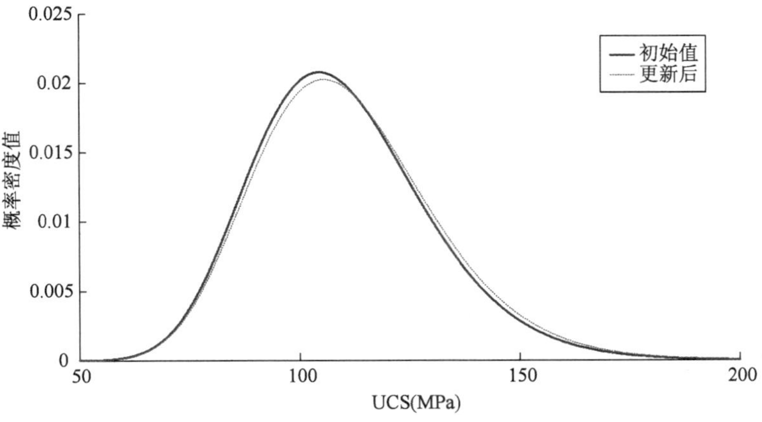

图 3-12　UCS 更新后参数值与初始值比较图

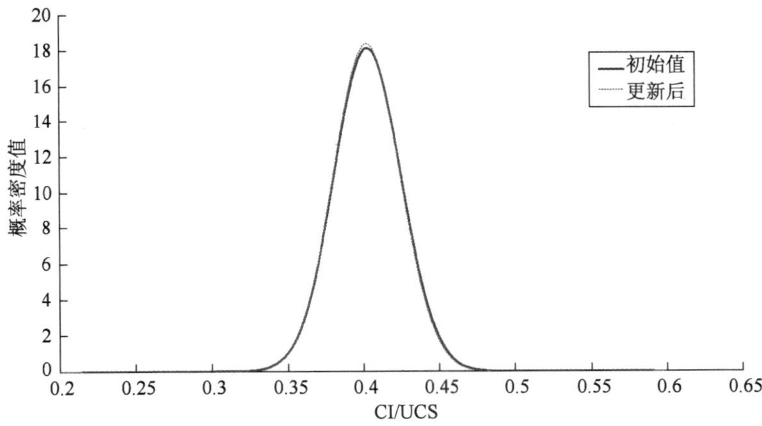

图 3-13　CI/UCS 更新后参数值与初始值比较图

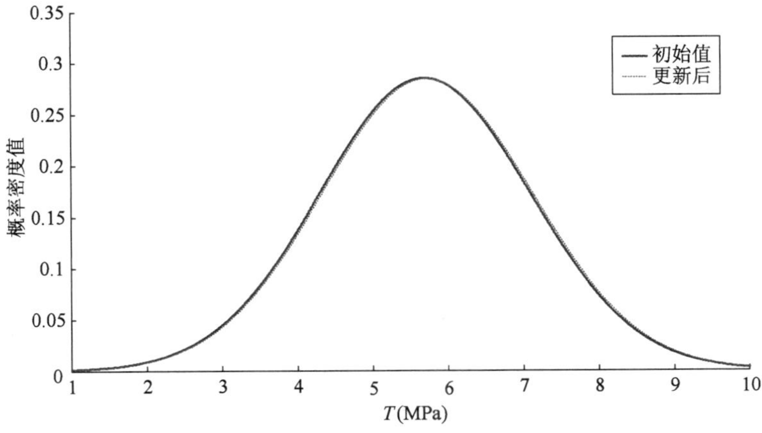

图 3-14　T 更新后参数值与初始值比较图

3.5 本章小结

本章提出了基于多源数据融合的深埋硬岩隧道围岩参数贝叶斯概率反演方法,开展了围岩参数不确定对风险影响的量化表征分析,得到如下结论:

(1)分析了深埋硬岩隧道围岩参数不确定性来源,利用 B-PSO-MSVM 模型建立了 DISL 模型三个输入参数 UCS、CI/UCS、T 与监测数据间的非线性映射关系,与贝叶斯理论分析方法相结合,提出了围岩参数动态概率反演 B-PSO-MSVM 方法。

(2)将该方法应用到某深埋圆形地下试验硬岩隧道中,基于均匀设计方法构建了参数训练样本集,比较了 MSVM 智能响应面与数值模拟计算结果差异,利用 MCMC 模拟算法实现了 DISL 模型三个参数动态更新,并分析了参数不确定性特征。

(3)基于 B-PSO-MSVM 的概率反演方法,结合了 MSVM 模型多参数同时输出与贝叶斯方法参数动态更新的特点,不但提高了反演计算效率,而且实现了隧道多源监测数据的智能融合,概率反演后的围岩参数值相对传统的反演方法所得确定性参数值信息更加全面准确,解释了围岩参数不确定性对隧道结构变形产生的影响,为揭示参数不确定性导致风险存在的传递机制提供了一种有效的分析方法。

Chapter 04

第4章

深埋硬岩隧道剥落破坏风险评估方法

4.1 引言

剥落破坏定量风险评估需要解决风险可能性概率估测、风险后果损失估测与风险等级标准界定等三方面关键问题，基于启裂－剥落界限方法不确定性分析，提出了一种普适性硬岩隧道剥落破坏风险评估方法。

4.2 剥落破坏不确定性分析

4.2.1 参数不确定性分析

近年来，DISL 模型成功应用于深埋硬岩隧道剥落破坏风险分析中（Langford 与 Diederichs，2015；Dammyr，2016；Perras 与 Diederichs，2016）。由本书 3.2 节可知，DISL 模型包括 UCS、CI 及 T 三个岩体参数。岩体参数的不确定性是岩体本身固有的，其力学性质与岩体中的结构面、结构体及赋存环境密切相关。J. Connor Langford 与 Diederichs（2015）系统分析了 DISL 模型三个参数 UCS、CI 及 T 不确定性特征；蔡明（2011）分析了岩体参数不确定性对隧道设计的影响；Contreras 等（2018）、Bozorgzadeh 等（2018）基于 H-B 强度准则，利用贝叶斯方法量化分析了岩体参数 UCS、m_i 与 a 的不确定性；Diederichs 等（2004）指出剥落破坏是硬岩开挖卸荷条件下产生的张性破裂，岩体参数的不确定性会造成隧道开挖破坏区深度的变异性。

为更好反映围岩参数不确定性影响，本书 3.3 节中利用贝叶斯概率反演方法得到 DISL 模型输入参数 UCS、CI/UCS、T 后验概率分布，实现了基于多源数据融合的围岩参数动态更新，使得计算结果更加符合工程实际，具体如图 4-1 所示。

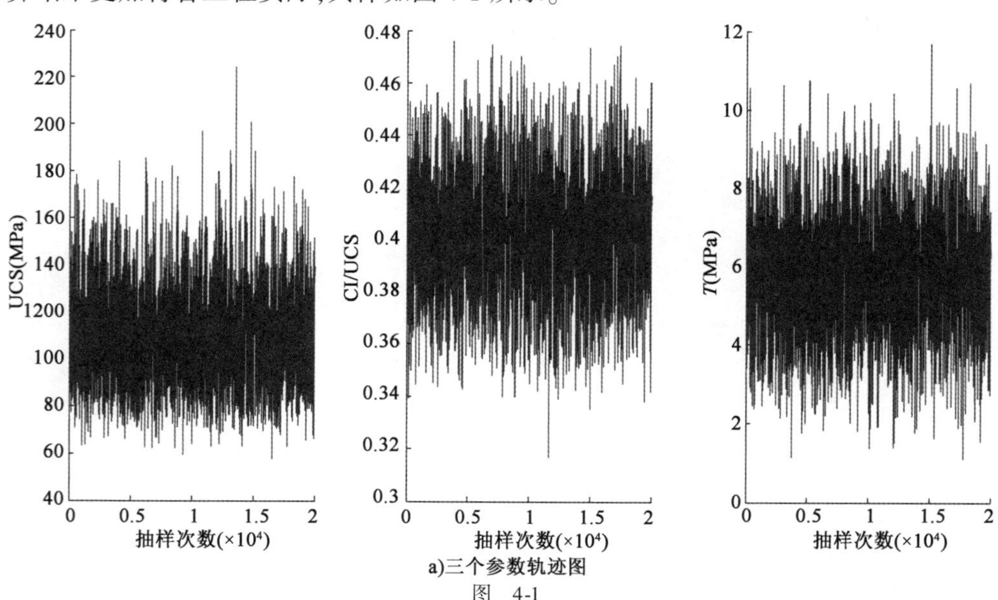

a)三个参数轨迹图

图 4-1

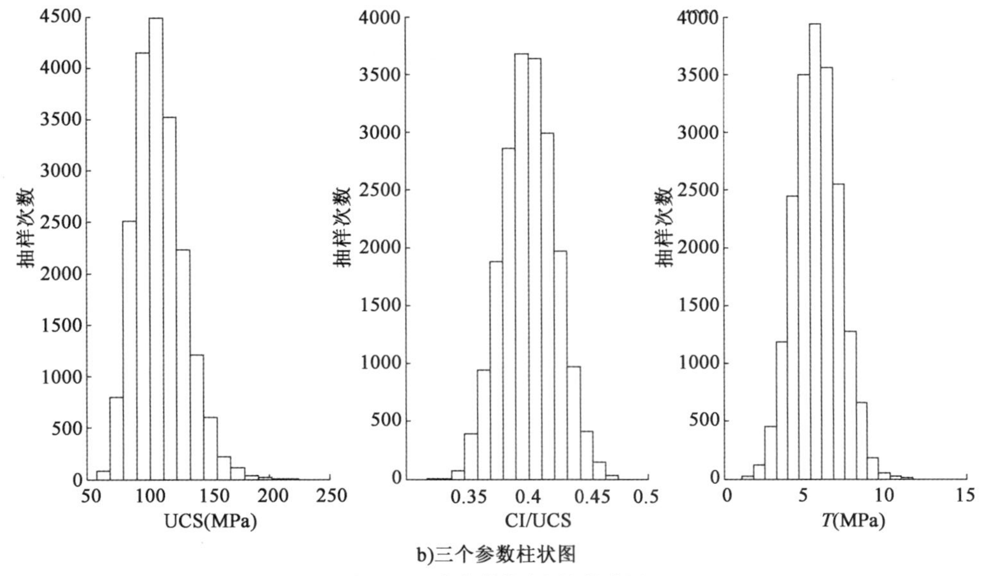

b)三个参数柱状图

图 4-1　三个参数轨迹图与柱状图

4.2.2　模型不确定性分析

由本书 3.2 节可知，DISL 模型曲线形状由岩体参数 UCS、CI 及 T 决定。模型不确定性是由于测量不准确、统计误差等原因造成的，Diederichs（2007）指出，参数不确定性直接决定了 DISL 模型曲线变化的不确定性。J. Connor Langford 与 Diederichs（2015）分析了 UCS 及 T 相互独立与相关两种不同情况下 DISL 模型曲线的变化，并利用统计方法量化分析了 UCS 及 m_i 取值不确定情况下 H-B 曲线的变化。基于 Perras 与 Diederichs（2016）论文中花岗岩岩体参数 UCS、CI 及 T 的数据，分别得到三个参数取均值时峰值曲线与残余曲线，三个参数分别取最小值与最大值时峰值曲线与残余曲线以及三个参数分别取均值 ±1 倍标准差时峰值曲线，具体如图 4-2 所示。随着参数不确定性的变化，DISL 曲线在均值附近不断变化。

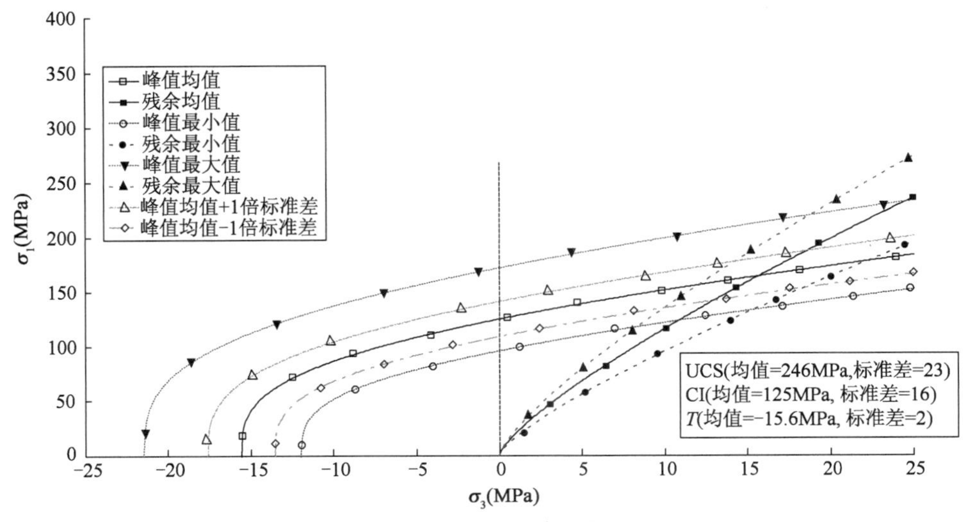

图 4-2　DISL 曲线不确定性分析图

4.3 剥落破坏风险评估方法

4.3.1 剥落破坏风险估计

深埋硬岩隧道施工过程中涉及大量不确定性因素，如岩体性质、荷载、几何尺寸、初始条件、边界条件、计算模型等，围岩参数的不确定性与模型的不确定性导致隧道工程施工存在剥落破坏风险（冯夏庭等，2013）。根据风险定义（Einstein，1996；Brown，2012），剥落破坏风险计算公式见式(4-1)。

$$R = P_{\mathrm{f}} \times C \tag{4-1}$$

式中：R——隧道剥落破坏风险；

P_{f}——隧道剥落破坏发生可能性概率；

C——隧道剥落破坏后果损失。

因此，只要确定了剥落破坏发生可能性概率 P_{f} 与剥落破坏后果损失 C，即可利用式(4-1)计算隧道剥落破坏风险 R，下面分别介绍 P_{f} 与 C 的计算方法。

1）剥落破坏发生可能性概率可靠度估测

为计算 P_{f}，本书基于 RBD 方法，建立剥落破坏发生可能性概率可靠度估测模型，具体如下：

在岩土工程的可靠度分析中，RBD 方法通过考虑岩体参数的不确定性及设计阶段模型的不确定性，确定岩土工程在不同极限状态下的失效概率。结构极限状态是结构工作可靠与不可靠的临界状态，这种极限状态一般可分为承载能力极限状态（Ultimate Limit State，ULS）和正常使用极限状态（Serviceability Limit State，SLS）两类。其中，承载能力极限状态是指结构达到最大承载能力或者不适用于继续承载的变形的状态，如隧道坍塌、围岩大变形等；正常使用极限状态是指结构达到正常使用和耐久性的某项规定限值的状态，如隧道剥落破坏、衬砌开裂等。根据结构的功能要求与相应极限状态的标志，可建立结构的功能函数或极限状态方程。RBD 可以适用于任何功能函数，一般将影响结构功能要求的因素归纳为荷载 $Q(X)$ 与抗力 $R(X)$，则功能函数 $G(X)$ 可写为：

$$G(X) = R(X) - Q(X) \tag{4-2}$$

式中：X——输入随机变量。

$G(X)$ 作为随机变量，由于荷载 $Q(X)$ 与抗力 $R(X)$ 大小的不同，可能会出现以下三种情况：

(1) 当 $G(X) > 0$ 时，表明结构满足功能要求，处于可靠状态；

(2) 当 $G(X) < 0$ 时，表明结构失效或破坏；

(3) 当 $G(X) = 0$ 时，表明结构处于极限状态。

由于影响荷载 $Q(X)$ 与抗力 $R(X)$ 的随机变量很多，如岩石单轴抗压强度、岩石单轴抗拉

强度等,假设这些基本随机变量分别为 $X_1, X_2, \cdots, X_n$,则功能函数 $G(X)$ 的一般形式可写为:

$$G(X) = f(X_1, X_2, \cdots, X_n) \tag{4-3}$$

特别地,方程

$$G(X) = f(X_1, X_2, \cdots, X_n) = 0 \tag{4-4}$$

称为结构的极限状态方程。二维结构定义域和极限状态如图 4-3 所示。

对于深埋硬岩隧道正常使用极限状态,功能函数可以用剥落破坏深度、隧道收敛变形与锚杆承载力等不同形式表达(Langford 与 Diederichs,2015)。由于剥落破坏深度应用广泛、计算简便,本书仅以剥落破坏深度为例构建功能函数与极限状态方程,依此在 RBD 方法框架下,建立剥落破坏发生可能性概率可靠度估测模型,计算剥落破坏发生可能性概率。则剥落破坏深度功能函数 $G(X)$ 可改写为:

$$G(X) = D_{\max} - g(X) \tag{4-5}$$

式中:X——围岩参数;

$D_{\max}$——隧道剥落破坏最大允许深度,即正常使用极限值;

$g(X)$——隧道剥落破坏深度计算值。

隧道剥落破坏最大允许深度的确定是一个具有挑战性的问题,目前部分学者开展了相关研究(Langford 等,2015,2016)。Diederichs 等根据 DISL 模型,建议以低围压下剥落区界限值为剥落破坏深度,用超越概率的方法确定剥落破坏最大允许深度(Langford 与 Diederichs,2015)。本书也采用该方法确定剥落破坏最大允许深度 $D_{\max}$。对应的极限状态方程为:

$$G(X) = D_{\max} - g(X) = 0 \tag{4-6}$$

由此得到隧道剥落破坏发生可能性概率计算公式具体如下:

$$P_f = P[G(X) < 0] = \int_{G(X)<0} f(X)\,\mathrm{d}X \tag{4-7}$$

式中:$f(X)$——功能函数 $G(X)$ 的概率密度函数。

可能性概率 P_f 的示意图如图 4-4 所示。

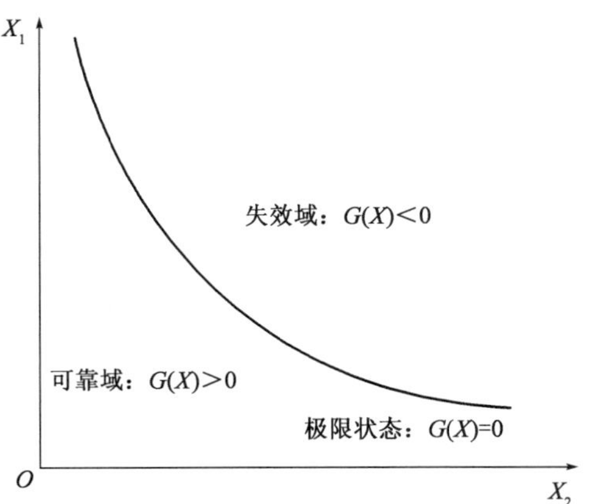

图 4-3　二维结构定义域和极限状态

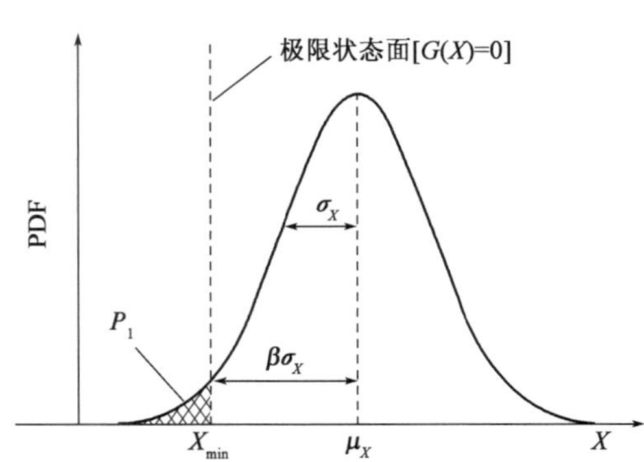

图 4-4　可能性概率和可靠度指标示意图

μ_X-随机变量 X 的位置参数;σ_X-随机变量 X 的尺度参数

为提高计算效率,采用直接 MCS 对式(4-7)进行简化计算:

$$P_{\mathrm{f}} \approx \frac{1}{N}\sum_{i=1}^{N} I\left[g(X) > D_{\max}\right] \tag{4-8}$$

式中:N——MCS 的抽样次数;

$I(\cdot)$——剥落破坏区域的指示性函数,计算公式如下:

$$I\left[g(X) > D_{\max}\right] = \begin{cases} 1 & \left[g(X) > D_{\max}\right] \\ 0 & \left[g(X) \leqslant D_{\max}\right] \end{cases} \tag{4-9}$$

另外,隧道剥落破坏可能发生在拱顶或者拱腰等不同位置,具有随机不确定性。因此,隧道剥落破坏发生可能性概率可视为并联系统(张璐璐等,2011),则剥落破坏发生可能性概率计算公式如下:

$$P_{\mathrm{f}} = \prod_{i=1}^{n} P_{\mathrm{f}i} \tag{4-10}$$

式中:n——隧道发生剥落破坏位置的数量,$i = 1, 2, \cdots, n$。

假设隧道同时发生拱顶与拱腰剥落破坏,拱顶剥落破坏发生可能性概率为 P_{f1},拱腰剥落破坏发生可能性概率为 P_{f2},则式(4-10)可写为:

$$P_{\mathrm{f}} = \prod_{i=1}^{2} P_{\mathrm{f}i} = P_{\mathrm{f1}} \times P_{\mathrm{f2}} \tag{4-11}$$

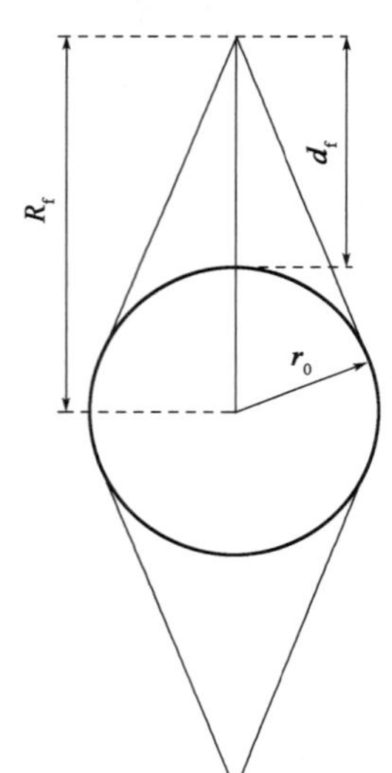

图 4-5 剥落破坏深度示意图

综上所述,隧道剥落破坏深度计算值 $g(X)$ 的确定成为计算剥落破坏发生可能性概率的关键,剥落破坏深度计算示意图如图 4-5 所示,其中,R_{f} 为隧道剥落破坏实际深度 d_{f} 与隧道半径 r_0 的和。

对于深埋硬岩隧道剥落破坏深度的预测计算方法,国内外相关研究总体上可分为数学解析方法与数值模拟方法两类。其中,数学解析方法主要包括半经验方法(Martin 等,1999)、"剥落深度"方法(Martin 与 Christiansson,2009)、全局响应面方法(Global Response Surface Method,GRSM)(Langford 与 Diederichs,2015)及开挖破坏区深度估测方法(Diederichs 等,2016,2017)。以上数学解析公式常以圆形隧道剥落破坏为基础推导得到,实际应用中存在公式适用性与拓展性受限、部分参数获取困难、计算结果偏差较大等问题。代表性的数值模拟方法包括 Øyvind Dammyr(2016)、Hajiabdolmajid 等(2002)、蔡明等(2010,2014)、Rutqvist 等(2009)、Hudson 等(2009)、Lisjak 等(2015,2016)、Hudson 与冯夏庭(2015)、张春生等(2016)、Barton 与沈宝堂(2017)等以加拿大原子能有限公司地下实验室 Mine-by 试验隧道为工程背景提出的系列数值模拟方法,以上方法能够贴近实际工况,但存在部分输入参数不易获取、模型计算量较大、结果重复性困难等问题。以上两种方法均不能满足剥落破坏发生可能性概率普适、高效计算的要求,需要建立能够表示输入围岩参数与输出剥落破坏深度之间非线性映射关系的响应面。随机响应面方法采用 Hermite PCE 作为代理模型,为分析功能函数为高阶非线性隐式可靠度问题提供了有效路径,近年来在岩土工程可靠度分析中得到了广泛应用(李典庆等,2011,2014,2016;Mollon 等,2011),但尚未见用于剥落破坏深度估测的案例。因此,本书提出基于 PCE 的剥落

破坏深度随机响应面方法，建立岩体参数随机变量与剥落破坏深度之间的近似显式函数关系。PCE 可逼近 Hilbert 空间中任意功能函数，并能保证在数学意义下的收敛性，满足深埋硬岩隧道剥落破坏深度分区性与复杂性的高效计算要求（钱七虎与李树忱，2008；李典庆等，2014）。采用 PCE 建立剥落破坏深度 $g(U)$ 与输入参数之间的近似显示表达式如下（李典庆等，2011；Mollon 等，2011）：

$$
\begin{aligned}
g(U) = {} & a_0\Gamma_0 + \sum_{i_1=1}^{n} a_{i_1}\Gamma_1(U_{i_1}) + \sum_{i_1=1}^{n}\sum_{i_2=1}^{i_1} a_{i_1 i_2}\Gamma_2(U_{i_1}, U_{i_2}) + \\
& \sum_{i_1=1}^{n}\sum_{i_2=1}^{i_1}\sum_{i_3=1}^{i_2} a_{i_1 i_2 i_3}\Gamma_3(U_{i_1}, U_{i_2}, U_{i_3}) + \cdots + \\
& \sum_{i_1=1}^{n}\sum_{i_2=1}^{i_1}\sum_{i_3=1}^{i_2}\cdots\sum_{i_n=1}^{i_{n-1}} a_{i_1 i_2,\cdots,i_n}\Gamma_n(U_{i_1}, U_{i_2}, \cdots, U_{i_n}) \\
& i_1 + i_2 + \cdots + i_n \leqslant n
\end{aligned}
\tag{4-12}
$$

式中：n——输入围岩参数随机变量的数量；

$a = (a_0, a_{i_1}, a_{i_1 i_2}, \cdots, a_{i_1 i_2,\cdots,i_n})$——待定系数；

$\boldsymbol{U} = (U_{i_1}, U_{i_2}, \cdots, U_{i_n})$——独立标准正态随机向量，利用 Nataf 变换方法建立独立标准正态随机变量与围岩参数相关非正态变量间的映射关系，该方法可以有效解决将随机响应面法拓展应用于相关非正态变量可靠度分析的问题（李典庆等，2011）；

$\Gamma_n(U_{i_1}, U_{i_2}, \cdots, U_{i_n})$——自由度为 n 的高阶 PCE（李典庆等，2011，2016）：

$$
\Gamma_n(U_{i_1}, U_{i_2}, \cdots, U_{i_n}) = (-1)^n \exp\left(\frac{1}{2}U^{\mathrm{T}}U\right)\frac{\partial^n}{\partial U_{i_1}\partial U_{i_2}\cdots\partial U_{i_n}}\exp\left(-\frac{1}{2}U^{\mathrm{T}}U\right) \tag{4-13}
$$

其中，Nataf 变换的主要思想是利用随机变量的边缘概率密度函数和互相关矩阵，通过 Gaussian Copula 函数构造 N 维标准正态分布变量联合概率密度函数。Nataf 变换是 Nataf 模型的另一种表现形式，利用多维 Nataf 模型建立岩体参数的多维联合分布函数，具体做法如下（李典庆等，2015）：

令随机向量 $\boldsymbol{X} = (X_1、X_2、\cdots、X_n)^{\mathrm{T}}$ 的边缘分布函数分别为 $F_1(x_1), F_2(x_2), \cdots, F_n(x_n)$，其相关系数矩阵为 $\boldsymbol{\rho}$。首先将 $\boldsymbol{X} = (X_1、X_2、\cdots、X_n)^{\mathrm{T}}$ 转化为标准正态分布向量 $\boldsymbol{Z} = (Z_1、Z_2、\cdots、Z_n)^{\mathrm{T}}$：

$$
\boldsymbol{Z}_i = \boldsymbol{\Phi}^{-1}(F_i(X_i)) \quad (i = 1, 2, \cdots, n) \tag{4-14}
$$

假设 $\boldsymbol{Z} = (Z_1、Z_2、\cdots、Z_n)^{\mathrm{T}}$ 服从相关系数矩阵为 $\boldsymbol{\rho}_0$ 的多维标准正态分布函数 $\varphi_n(z;\rho_0)$，根据 Nataf 理论可推导出 $\boldsymbol{X}$ 的联合概率密度函数 $f(x_1、x_2、\cdots、x_n)$ 为：

$$
f(x_1、x_2、\cdots、x_n) = \frac{f_1(x_1)f_2(x_2)\cdots f_n(x_n)}{\varphi(z_1)\varphi(z_2)\cdots\varphi(z_n)}\varphi_n(z;\rho_0) \tag{4-15}
$$

式中：$f_1(x_1), f_2(x_2), \cdots, f_n(x_n)$——$X = (X_1、X_2、\cdots、X_n)^{\mathrm{T}}$ 的边缘概率密度函数；

$\varphi(z_1),\varphi(z_2),\cdots,\varphi(z_n)$——$Z=(Z_1、Z_2、\cdots、Z_n)^{\mathrm{T}}$ 的边缘概率密度函数。

一般来说,式(4-15)的多维分布模型称为多维 Nataf 分布。根据相关系数的定义,变量 X_i 和 X_j之间相关系数 ρ_{ij}与变量 Z_i和 Z_j之间相关系数 ρ_{0ij}满足如下关系:

$$\rho_{ij}=\int_{-\infty}^{\infty}\int_{-\infty}^{\infty}\frac{x_i-\mu_i}{\sigma_i}\frac{x_j-\mu_j}{\sigma_j}\frac{f_i(x_i)f_j(x_j)}{\varphi(z_i)\varphi(z_j)}\varphi_2(z_i,z_j;\rho_{0ij})\mathrm{d}x_i\mathrm{d}x_j \tag{4-16}$$

因此,已知变量 X_i和 X_j的边缘分布函数与相关系数 ρ_{ij},便可以由式(4-16)求得相关系数 ρ_{0ij}。由此可见,Nataf 模型不要求随机变量的边缘分布函数均为正态分布,也可以为非正态分布。

另外,Nataf 变换包括正变换与逆变换,正变换是将相关非正态随机变量转化为独立标准正态变量,而逆变换是将独立标准正态随机变量转化为相关非正态变量。逆变换在工程上用得最多,具体步骤如下:

首先,对多维标准正态分布向量 $\boldsymbol{Z}=(Z_1、Z_2、\cdots、Z_n)^{\mathrm{T}}$ 的相关系数矩阵 $\boldsymbol{\rho}_0$ 进行 Cholesky 分解得到下三角矩阵 $\boldsymbol{L}_0$:

$$\boldsymbol{\rho}_0=\boldsymbol{L}_0\boldsymbol{L}_0^{\mathrm{T}} \tag{4-17}$$

其次,基于 $\boldsymbol{L}_0$将独立标准正态分布向量 $\boldsymbol{U}=(U_1,U_2,\cdots,U_n)^{\mathrm{T}}$ 转化为相关标准正态分布向量 $\boldsymbol{Z}=(Z_1、Z_2、\cdots、Z_n)^{\mathrm{T}}$:

$$\boldsymbol{Z}=\boldsymbol{L}_0\boldsymbol{U}$$

最后,利用等概率变换原则,将 $\boldsymbol{Z}=(Z_1、Z_2、\cdots、Z_n)^{\mathrm{T}}$ 映射为 $\boldsymbol{X}=(X_1、X_2、\cdots、X_n)^{\mathrm{T}}$:

$$\boldsymbol{X}=\boldsymbol{F}^{-1}(\boldsymbol{\Phi}(Z)) \tag{4-18}$$

综上所述,便完成了多维分布的 Nataf 变换。Nataf 变换不受维数限制,既可以将多维相关非正态向量转化为独立标准正态向量,也可以将多维独立标准正态向量转化为相关非正态向量。

为简化分析,式(4-12)常简化为(李典庆等,2011,2016):

$$g(U)=\sum_{i=0}^{p}c_i\boldsymbol{\Psi}_i(U) \tag{4-19}$$

式中:p——PCE 阶数,PCE 系数 c_i 和 a_i 之间、基函数 $\boldsymbol{\Psi}_i(\cdot)$和 $\boldsymbol{\Gamma}_i(\cdot)$之间均存在一一对应关系。其中,对于 p 阶 PCE,待定系数的数量 N_{c} 为(Isukapalli,1999):

$$N_{\mathrm{c}}=\frac{(n+p)!}{n!\times p!} \tag{4-20}$$

PCE 的待定系数采用线性无关原则概率配点法进行求解,配点数目按 Isukapalli 等建议取为待定系数数量 N_{c} 的 2 倍(Isukapalli 等,1998)。

当 PCE 系数确定后,便可确定剥落破坏深度与输入参数间的近似显示表达式,在此基础上可直接采用 MCS 计算剥落破坏深度的均值、标准差、偏度和峰值等常用的前四阶统计矩模拟值。

2)剥落破坏后果损失估测

风险后果损失通常考虑人员伤亡、直接经济损失、环境影响与工期延误等情形(Eskesen等,2004;交通运输部工程质量监督局,2011;中国铁路总公司,2014)。由于剥落破坏不会直接造成人员伤亡与环境影响,工期延误也不易准确判断,为简化计算,本书仅以直接经济损失来衡量剥落破坏后果损失。此处的直接经济损失主要包括剥落破坏发生后直接对隧道造成的财产、设施损失,以及可能的修复费用与采取防治措施可能花费的费用,主要为可以用货币计价的经济损失。

由于隧道剥落破坏具有分区破裂的特点(钱七虎与李树忱,2008),剥落破坏深度差异较大,剥落破坏发生位置与长度也不确定,具有随机性。另外,受数据资料的局限性及其他各种因素的影响,隧道财产损失及支护与修复等花费的费用不易准确计算,造成的后果损失也难以准确统计。因此,为提高剥落破坏后果损失估测方法的普适性,本书将隧道全长按单位长度等分,在开挖长度范围内,按单位长度隧道断面内剥落破坏后果平均损失进行计算。假设在发生剥落破坏情况下,单位长度隧道断面拱顶或拱腰剥落破坏深度为 d_f(m),剥落破坏深度平均损失费用为 C_1(元/m),其值为按剥落破坏深度折算后的隧道财产损失及支护与修复等费用的平均值,可以由类似工程案例或历史数据统计进行确定,则单位长度隧道断面剥落破坏后果损失 C_s 为:

$$C_s = d_f C_1 \tag{4-21}$$

当隧道开挖长度为 l(m)时,可划分为 l 个单位长度剥落破坏断面,则剥落破坏后果总损失 C_t(元)为:

$$C_t = lC_s \tag{4-22}$$

4.3.2 剥落破坏风险分级标准确定

由于不同隧道施工剥落破坏平均损失费用 C_1 差异很大,剥落破坏后果损失 C_s 很难准确估计,导致无法根据风险计算结果确定风险分级标准。Zevgolis 等(2010,2018)以预期成本衡量风险决策目标函数的大小,将预期建设总成本定义为初始建设成本与风险成本的和。因此,本书结合隧道剥落破坏施工特点,将隧道单位长度施工预期建设成本定义为隧道初始正常施工无剥落破坏情况下的建设成本与发生剥落破坏风险成本的和,具体可表示为:

$$C_i = C_I + R_c \tag{4-23}$$

式中:C_i——隧道单位长度施工预期建设成本;

C_I——隧道初始正常施工无剥落破坏情况下的建设成本,以 r_0C_0 表示,其中,r_0 为隧道开挖半径(m),C_0 为按隧道开挖半径折算后的单位半径长度施工平均费用(元/m),其值为单位长度施工平均费用(包括开挖与支护等费用)与开挖半径的比值;

R_c——隧道发生剥落破坏风险成本,包括前期施工预防与剥落破坏处置等全过程风险成本,以 $P_f(r_0C_0 + d_fC_1)$ 表示。

则式(4-23)可转化为:

$$C_i = r_0C_0 + P_f(r_0C_0 + d_fC_1) \tag{4-24}$$

为提高式(4-24)应用的普适性与简便性,将其改写为:

$$\frac{C_i}{C_0}=r_0\left[1+P_{\mathrm{f}}\left(1+\frac{d_{\mathrm{f}}}{r_0}\frac{C_1}{C_0}\right)\right] \tag{4-25}$$

式中：$\frac{C_i}{C_0}$——剥落破坏预期成本比，其含义为隧道单位长度剥落破坏施工预期建设成本与初始正常施工平均费用的比值；

$\frac{d_{\mathrm{f}}}{r_0}$——剥落破坏深度比，其含义为隧道实际剥落破坏深度与开挖半径的比值；

$\frac{C_1}{C_0}$——剥落破坏损失比，其含义为隧道单位长度剥落破坏损失费用与初始正常施工平均费用的比值，该值大小需要结合不同隧道具体分析。

由式(4-25)可知，在实际隧道施工时，可以结合以往施工经验粗估剥落破坏损失比$\frac{C_1}{C_0}$的值，进而计算剥落破坏预期成本比$\frac{C_i}{C_0}$的大小。

另外，当隧道开挖长度为 l(m)时，则预期建设总成本 C_{T}(元)为：

$$C_{\mathrm{T}}=lC_i \tag{4-26}$$

因此，只要利用式(4-25)求得 C_i 值，还可以利用式(4-26)计算得到隧道预期建设总成本 C_{T}。

需要注意的是，对于圆形隧道，开挖半径 r_0 即为圆形隧道的半径；对于异形断面隧道，如矩形断面、D 形断面等，为简化计算，可将开挖半径 r_0 视为等效半径，按照异形断面隧道的外接圆半径计算，具体如图 4-6 所示。其中，a、b 分别为矩形隧道断面的长与宽。

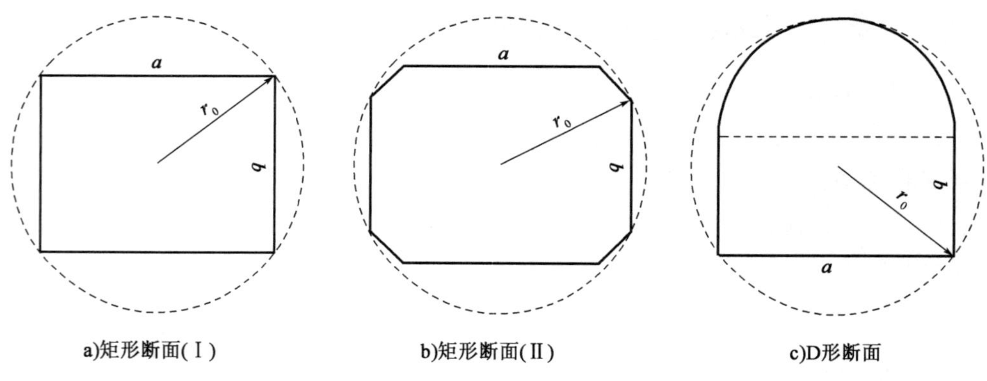

图 4-6 异形断面隧道外接圆半径示意图

对于隧道剥落破坏风险等级，按照常规风险分级方式分为四级(Eskesen 等，2004；交通运输部工程质量监督局，2011；中国铁路总公司，2014)，分别为极高风险、高度风险、中度风险与低度风险，对应的风险接受准则为不可接受、不期望、可接受与可忽略。由式(4-25)可知，剥落破坏预期成本比$\frac{C_i}{C_0}$与剥落破坏发生可能性概率 P_{f}、剥落破坏深度比$\frac{d_{\mathrm{f}}}{r_0}$及剥落破坏损失比$\frac{C_1}{C_0}$相关，其中，$\frac{d_{\mathrm{f}}}{r_0}$与$\frac{C_1}{C_0}$因隧道实际情况不同而异。因此，可以首先确定剥落破坏发生可能性概率 P_{f}

的分级标准再计算风险分级标准。参照国际隧道与地下空间协会、公路与铁路隧道风险可能性的概率分级标准(Eskesen 等,2004;交通运输部工程质量监督局,2011;中国铁路总公司,2014),将剥落破坏发生可能性概率等级划分为很可能、可能、偶然与不太可能四级,对应概率分级范围基于隧道剥落破坏累积概率分布曲线与工程经验修正进行确定(Langford 与 Diederichs,2015;Martin 等,2003,2009),如图 4-7 所示。利用 Perras 与 Diederichs 给出的花岗岩、石灰岩与泥岩高度破坏区(Highly Damaged Zone, HDZ)、可见开挖破坏区(Inner Excavation Damage Zone, EDZ_i)与可测开挖破坏区($o_u$ter Excavation Damage Zone, EDZ_0)等三个开挖破坏区深度累积概率分布曲线(Perras 与 Diederichs,2016),将超过 EDZ_0最大深度对应的概率范围视为很可能,对应累积概率分布曲线上的比例范围约为 3%;将大于 EDZ_i 最大深度但小于 EDZ_0最大深度对应的概率范围视为可能,对应累积概率分布曲线上的比例范围约为 16%;将累积概率分布曲线上概率小于 0.3 的区域视为不太可能。即对应累积概率分布曲线上比例为 3%、16%、70% 的剥落破坏发生可能性概率 P_f 的分级阈值分别为 0.97、0.84、0.3,相应的剥落破坏发生可能性概率 P_f 的分级标准分别为[0.97,1)、[0.84,0.97)、[0.3,0.84)、[0,0.3)。由此,根据式(4-25)计算确定剥落破坏风险分级标准如表 4-2 所示。

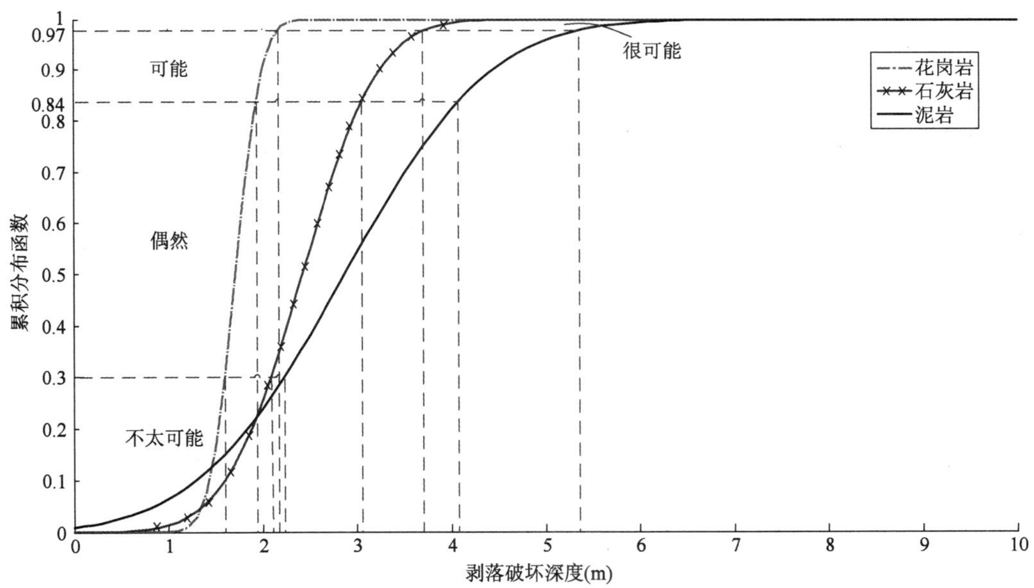

图 4-7　剥落破坏发生可能性概率等级划分示意图

另外,如隧道某断面同时发生拱顶与拱腰剥落破坏,拱顶剥落破坏深度为 $d_{\text{f顶}}$,拱腰剥落破坏深度为 $d_{\text{f腰}}$,结合式(4-10)与式(4-21)的要求,式(4-25)可转化为:

$$\frac{C_i}{C_0} = r_0\left[1 + P_{f1}P_{f2}\left(1 + \frac{d_{\text{f顶}} + d_{\text{f腰}}}{r_0}\frac{C_1}{C_0}\right)\right] \tag{4-27}$$

因此,只需要将式(4-27)计算得到的剥落破坏预期成本比$\frac{C_i}{C_0}$与剥落破坏深度 $d_f = d_{\text{f顶}} + d_{\text{f腰}}$替换进表 4-1,参照表 4-1 的风险分级标准确定剥落破坏风险等级即可。

隧道剥落破坏风险分级标准 表 4-1

风险等级	接受准则	剥落破坏预期成本比$\frac{C_i}{C_0}$
极高风险	不可接受	$r_0\left(1.97+0.97\frac{d_f}{r_0}\frac{C_1}{C_0}\right)\leqslant\frac{C_i}{C_0}<r_0\left(2+\frac{d_f}{r_0}\frac{C_1}{C_0}\right)$
高度风险	不期望	$r_0\left(1.84+0.84\frac{d_f}{r_0}\frac{C_1}{C_0}\right)\leqslant\frac{C_i}{C_0}<r_0\left(1.97+0.97\frac{d_f}{r_0}\frac{C_1}{C_0}\right)$
中度风险	可接受	$r_0\left(1.3+0.3\frac{d_f}{r_0}\frac{C_1}{C_0}\right)\leqslant\frac{C_i}{C_0}<r_0\left(1.84+0.84\frac{d_f}{r_0}\frac{C_1}{C_0}\right)$
低度风险	可忽略	$r_0\leqslant\frac{C_i}{C_0}<r_0\left(1.3+0.3\frac{d_f}{r_0}\frac{C_1}{C_0}\right)$

4.3.3 剥落破坏风险评估计算流程

本书提出的剥落破坏风险评估方法计算流程如图 4-8 所示，具体流程如下：

(1)开展剥落破坏风险评估需要进行风险估计与确定风险分级标准。对于风险估计，首先，要开展剥落破坏发生可能性概率可靠度估测，提出的 PCE + MCS 概率可靠度估测方法，将概率分析与剥落破坏有限元计算相结合，具体分析步骤包括：

步骤一，确定随机变量参数及统计特征(均值、变异系数、概率分布、相关系数等)，利用线性无关原则概率配点方法，产生独立标准正态随机样本点 U_1、U_2、…、U_n。

步骤二，通过等概率 Nataf 变换，将独立标准正态随机样本点 U_1、U_2、…、U_n 转化为原始空间相关非正态输入随机变量样本点 X_1、X_2、…、X_n。需要注意的是，本书通过 Cholesky 分解与一定的变换关系将相关非正态随机向量 $\boldsymbol{X}=(X_1、X_2、\cdots、X_n)$ 表示为独立标准正态随机向量 $\boldsymbol{U}=(U_1、U_2、\cdots、U_n)$ 的函数。

步骤三，基于获得的 n 个随机变量样本点，利用 Phase 2 数值模拟分析，计算得到 n 个剥落破坏深度。

步骤四，将 n 个剥落破坏深度与围岩参数随机向量 $U=(U_1、U_2、\cdots、U_n)$ 代入式(4-12)，得到以待定系数 a_i 为未知数的 n 个线性代数方程组，采用最小二乘回归分析方法计算 PCE 待定系数值。需要注意的是，不同阶数的 PCE 计算精度不同，一般选取常用的 2 ~5 阶 PCE 进行比较，根据对输出响应量统计矩与累积分布函数曲线以及配点计算效率的综合比较，确定最佳阶数的 PCE。

步骤五，根据式(4-10)，利用 MCS 计算剥落破坏发生概率 P_f。需要指出的是，MCS 只需对显式表达的 PCE 进行模拟，不需要调用 Phase 2 数值模拟分析程序，大大减少了计算工作量。

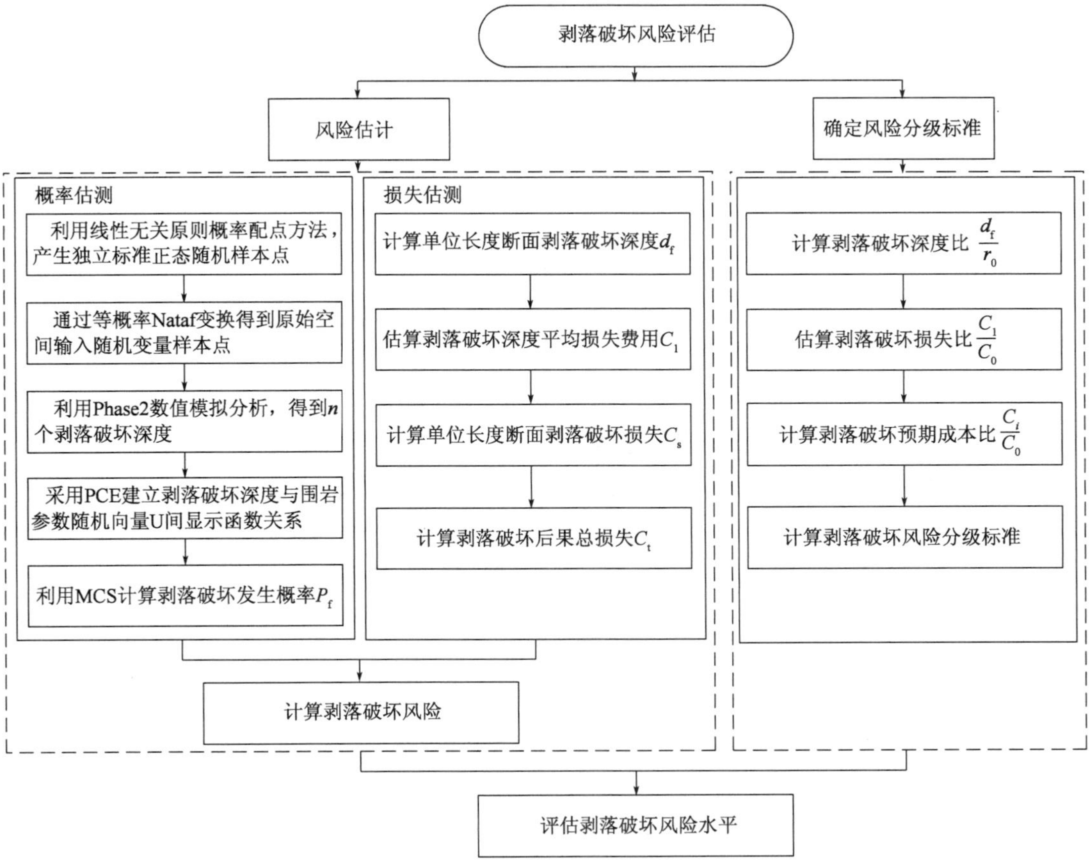

剥落破坏风险评估

风险估计

概率估测

利用线性无关原则概率配点方法，产生独立标准正态随机样本点

通过等概率Nataf变换得到原始空间输入随机变量样本点

利用Phase2数值模拟分析，得到n个剥落破坏深度

采用PCE建立剥落破坏深度与围岩参数随机向量U间显示函数关系

利用MCS计算剥落破坏发生概率P_f

损失估测

计算单位长度断面剥落破坏深度d_f

估算剥落破坏深度平均损失费用C_1

计算单位长度断面剥落破坏损失C_s

计算剥落破坏后果总损失C_t

计算剥落破坏风险

确定风险分级标准

计算剥落破坏深度比$\frac{d_f}{r_0}$

估算剥落破坏损失比$\frac{C_1}{C_0}$

计算剥落破坏预期成本比$\frac{C_i}{C_0}$

计算剥落破坏风险分级标准

评估剥落破坏风险水平

图 4-8　剥落破坏风险评估方法计算流程

(2)其次，要开展剥落破坏后果损失估测，具体步骤包括：

步骤一，利用显式表达式 PCE，计算单位长度隧道断面拱顶或拱腰剥落破坏深度 d_f，当单位长度隧道断面内产生多处拱顶或拱腰剥落破坏时，此处 d_f 视为各处剥落破坏深度的和。

步骤二，估算单位长度隧道断面剥落破坏深度平均损失费用 C_1。

步骤三，计算单位长度隧道断面剥落破坏损失 C_s。

步骤四，计算隧道开挖长度范围内剥落破坏后果总损失 C_t。

(3)确定基于剥落破坏预期成本比的风险分级标准，具体步骤包括：

步骤一，计算单位长度隧道断面拱顶或拱腰剥落破坏深度比$\frac{d_f}{r_0}$。

步骤二，估算单位长度隧道断面剥落破坏损失比$\frac{C_1}{C_0}$。

步骤三，计算单位长度隧道断面剥落破坏预期成本比$\frac{C_i}{C_0}$。

步骤四，计算剥落破坏风险分级阈值，确定风险分级标准。

(4)基于剥落破坏风险估计结果，结合风险分级标准，评估剥落破坏风险水平。

4.4 评估结果验证

4.4.1 工程背景

以加拿大安大略省电力公司建设管理的低中放废物深地质处置库(Deep Geological Repository,DGR)工程为例(Langford 与 Diederichs,2015),开展拱顶与拱腰剥落破坏风险评估。DGR 在大约 680m 深度低渗透性 Cobourg 石灰岩内建造,地层构造序列由上面 400m 泥盆纪和志留纪的白云岩,下面奥陶纪的上部 200m 页岩和下部 200m 的石灰岩组成。废物被放置在一系列宽 8.6m、高 7.0m 的安置室内。DGR 地表设施有主竖井井架、废物包接收建筑物、通风井井架建筑物和各种辅助设施。DGR 示意图与内部布局分别见图 4-9、图 4-10,原位应力与围岩力学参数值见表 4-2(Langford 与 Diederichs,2015;Itasca Consulting Group, Inc. ,2011)。其中,岩石单轴抗压强度与单轴抗拉强度间相关系数 $\rho_{\mathrm{UCST}} = 0.58$(Itasca Consulting Group, Inc. ,2011)。

图 4-9 DGR 示意图

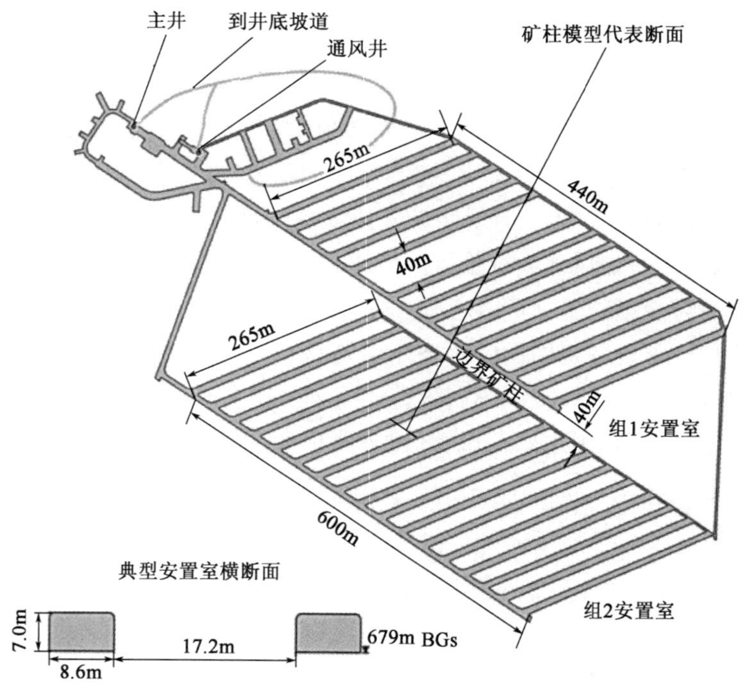

图 4-10 DGR 内部布局图

注:图中 BGs 为支洞代号

原位应力与围岩力学参数值　　表 4-2

参　数	均值	标准差	最小值	最大值	单位	分布类型
平面应力比(K)	1.5	0.2	1.1	1.9	—	正态分布
地质强度指标(GSI)	90	2	—	—	—	—
岩石单轴抗压强度(UCS)	110	20	76	141	MPa	对数正态分布
启裂强度/抗压强度(CI/UCS)	0.403	0.022	0.36	0.46	—	正态分布
岩石抗拉强度(T)	5.7	1	3.4	9.1	MPa	正态分布
残余 m 值(m_{res})	8	0.7	6	10	—	三角分布
岩石弹性模量(E)	37.9	7.3	26.5	53.4	GPa	—
泊松比(v)	0.31	—	—	—	—	—

4.4.2　剥落破坏概率估测

1)参数敏感性分析

为提高计算效率,首先通过参数敏感性分析确定对剥落破坏深度有较明显影响的输入参数作为随机变量,将敏感性程度较小的参数视为常量,有针对性地减少计算中随机变量的数目。以下分别比较 K、UCS、CI/UCS、T、m_{res} 等 5 个参数敏感性的大小,输入参数相对敏感性指标 $\alpha(X_i)$ 计算公式见式(4-28)与式(4-29)(沈红与 Abbas,2013):

$$\alpha(X_i)=\frac{\eta_{SR,i}}{\sum_{i=1}^{N}\eta_{SR,i}} \tag{4-28}$$

$$\eta_{SR,i}=\left|\frac{[f(\mu_i+1.5\sigma_i)-f(\mu_i-1.5\sigma_i)]/f(\mu_i)}{[(\mu_i+1.5\sigma_i)-(\mu_i-1.5\sigma_i)]/\mu_i}\right| \tag{4-29}$$

式中：X_i——输入参数值,$i=1,2,\cdots N$,N 为参数数量,此处指 K、UCS、CI/UCS、T、m_{res} 等 5 个参数值;

$\eta_{SR,i}$——第 i 个输入参数的敏感率;

μ——输入参数的均值;

σ——输入参数的标准差;

$f(\mu_i+1.5\sigma_i)$ 与 $f(\mu_i-1.5\sigma_i)$——基于第 i 个输入参数 $\mu\pm1.5\sigma$ 得到的拱顶与拱腰剥落破坏深度。

由式(4-28)可知,输入参数的相对敏感性指标值越大,则表明该参数敏感程度越大,具体计算结果比较见图 4-11。其中,K、UCS、T 三个参数敏感性指标值较大,可视为随机变量。

2)PCE 待定系数确定

首先,利用 Phase 2 软件开展数值模拟分析,得到剥落破坏深度计算值。其中,剥落破坏深度的确定见 Diederichs 等(Langford 与 Diederichs,2015;Perras 与 Diederichs,2016)推荐的屈服单元方法,计算模型及结果示例如图 4-12 所示。由图 4-12 可知,该示例区域由逐渐增大的剪应变与屈服单元组成,在该区域中,围岩强度的损失造成剪应变增加。超过此范围到高围压区后,围岩强度增加,DISL 模型充分反映了这种在不同围压区域围岩的脆性行为,将低围压区的剥落深度范围视为剥落破坏深度。

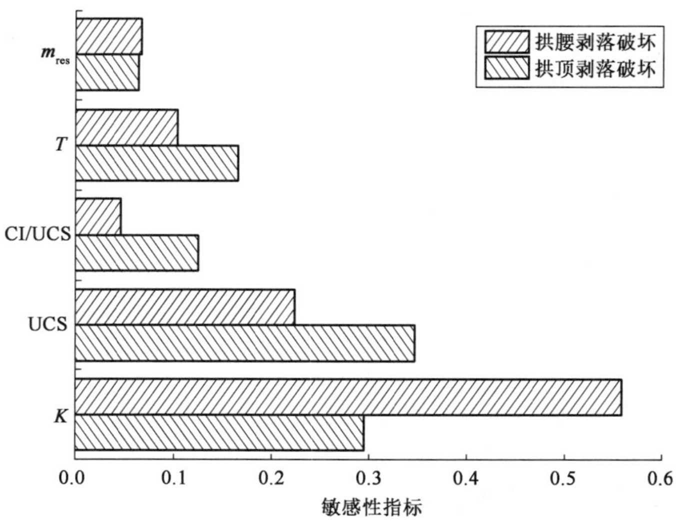

图 4-11　输入参数敏感性指标值比较图

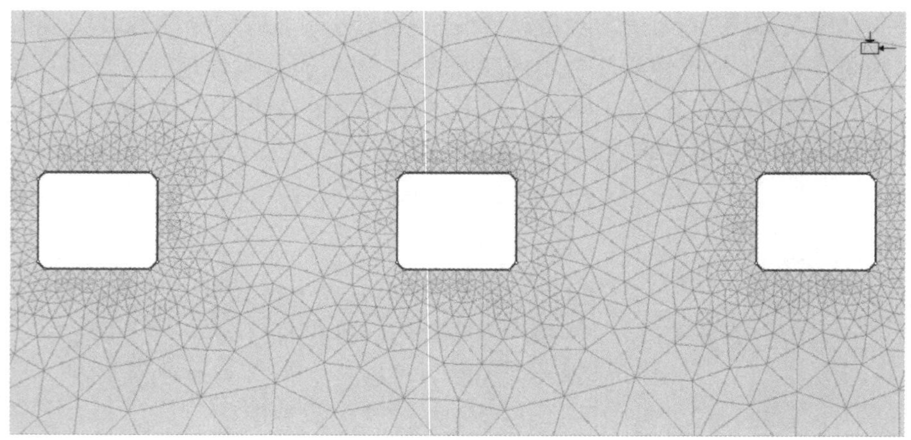

a)计算模型

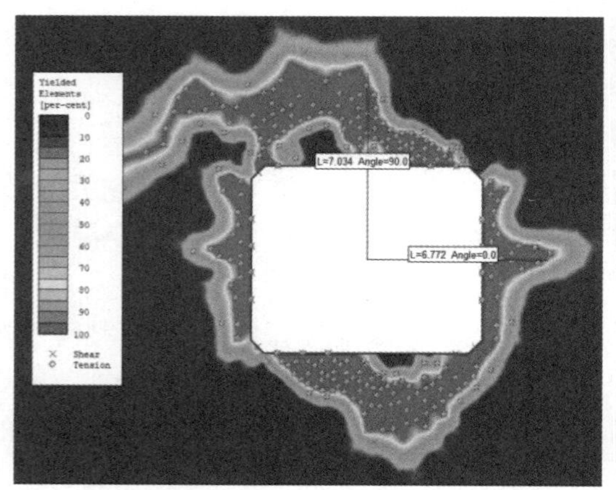

b)屈服单元云图

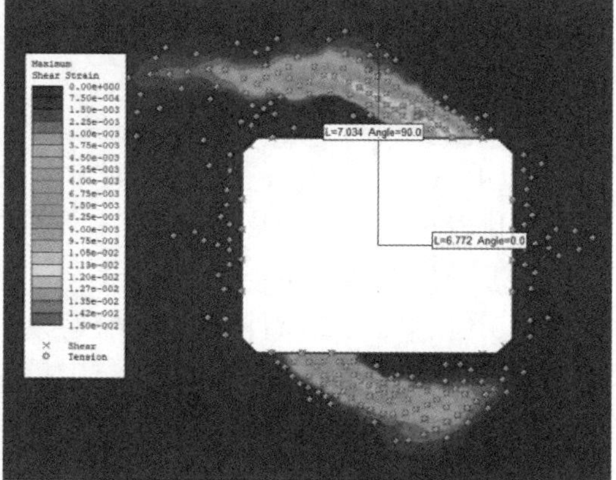

c)最大剪应变云图

图 4-12　拱顶与拱腰剥落破坏深度计算模型及结果示例

其次，利用PCE建立剥落破坏深度与围岩参数随机变量间近似显式函数关系。根据PCE原理可知，PCE阶次越高，其拟合的输出响应量与输入随机变量之间的近似显式函数越准确，但是计算量也会呈指数倍增加(李典庆等，2011，2016)。本书选取2～5阶PCE分别拟合计算拱顶与拱腰剥落破坏深度与围岩参数随机变量K、UCS、T之间的近似显式函数，并将5阶PCE的计算值视为精确解。根据PCE系数的计算流程，首先，基于线性无关原则概率配点法，确定2～5阶PCE计算所需配点数量分别为20次、40次、70次与112次，进而产生独立标准正态随机变量样本点$U_{N_p\times 3}$(维度为$N_p\times 3$，N_p为配点数量，3为围岩参数随机变量K、UCS、T的数量)，作为PCE的输入变量；其次，利用等概率Nataf变换方法(李典庆等，2011)，将独立标准正态随机变量样本点转化为N_p组原始空间相关非正态围岩参数随机变量K、UCS、T的样本点，利用Phase 2数值模拟计算得到剥落破坏深度，进而确定2～5阶PCE的待定系数值。

在此基础上，利用10×10^4次MCS计算得到2～5阶PCE统计矩与拱顶与拱腰剥落破坏深度的累积分布函数曲线。其中，不同阶数PCE统计矩计算值见表4-3。由表4-3可知，4阶PCE与5阶PCE的均值、标准差较为接近，但是偏度与峰度值存在明显的差别，尤其峰度值差异明显。

不同阶数PCE统计矩计算值 表4-3

阶数	统计矩							
	均值		标准差		偏度		峰度	
	拱顶	拱腰	拱顶	拱腰	拱顶	拱腰	拱顶	拱腰
2	2.406	1.494	1.364	0.651	-1.020	-2.126	4.559	9.305
3	2.108	1.283	1.213	0.715	-0.702	0.017	2.838	14.563
4	2.106	1.297	2.701	1.285	-0.338	-1.405	13.287	23.987
5	1.919	1.360	2.795	1.722	1.969	-10.398	195.681	572.161

拱顶与拱腰剥落破坏深度2～5阶PCE累积分布函数曲线的比较图如图4-13所示。由图4-13可知，3阶PCE与4阶PCE及5阶PCE累积分布函数曲线较为接近，但4阶PCE与5阶PCE累积分布函数曲线趋势更为接近，而2阶PCE精度明显不足。另外，与5阶PCE需要开展112次数值模拟计算相比，4阶PCE只需要开展70次数值模拟计算，计算精度与效率均具有明显优势。因此，可以将4阶PCE表示为拱顶与拱腰剥落破坏深度与随机变量K、UCS、T之间的近似显式函数，4阶PCE待定系数见表4-4。

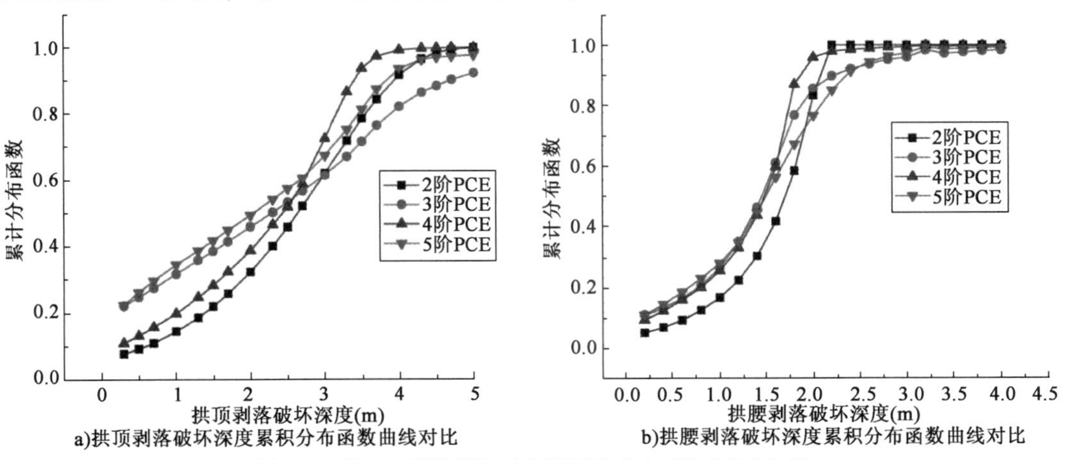

图4-13 拱顶与拱腰剥落破坏深度累积分布函数曲线的比较

4 阶 PCE 待定系数表 表 4-4

PCE 列项		4 阶 PCE 系数	
		拱顶剥落破坏	拱腰剥落破坏
a_0	1	2.108	1.283
a_1	U_1	0.819	0.423
a_2	U_2	-0.639	-0.171
a_3	U_3	-0.279	-0.154
a_{11}	U_1^2-1	-0.114	-0.144
a_{22}	U_2^2-1	-0.111	0.007
a_{33}	U_3^2-1	-0.052	0.002
a_{111}	$U_1^3-3\times U_1$	-0.051	-0.014
a_{222}	$U_2^3-3\times U_2$	0.018	-0.003
a_{333}	$U_3^3-3\times U_3$	0.023	0.004
a_{1111}	$U_1^4-6\times U_1^2+3$	0.021	0.047
a_{2222}	$U_2^4-6\times U_2^2+3$	0.013	-0.001
a_{3333}	$U_3^4-6\times U_3^2+3$	0.001	-0.0001
a_{122}	$U_1\times U_2^2-U_1$	-0.118	-0.034
a_{133}	$U_1\times U_3^2-U_1$	0.019	-0.031
a_{211}	$U_2\times U_1^2-U_2$	0.095	0.048
a_{233}	$U_2\times {U_3}^2-U_2$	-0.065	-0.071
a_{311}	$U_3\times U_1^2-U_3$	0.031	-0.021
a_{322}	$U_3\times U_2^2-U_3$	0.041	-0.052
a_{1222}	$U_1\times U_2^3-3\times U_1\times U_2$	-0.056	-0.026
a_{1333}	$U_1\times U_3^3-3\times U_1\times U_3$	-0.012	0.008
a_{2111}	$U_2\times U_1^3-3\times U_2\times U_1$	-0.056	-0.029
a_{2333}	$U_2\times U_3^3-3\times U_2\times U_3$	0.014	0.007
a_{3111}	$U_3\times U_1^3-3\times U_3\times U_1$	-0.023	-0.023
a_{3222}	$U_3\times U_2^3-3\times U_3\times U_2$	-0.025	0.007
a_{12}	$U_1\times U_2$	0.222	0.219
a_{13}	$U_1\times U_3$	0.051	0.078
a_{23}	$U_2\times U_3$	0.161	0.076
a_{123}	$U_1\times U_2\times U_3$	-0.113	-0.194

续上表

PCE 列 项		4 阶 PCE 系数	
		拱顶剥落破坏	拱腰剥落破坏
a_{1122}	$U_1^2 \times U_2^2 - U_1^2 - U_2^2 + 1$	0.030	0.034
a_{1133}	$U_1^2 \times U_3^2 - U_1^2 - U_3^2 + 1$	0.024	0.045
a_{2233}	$U_2^2 \times U_3^2 - U_2^2 - U_3^2 + 1$	0.008	0.035
a_{1123}	$U_1^2 \times U_2 \times U_3 - U_2 \times U_3$	0.039	0.086
a_{2213}	$U_2^2 \times U_1 \times U_3 - U_1 \times U_3$	0.054	0.060
a_{3312}	$U_3^2 \times U_1 \times U_2 - U_1 \times U_2$	-0.035	0.021

3)4 阶 PCE 准确性验证

为检验 4 阶 PCE 方法的准确性,与 GRSM 方法(Langford 与 Diederichs,2015)、MCS 方法计算结果进行比较,由三者得到的拱顶与拱腰剥落破坏深度超越概率曲线对比如图 4-14 所示。

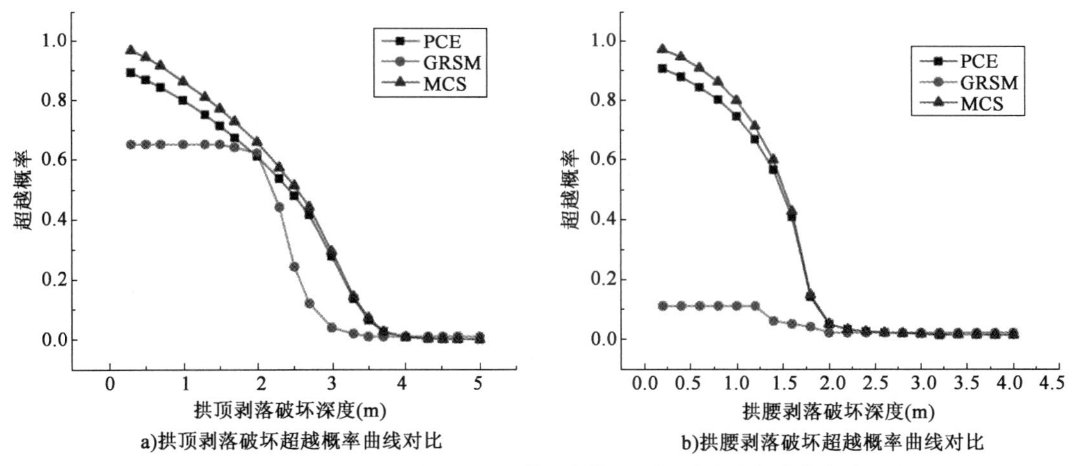

图 4-14 PCE、GRSM、MCS 方法得到的拱顶与拱腰剥落破坏超越概率曲线对比图

其中,对于拱顶剥落破坏深度超越概率而言,由 PCE 方法得到的超越概率曲线与 GRSM 方法得到的超越概率曲线趋势相近,而与 MCS 方法得到的超越概率曲线差异较小,三者曲线在达到拱顶剥落破坏深度值 3.5m 后基本重合,这表明 4 阶 PCE 方法与 GRSM 方法、MCS 方法在计算拱顶剥落破坏深度方面精度基本一致。另外,由图 4-14 可知,拱顶剥落破坏深度达到 3.5m 后超越概率几乎接近为 0,换而言之,深度超过 3.5m 后拱顶几乎 100% 会发生剥落破坏,这表明拱顶剥落破坏最大允许深度值约为 3.5m。

对于拱腰剥落破坏深度超越概率而言,由 PCE 方法得到的超越概率曲线与 GRSM 方法得到的超越概率曲线差异明显,但总体趋势都是随着剥落破坏深度的增大而减小,而与 MCS 方法得到的超越概率曲线差异较小,三者曲线在达到拱腰剥落破坏深度值 2.2m 后基本重合,超越概率几乎接近为 0,这表明拱腰剥落破坏最大允许深度值约为 2.2m。然而,当拱腰剥落破坏最大允许深度值小于 2.2m 时,计算结果很容易超过此临界范围,因此,超过此临界范围才发生剥落破坏的概率很大,即超越概率应很大,这表明4阶PCE方法与MCS方法的计算结果更贴近拱腰剥落破坏实际情况。以上对比情况表明,4阶PCE方法可以用于拱顶与拱腰剥落破坏深度的估测。

4)拱顶与拱腰剥落破坏深度累积分布函数

为提高剥落破坏概率计算效率,基于4阶PCE方法,开展 10×10^3 次MCS计算得到拱顶与拱腰剥落破坏深度累积分布函数曲线,具体如图4-15所示。由此,可以得到任意拱顶与拱腰剥落破坏深度对应的可能性概率。

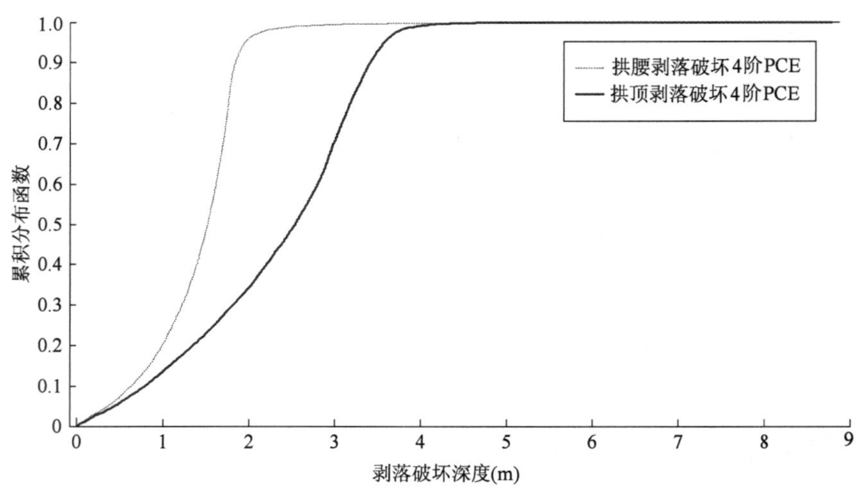

图4-15 拱顶与拱腰剥落破坏深度累积分布函数曲线

4.4.3 剥落破坏后果损失估测

假设该隧道单位长度剥落破坏深度平均损失费用为 C_1,根据图4-15,基于剥落破坏发生可能性概率 P_f 的分级标准,拱顶与拱腰剥落破坏最大允许深度值对应的剥落破坏发生可能性等级均为“可能”。为便于比较计算,在拱顶与拱腰剥落破坏最大允许深度值附近各选取一点,使其对应的可能性等级分别为“偶然”与“很可能”,以此计算剥落破坏后果损失。

如某断面仅发生拱顶剥落破坏,以图4-15上约小于拱顶剥落破坏最大允许深度值5%的点为例,则拱顶剥落破坏深度 $d_{f顶}=3.324\text{m}$,剥落破坏概率 $P_{f1}=0.832$,其对应的可能性等级为“偶然”,由式(4-21)可知,该断面拱顶剥落破坏损失 $C_{s顶}=d_{f顶}\times C_1=3.324C_1$。

如某断面仅发生拱腰剥落破坏,以图4-15上约大于拱腰剥落破坏最大允许深度值25%的点为例,则拱腰剥落破坏深度 $d_{f腰}=2.77\text{m}$,剥落破坏概率 $P_{f2}=0.996$,其对应的可能性等级为“很可能”,由式(4-21)可知,该断面拱腰剥落破坏损失 $C_{s腰}=d_{f腰}\times C_1=2.77C_1$。

如该断面同时发生以上拱顶与拱腰剥落破坏,则该断面剥落破坏损失 $C_s=C_{s顶}+C_{s腰}=6.094C_1$。

另外,还可以利用式(4-22)计算剥落破坏后果总损失 C_t,在此不再赘述。

4.4.4 剥落破坏风险估计

假设该隧道某断面仅发生拱顶剥落破坏,破坏深度 $d_{f顶}=3.324\text{m}$,由图4-15可知,拱顶剥

落破坏概率 $P_{f1}=0.832$，则由式(4-1)可知，该断面拱顶剥落破坏风险 $R_{顶}=P_{f1}\times C_{s顶}=0.832\times 3.324C_1=2.766C_1$。

如某断面仅发生拱腰剥落破坏，破坏深度 $d_{f腰}=2.77\text{m}$，由图4-15可知，拱腰剥落破坏概率 $P_{f2}=0.996$，则由式(4-1)可知，该断面拱腰剥落破坏风险 $R_{腰}=P_{f2}\times C_{s腰}=0.996\times 2.77C_1=2.759C_1$。

如该断面同时发生以上拱顶与拱腰剥落破坏，则由式(4-11)与式(4-1)可知，该断面剥落破坏风险 $R=P_{f1}\times P_{f2}\times C_s=0.832\times 0.996\times C_s=5.05C_1$。

4.4.5　剥落破坏风险分级标准确定

1）拱顶剥落破坏风险分级标准

假设该隧道某断面仅发生拱顶剥落破坏，下面分别分析不同拱顶剥落破坏深度比 $\frac{d_{f顶}}{r_0}$ 与剥落破坏损失比 $\frac{C_1}{C_0}$ 对拱顶剥落破坏预期成本比 $\frac{C_{i顶}}{C_0}$ 的影响。

（1）$\frac{d_{f顶}}{r_0}$ 的影响分析

以 $\frac{C_1}{C_0}=1$ 为例，当 $\frac{d_{f顶}}{r_0}$ 分别为0.5、0.6、0.7、0.8、0.9时，则由式(4-25)可知，$\frac{C_{i顶}}{C_0}$ 的曲线图如图4-16所示。随着拱顶剥落破坏深度的增加，$\frac{C_{i顶}}{C_0}$ 呈逐渐增大趋势，当达到拱顶剥落破坏最大允许深度值3.5m后，$\frac{C_{i顶}}{C_0}$ 趋于稳定；而对于同一剥落破坏深度而言，$\frac{C_{i顶}}{C_0}$ 随着 $\frac{d_{f顶}}{r_0}$ 的变大而变大。因此，当拱顶剥落破坏损失比确定时，可以结合图4-16与表4-1确定具体风险分级标准，由此便可以得到不同剥落破坏深度比变化时，风险等级变化情况。

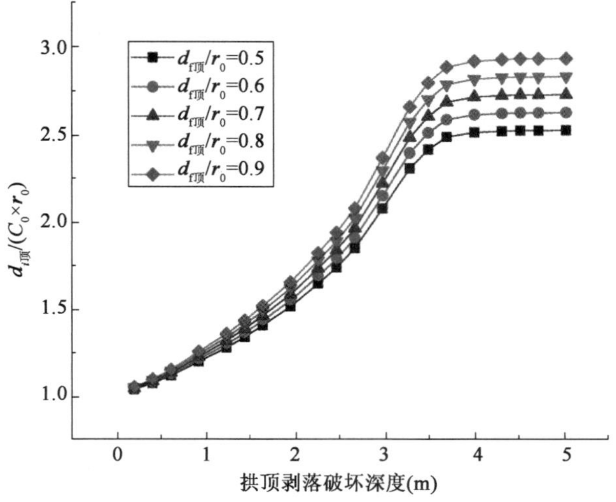

图4-16　拱顶剥落破坏深度比对剥落破坏预期成本比影响的比较

(2) $\frac{C_1}{C_0}$的影响分析

以$\frac{d_{f顶}}{r_0}=0.7$为例，当$\frac{C_1}{C_0}$分别为0.1、0.5、1、5、10时，则由式(4-25)可知，$\frac{C_{i顶}}{C_0}$的曲线图如图4-17所示。随着剥落破坏深度的增加，$\frac{C_{i顶}}{C_0}$呈逐渐增大趋势，当达到拱顶剥落破坏最大允许深度值3.5m后，$\frac{C_{i顶}}{C_0}$趋于稳定；而对于同一剥落破坏深度而言，$\frac{C_{i顶}}{C_0}$随着$\frac{C_1}{C_0}$的变大而变大。因此，当拱顶剥落破坏深度比确定时，可以结合图4-17与表4-1确定具体风险分级标准，由此便可以得到不同剥落破坏损失比变化时，风险等级变化情况。

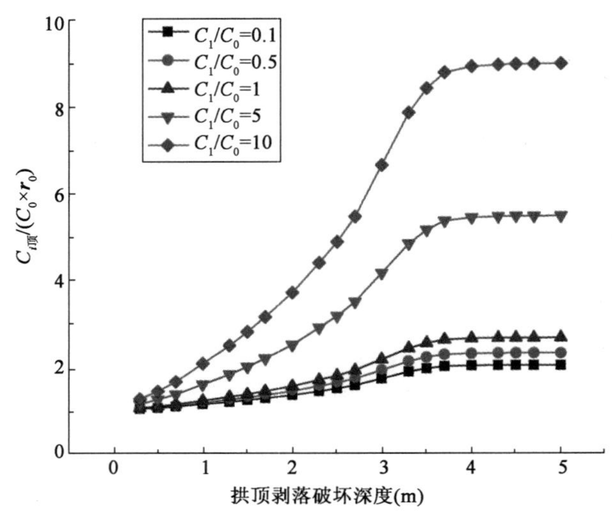

图4-17 拱顶剥落破坏损失比对剥落破坏预期成本比影响的比较

2) 拱腰剥落破坏风险分级标准

假设该隧道某断面仅发生拱腰剥落破坏，下面分别分析不同拱腰剥落破坏深度比$\frac{d_{f腰}}{r_0}$与剥落破坏损失比$\frac{C_1}{C_0}$对拱腰剥落破坏预期成本比$\frac{C_{i腰}}{C_0}$的影响。

(1) $\frac{d_{f腰}}{r_0}$的影响分析

以$\frac{C_1}{C_0}=1$为例，当$\frac{d_{f腰}}{r_0}$分别为0.2、0.3、0.4、0.5、0.6时，则由式(4-25)可知，$\frac{C_{i腰}}{C_0}$的曲线图如图4-18所示。随着剥落破坏深度的增加，$\frac{C_{i腰}}{C_0}$呈逐渐增大趋势，当达到拱腰剥落破坏最大允许深度值2.2m后，$\frac{C_{i腰}}{C_0}$趋于稳定；而对于同一剥落破坏深度，$\frac{C_{i腰}}{C_0}$随着$\frac{d_{f腰}}{r_0}$的变大而变大。因此，当拱腰剥落破坏损失比确定时，可以结合图4-18与表4-1确定具体风险分级标准，由此便可以得到不同剥落破坏深度比变化时，风险等级变化情况。

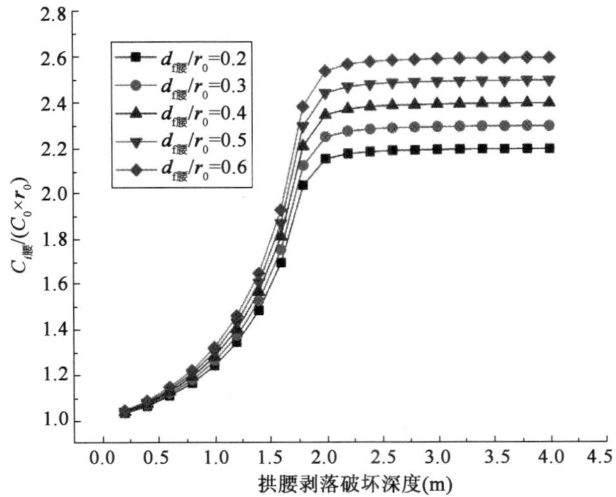

图 4-18　拱腰剥落破坏深度比对剥落破坏预期成本比影响的比较

(2)$\frac{C_1}{C_0}$的影响分析

以$\frac{d_{f腰}}{r_0}=0.4$为例，当$\frac{C_1}{C_0}$分别为 0.1、0.5、1、2、5 时，则由式(4-25)可知，$\frac{C_{i腰}}{C_0}$的曲线图如图 4-19所示。随着剥落破坏深度的增加，$\frac{C_{i腰}}{C_0}$呈逐渐增大趋势，当达到拱腰剥落破坏最大允许深度值 2.2m 后，$\frac{C_{i腰}}{C_0}$趋于稳定；而对于同一剥落破坏深度而言，$\frac{C_{i腰}}{C_0}$随着$\frac{C_1}{C_0}$的变大而变大。因此，当拱腰剥落破坏深度比确定时，可以结合图 4-19 与表 4-1 确定具体风险分级标准，由此便可以得到不同剥落破坏损失比变化时，风险等级变化情况。

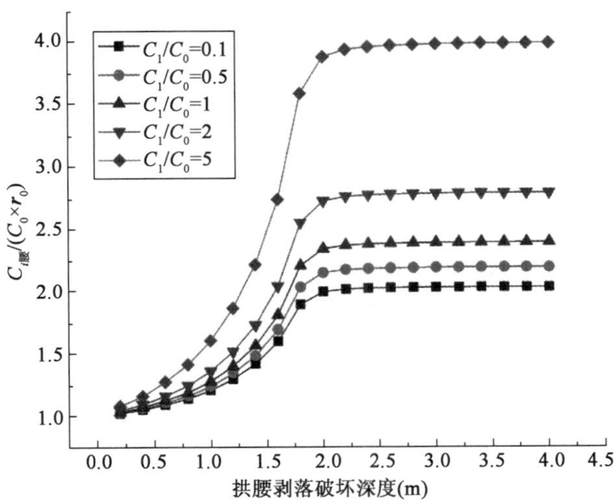

图 4-19　拱腰剥落破坏损失比对剥落破坏预期成本比影响的比较

3)拱顶与拱腰剥落破坏风险分级标准

假设该隧道某断面同时发生拱顶与拱腰剥落破坏，则：

$d_f = d_{f顶} + d_{f腰} = 3.324m + 2.77m = 6.094m$，$P_f = P_{f1} \times P_{f2} = 0.832 \times 0.996 = 0.8287$，结合式(4-27)的要求，剥落破坏预期成本比$\frac{C_i}{C_0} = r_0\left[1 + 0.8287\left(1 + \frac{6.094}{r_0}\frac{C_1}{C_0}\right)\right]$，结合表4-1即可确定剥落破坏风险分级标准。

4.4.6 风险评估结果

1)风险等级确定

经计算，该隧道等效半径$r_0 = 5.54m$。以下分别计算该隧道某断面仅发生拱顶剥落破坏、仅发生拱腰剥落破坏与同时发生拱顶及拱腰剥落破坏三种情况下的风险等级：

(1)拱顶剥落破坏风险等级

对于该隧道断面仅发生拱顶剥落破坏情形，当$\frac{C_1}{C_0} = 1$，$\frac{d_{f顶}}{r_0} = 0.6$时，则由图4-16可知，拱顶剥落破坏预期成本比$\frac{C_{i顶}}{C_0} = 2.33r_0 = 12.91$，结合表4-1可知，中度风险分级标准为$8.2 \leqslant \frac{C_{i顶}}{C_0} < 12.99$，故该断面拱顶剥落破坏风险为中度风险。

(2)拱腰剥落破坏风险等级

对于该隧道断面仅发生拱腰剥落破坏情形，当$\frac{C_1}{C_0} = 1$，$\frac{d_{f腰}}{r_0} = 0.5$时，则由图4-18可知，拱腰剥落破坏预期成本比$\frac{C_{i腰}}{C_0} = 2.49r_0 = 13.79$，结合表4-1可知，极高风险分级标准为$13.6 \leqslant \frac{C_{i腰}}{C_0} < 13.85$，故该断面拱腰剥落破坏风险为极高风险。

(3)拱顶与拱腰剥落破坏风险等级

对于该隧道断面同时发生拱顶与拱腰剥落破坏情形，当$\frac{C_1}{C_0} = 1$，$\frac{d_{f顶}}{r_0} = 0.6$，$\frac{d_{f腰}}{r_0} = 0.5$时，剥落破坏预期成本比$\frac{C_i}{C_0} = 2.74r_0 = 15.18$，结合表4-1可知，中度风险分级标准为$9.03 \leqslant \frac{C_{i腰}}{C_0} < 15.31$，故该断面剥落破坏风险为中度风险。

因此，在该隧道断面剥落破坏风险评估中，仅发生拱顶剥落破坏风险为中度风险，仅发生拱腰剥落破坏风险为极高风险，而同时发生拱顶与拱腰剥落破坏风险为中度风险。另外，利用所求得的剥落破坏预期成本比，可以计算得到剥落破坏预期成本，还可以利用式(4-26)计算得到预期建设总成本。

2)评估结果对比

为验证风险等级结果的合理性，将国际隧道与地下空间协会提出的风险评估方法应用于本案例，与本书计算结果进行比较。需要指出的是，国际隧道与地下空间协会风险评估方法根据风险发生可能性概率与后果损失严重程度，结合风险矩阵确定风险分级标准。其中，风险分级标准由高到低依次分为“不可接受”“不期望”“可接受”与“可忽略”四级，后果损失严重程度分级标准由高到低依次分为“灾难性”“十分严重”“严重”“可考虑”与“可忽略”五级，其中，

经济损失分级标准具体见表4-5(Eskesen,2004)。对于后果损失严重程度,本书仅考虑直接经济损失。

国际隧道与地下空间协会经济损失分级标准 表4-5

分级标准	灾难性	十分严重	严重	可考虑	可忽略
经济损失(百万欧元)	>30	3~30	0.3~3	0.03~0.3	<0.03

由以上计算可知,对于仅发生拱顶剥落破坏、仅发生拱腰剥落破坏与同时发生拱顶与拱腰剥落破坏三种情况下的后果损失,结合以往工程经验判断,均对应为国际隧道与地下空间协会给出的后果损失严重程度分级标准中的“可考虑”。风险评估结果对比见表4-6。

风险评估结果对比 表4-6

剥落破坏情形	本书方法计算结果			国际隧道与地下空间协会方法计算结果		
	可能性	后果损失	风险等级	可能性	后果损失	风险等级
拱顶剥落破坏	0.832	$3.324C_1$	中度	偶然	可考虑	可接受
拱腰剥落破坏	0.996	$2.77C_1$	极高	很可能	可考虑	不期望
拱顶与拱腰剥落破坏	0.8287	$6.094C_1$	中度	偶然	可考虑	可接受

由表4-6可知,仅发生拱腰剥落破坏情形下,本书方法计算结果为极高风险,而国际隧道与地下空间协会方法计算结果为“不期望”,风险等级相比前者小于一个等级,其余两种剥落破坏情形风险等级计算结果相同。这表明,本书提出的风险等级分级标准准确性与适用性较高,可用于评估剥落破坏风险。另外,根据风险评估计算结果,不但可以比较不同隧道断面剥落破坏风险的大小,而且对于后续隧道支护设计优化及施工安全动态风险防控也具有重要的指导意义。

4.5 讨论分析

4.5.1 剥落破坏深度经验公式估测影响分析

Martin 与 Christiansson(2009)、Perras 与 Diederichs(2016)、Diederichs(2017)分别提出了隧道剥落破坏深度估测经验公式,图4-14给出了4阶PCE与GRSM方法在估测剥落破坏深度方面的差异情况。以下结合本案例,分别分析4阶PCE与其他常用剥落破坏深度估测经验公式计算结果的差异情况。将常用的剥落破坏深度估测经验公式改写为以剥落破坏深度 d_f 表示的形式,其中,从 Perras 与 Diederichs(2016)提出的计算公式中选取可测开挖破坏区深度 EDZ_0 公式进行比较,具体见表4-7。根据本案例试验数据可知(Itasca Consulting Group,Inc.,2011),埋深 $H=680\text{m}$,岩石重度 $\gamma=27\text{kN/m}^3$,系数 $k=\dfrac{\sigma_1}{\sigma_3}=2.35$。

剥落破坏深度计算公式　　表 4-7

序　号	剥落破坏深度计算公式	来　源
1	$d_f = r_0\left[1.25\times\frac{\gamma H(3k-1)}{UCS}-0.41\right]$	Martin 与 Christiansson(2009)
	$d_f = r_0\left[1.25\times\frac{\gamma H(3k-1)}{UCS}-0.61\right]$	
2	$d_f = 0.61r_0\left[\frac{\gamma H(3k-1)}{0.403UCS}-1\right]^{0.59}$	Perras 与 Diederichs(2016)
3	$d_f = r_0\left\{1+0.4k^{-0.27}\left[\frac{\gamma H(3k-1)}{0.403UCS}-1\right]^{0.65k^{0.14}}\right\}$	Diederichs(2017)

注:H 为隧道埋深;γ 为岩石重度;系数 $k=\frac{\sigma_1}{\sigma_3}$,$\sigma_1$ 与 σ_3 分别为最大主应力与最小主应力。

比较以上公式所得到的剥落破坏深度累积分布曲线,具体如图 4-20 所示。由此可知,与拱顶与拱腰剥落破坏深度 4 阶 PCE 累积分布曲线相比,Martin 与 Christiansson(2009)、Perras 与 Diederichs(2016)、Diederichs(2017)估测公式累积分布曲线均相差较大。其中,Martin 与 Christiansson(2009)、Perras 与 Diederichs(2016)公式累积分布曲线间差异较小,而 Diederichs(2017)公式累积分布曲线相差最大。因此,利用圆形隧道推导得到的剥落破坏深度估测公式适用性与准确性欠佳,盲目使用可能会得到错误结果,应使用普适性更强的 PCE 随机响应面方法。

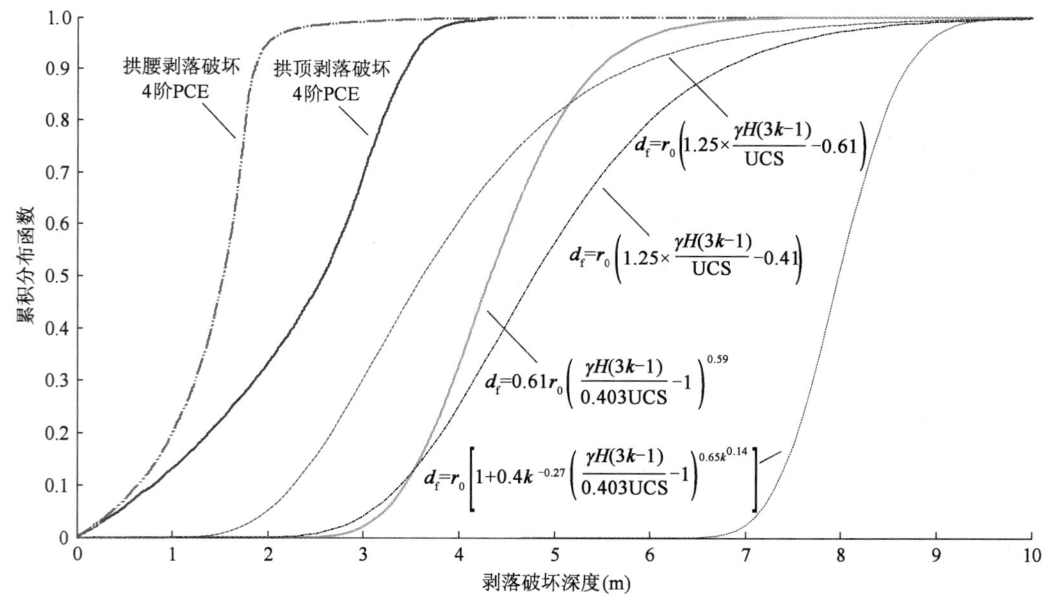

图 4-20　不同方法剥落破坏深度累积分布曲线的比较

4.5.2　随机变量变异系数对 PCE 概率密度函数的影响分析

下面分别分析随机变量 K、UCS 与 T 的变异系数(Coefficient of Variation, COV)对拱顶与拱腰剥落破坏深度 PCE 的概率密度函数(Probability Distribution Function, PDF)曲线的影响。

(1)当 COV(K)分别为 0.13、0.18、0.23 时,拱顶与拱腰剥落破坏深度的 PDF 曲线如图 4-21所示。

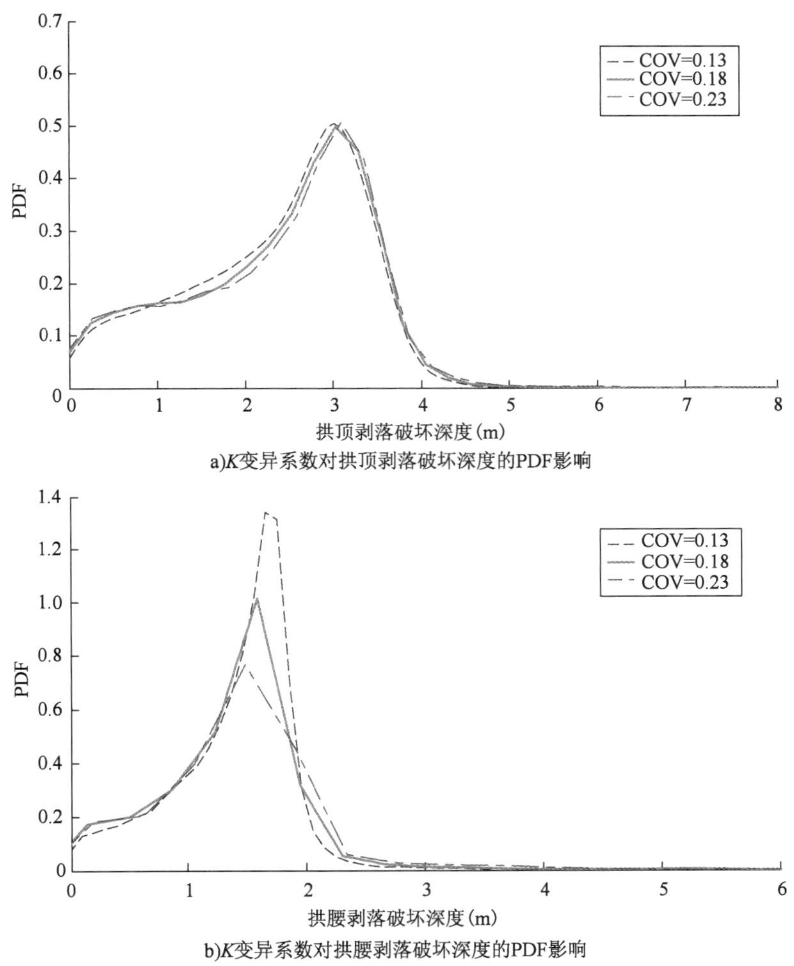

图 4-21　K 变异系数对拱顶与拱腰剥落破坏深度的 PDF 影响对比图

由此可知,平面应力比 K 的变异性对拱顶剥落破坏深度的 PDF 曲线影响较小,对拱腰剥落破坏深度的 PDF 曲线有较明显的影响。随着变异系数的增大,拱顶剥落破坏深度的 PDF 曲线较为接近,而拱腰剥落破坏深度 PDF 曲线峰值逐渐变小,差异性较大。

(2)当 COV(UCS)分别为 0.038、0.058、0.078 时,拱顶与拱腰剥落破坏深度的 PDF 曲线如图 4-22 所示。

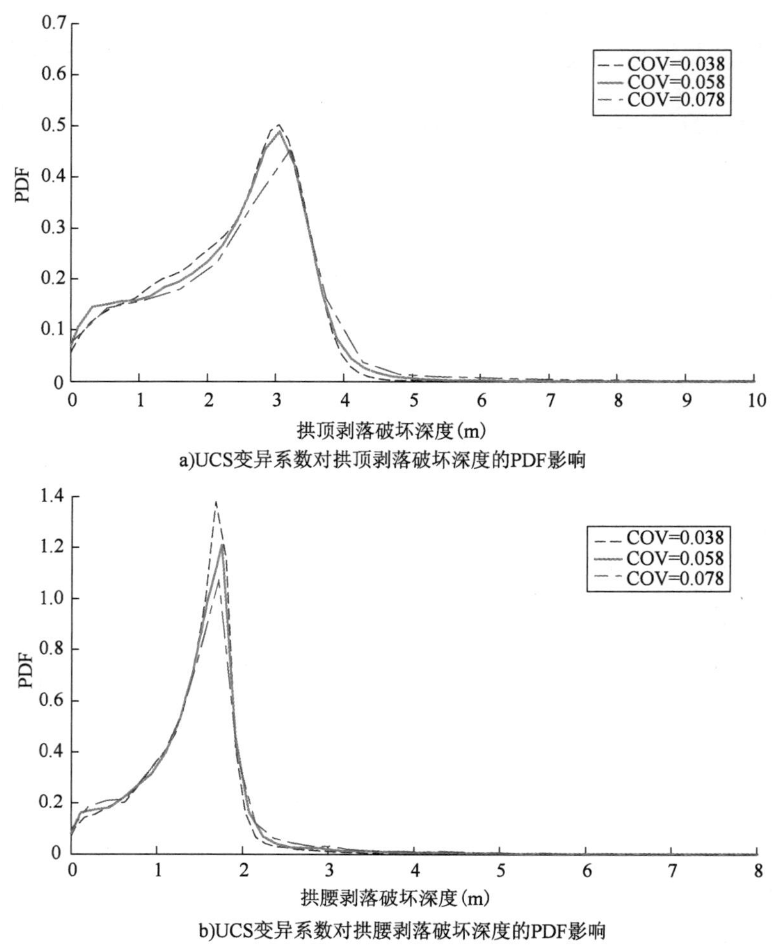

a)UCS变异系数对拱顶剥落破坏深度的PDF影响

b)UCS变异系数对拱腰剥落破坏深度的PDF影响

图 4-22　UCS 变异系数对拱顶与拱腰剥落破坏深度的 PDF 影响对比图

由此可知,岩石单轴抗压强度 UCS 的变异性对拱顶剥落破坏深度的 PDF 曲线与拱腰剥落破坏深度的 PDF 曲线影响较小。随着变异系数的增大,两者 PDF 曲线峰值逐渐变小,而拱腰剥落破坏深度 PDF 曲线峰值变化较大。

(3)当 COV(T)分别为 0.18、0.38、0.58 时,拱顶与拱腰剥落破坏深度的 PDF 曲线如图 4-23所示。由此可知,岩石单轴抗拉强度 T 的变异性对拱顶剥落破坏深度的 PDF 曲线与拱腰剥落破坏深度的 PDF 曲线影响均较明显。随着变异系数的增大,两者 PDF 曲线峰值均逐渐变小。

4.5.3　随机变量相关系数对 PCE 概率密度函数的影响分析

下面分析岩石单轴抗压强度 UCS 与单轴抗拉强度 T 之间相关系数 ρ_{UCST} 对拱顶与拱腰剥落破坏深度 PCE 的 PDF 曲线的影响。

当 ρ_{UCST} 分别为 0.48、0.58、0.68 时,拱顶与拱腰剥落破坏深度的 PDF 曲线如图 4-24 所示。由此可知,随着相关系数 ρ_{UCST} 的增大,拱顶剥落破坏深度的 PDF 曲线较为接近,而拱腰剥落破

坏深度的 PDF 曲线峰值逐渐变小,差异性较大。

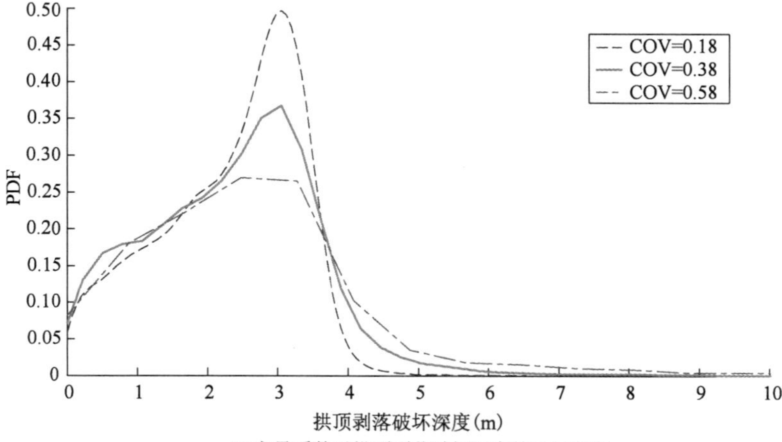

a)T变异系数对拱顶剥落破坏深度的PDF影响

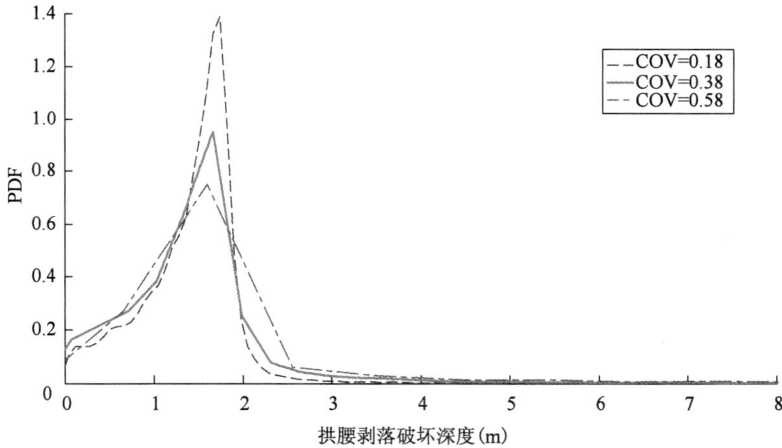

b)T变异系数对拱腰剥落破坏深度的PDF影响

图 4-23　T 变异系数对拱顶与拱腰剥落破坏深度的 PDF 影响对比图

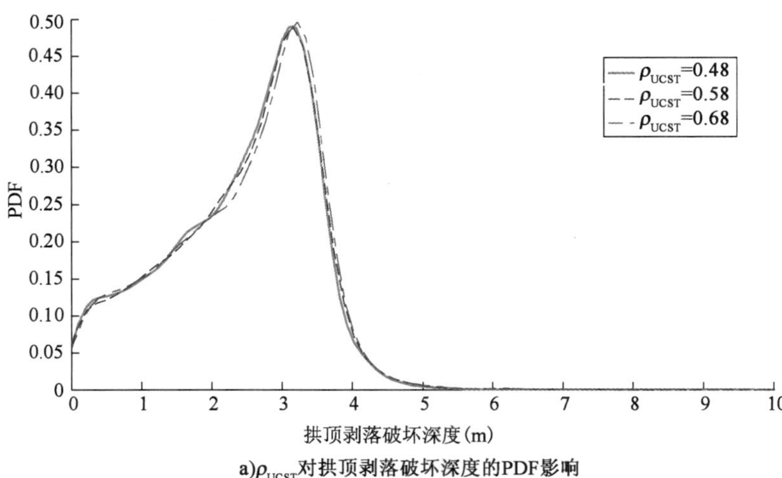

a)ρ_{UCST}对拱顶剥落破坏深度的PDF影响

图　4-24

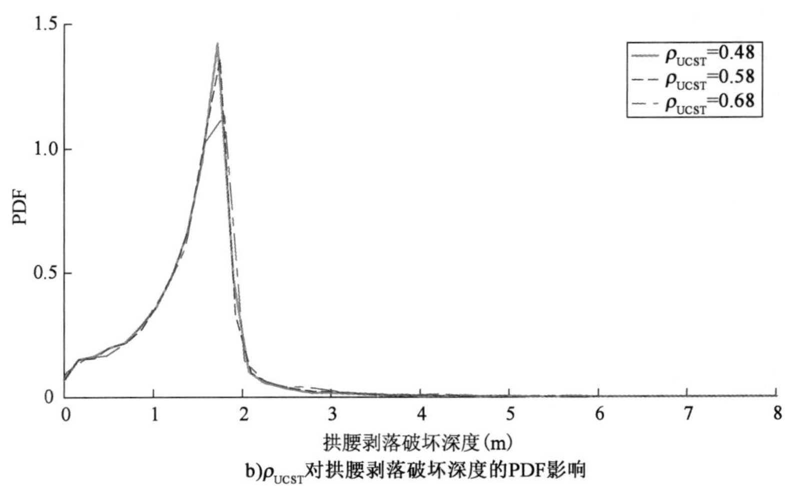

b)ρ_{UCST}对拱腰剥落破坏深度的PDF影响

图 4-24 ρ_{UCST}对拱顶与拱腰剥落破坏深度的 PDF 影响对比图

4.6 本章小结

本章提出了一种新的适用于深埋硬岩隧道剥落破坏特点的定量风险评估方法,有效解决了剥落破坏风险可能性概率估测、风险后果损失估测与风险等级标准确定等三个关键问题,得到如下结论:

(1)分析了 DISL 模型中 UCS、CI 及 T 三个围岩参数与模型曲线的不确定性特征,揭示了参数不确定性与模型不确定性导致隧道剥落破坏风险产生的原因,给出了剥落破坏风险估计公式;基于 RBD 方法,构建了剥落破坏风险可能性概率可靠度估测模型,利用 PCE 随机响应面拟合围岩参数与剥落破坏深度之间近似显式函数关系,通过 MCS 计算拱顶与拱腰剥落破坏发生概率,成功实现了 PCE + MCS 概率可靠度估测方法在剥落破坏风险评估中的应用。

(2)提出了以直接经济损失衡量剥落破坏风险后果损失的计算方法,利用单位长度隧道断面剥落破坏深度与平均损失费用的乘积表示单位长度隧道断面内剥落破坏后果平均损失,由此确定了剥落破坏后果总损失,有效解决了剥落破坏风险后果损失不易准确估测的难题。

(3)建立了基于剥落破坏预期成本比的风险分级标准确定方法,推导得到了剥落破坏预期成本比数学解析公式,确定了剥落破坏发生很可能、可能、偶然与不太可能四种概率等级对应的分级阈值,计算得到了剥落破坏极高风险、高度风险、中度风险与低度风险的相应分级标准,为剥落破坏风险分级标准的确定提供了有效的分析方法。

(4)利用加拿大低中放废物深地质处置库工程验证了剥落破坏风险评估方法的适宜性与正确性,探讨了拱顶剥落破坏、拱腰剥落破坏与两者同时发生三种情况下风险等级变化情况;通过与剥落破坏深度经验公式估测结果的比较,证明了 PCE 随机响应面概率估测的准确性;分析了围岩参数随机变量变异系数与相关系数对剥落破坏深度的 PDF 影响,揭示了参数不确定性导致剥落破坏深度概率估测结果与实际结果存在偏差的失真机制。

（5）剥落破坏风险定量评估方法具有较好的普适性与实用性，不局限于以剥落破坏深度为特征指标评估剥落破坏风险，可以将该方法的基本理论拓展到以隧道收敛变形以及锚杆承载力等为特征指标开展剥落破坏风险的定量评估，评估结果可以作为深埋硬岩隧道剥落破坏风险防控、安全设计与施工的科学依据。需要注意的是，本章得到的剥落破坏发生可能性概率分级标准是基于现有剥落破坏案例数据结合工程经验修正确定的，随着案例数据的丰富，应结合不同工程情况，按照本章提出的剥落破坏风险分级计算方法重新确定风险分级标准，以确保其合理性与有效性。

Chapter 05

第5章

深埋硬岩隧道岩爆风险评估方法

5.1 引言

深埋硬岩隧道施工前传统的岩爆预测模型所得结果大部分为定性表达的岩爆等级，尚未给出岩爆预测等级与发生概率间的对应关系，难以得到量化岩爆发生可能性的概率。隧道施工过程中利用微震监测数据进行岩爆定量风险评估，需要解决不完备信息条件下岩爆发生可能性估测与岩爆事故后果损失估测两方面关键问题。基于岩爆实际案例统计分析，提出了一种隧道施工前岩爆预测概率模型与施工过程中基于贝叶斯网络的岩爆风险动态评估方法。

5.2 基于案例分析的岩爆预测概率模型

5.2.1 岩爆案例统计特征

1)案例特征参数概率统计

以往岩爆发生实例是研究岩爆预测模型的基础数据。本书从现有文献资料(Adoko 等，2013；徐林生与王兰生，1999；许梦国等，2008；尚彦军等，2013；郭建强等，2015；王元汉等，1998；周健等，2012，2016；贾义鹏等，2013；尤哲敏与陈建平，2012；梁志勇，2004；宫凤强等，2010；刘章军等，2008；张立新与李长洪，2009；郦亮，2009；衣永亮等，2010；杨金林等，2010；刘建坡，2011；蔡美峰等，2013；肖学沛，2005；张乐文等，2010；张传庆等，2012；张志龙，2002；白明洲等，2002；张俊峰，2010；姜来峰，2008；吴勤生等，2009；王新飞等，2004；康勇，2006；夏彬伟，2006；苏国韶等，2010；王迎超等，2010；冯夏庭等，1994)中收集整理了国内外隧道岩爆案例335 例，包括深部矿山巷道、水利水电隧道与交通隧道(具体见附录 A)。经对以上岩爆案例进行统计分析，可量化提取的特征参数共 7 个，分别为隧道埋深 H、最大切向应力 σ_θ、岩石单轴抗压强度 σ_c、岩石单轴抗拉强度 σ_t、应力强度比 σ_θ/σ_c、岩石脆性系数 σ_c/σ_t、弹性变形能指数 W_{et}。案例中以上 7 个参数可获取的数量分别为 205 个、292 个、312 个、295 个、314 个、314 个、288 个。现有研究中，以上参数也经常被用作预测岩爆发生的基础数据。然而，本书在构建岩爆预测概率模型时不考虑隧道埋深 H，主要原因如下：一是根据 Kirsch 方程，最大切向应力 σ_θ 可表示为水平应力与垂直应力的函数，也可视为埋深的函数(Hudson 与冯夏庭，2015)。换言之，最大切向应力 σ_θ 已暗含埋深因素的影响。二是周健(2012)、刘造保等(2013)、李宁等(2017)均研究指出有隧道埋深参与的监督学习方法中，岩爆预测准确性差异较大，是影响岩爆发生的次要因素。因此，本书从指标数据获取容易、指标使用频率高及指标含义明确等角度考虑，仅将其他 6 个参数作为随机变量进行研究。经筛选，6 个参数数据均齐全的案例共 259 个，故将其作为数据样本进行统计分析。

首先，推测 6 个参数的概率分布。由于事先未知以上参数的概率分布形式，以常用的正态分布(以下简称 Normal)、对数正态分布(以下简称 Lognormal)、伽马分布(以下简称 Gamma)

与威布尔分布(以下简称 Weibull)估计上述参数的分布形态。其次,检验总体分布形式。Kolmogorov-Smirnov 检验(以下简称 K-S 检验)是常用的参数分布拟合检验方法,既可以进行双侧检验,也可以进行单侧检验(何正风等,2012)。本书利用 K-S 检验方法分别确定6个参数的概率分布函数。Matlab 统计工具箱提供了用于 K-S 检验的 kstest 函数(何正风等,2012),该函数根据样本的经验分布函数 $F_n(x)$ 和指定的概率分布函数 $G(x)$ 构造检验统计量 D_n:

$$D_n = \max(|F_n(x) - G(x)|) \tag{5-1}$$

当 D_n 小于检验临界值时,认为该样本服从指定的概率分布函数,反之亦然。本书 K-S 检验的置信度 α 取默认值0.05。对于服从多个概率分布的情形,按照 D_n 值的大小进行排序,选取 D_n 值最小的概率分布函数为最优拟合概率分布。经对6个参数进行统计分析,参数概率统计值见表5-1,其中,σ_θ 等6个参数的四种概率分布与经验分布对比图见图5-1～图5-6。K-S 检验统计结果见表5-2。

6个参数概率统计值　　表5-1

统计值	参数					
	σ_θ(MPa)	σ_c(MPa)	σ_t(MPa)	σ_θ/σ_c	σ_c/σ_t	W_{et}
平均值	52.173	113.204	6.485	0.550	21.575	4.631
标准差	37.377	44.719	3.902	0.656	12.940	2.500
变异系数	0.716	0.395	0.602	1.193	0.600	0.540
最大值	274.3	263	22.6	5.26	78.69	21
最小值	2.60	18.23	0.38	0.10	0.15	0.810
Lognormal 的均值、标准差	3.740、0.687	4.640、0.455	1.672、0.665	-0.906、0.722	2.882、0.711	1.396、0.546
Gamma 的形状参数(α)、尺度参数(β)	2.481、21.031	5.737、19.732	2.690、2.411	1.770、0.311	2.794、7.723	3.808、1.216
Weibull 的形状参数(α)、尺度参数(β)	58.357、1.548	127.200、2.695	7.312、1.756	0.589、1.174	24.269、1.759	5.229、1.954

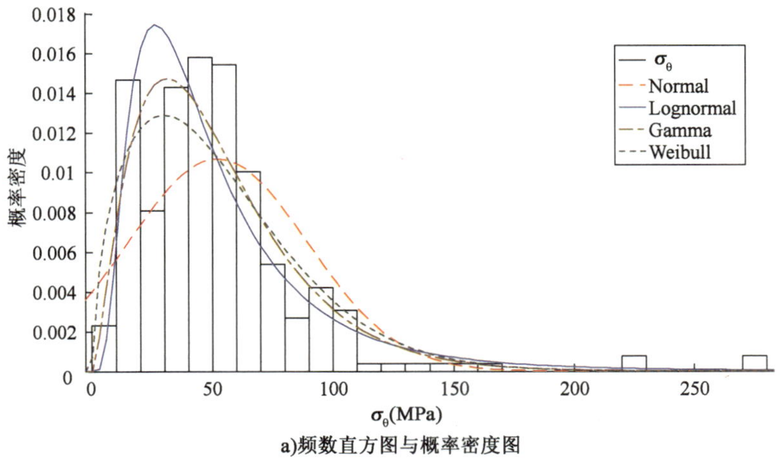

a)频数直方图与概率密度图

图　5-1

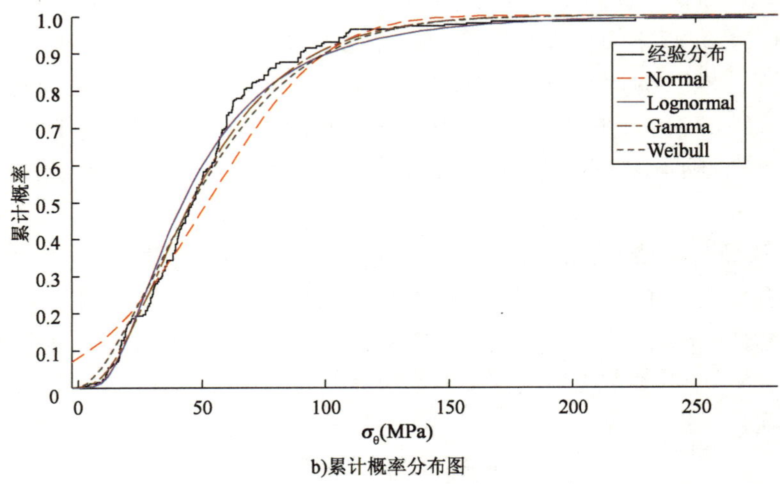

b)累计概率分布图

图 5-1 σ_θ 四种概率分布与经验分布对比图

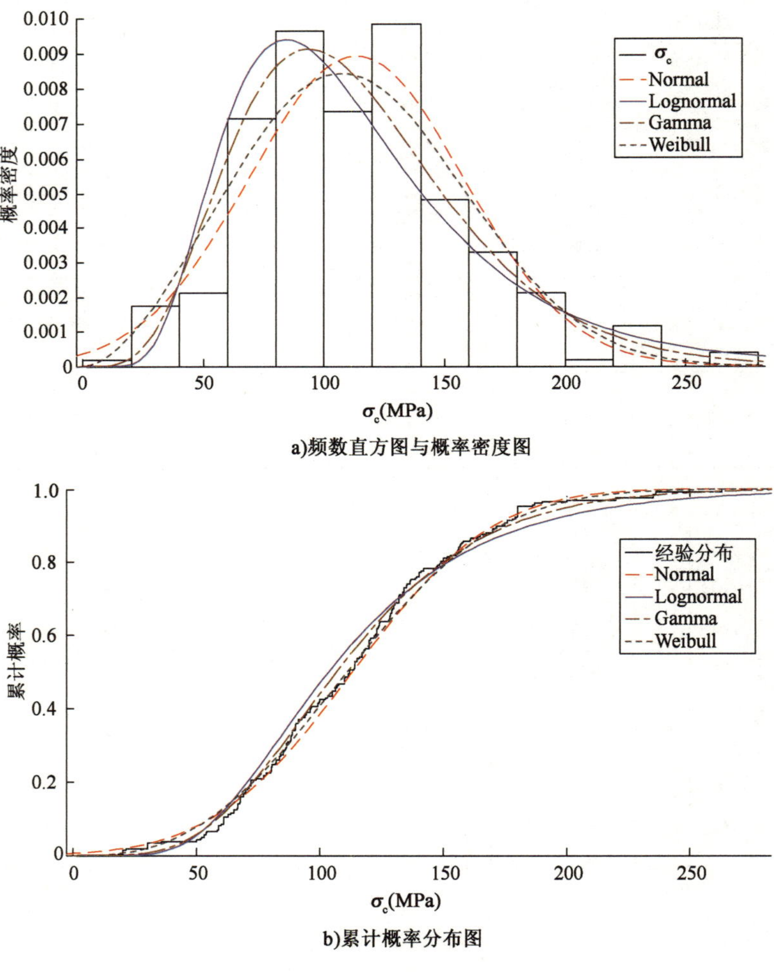

a)频数直方图与概率密度图

b)累计概率分布图

图 5-2 σ_c 四种概率分布与经验分布对比图

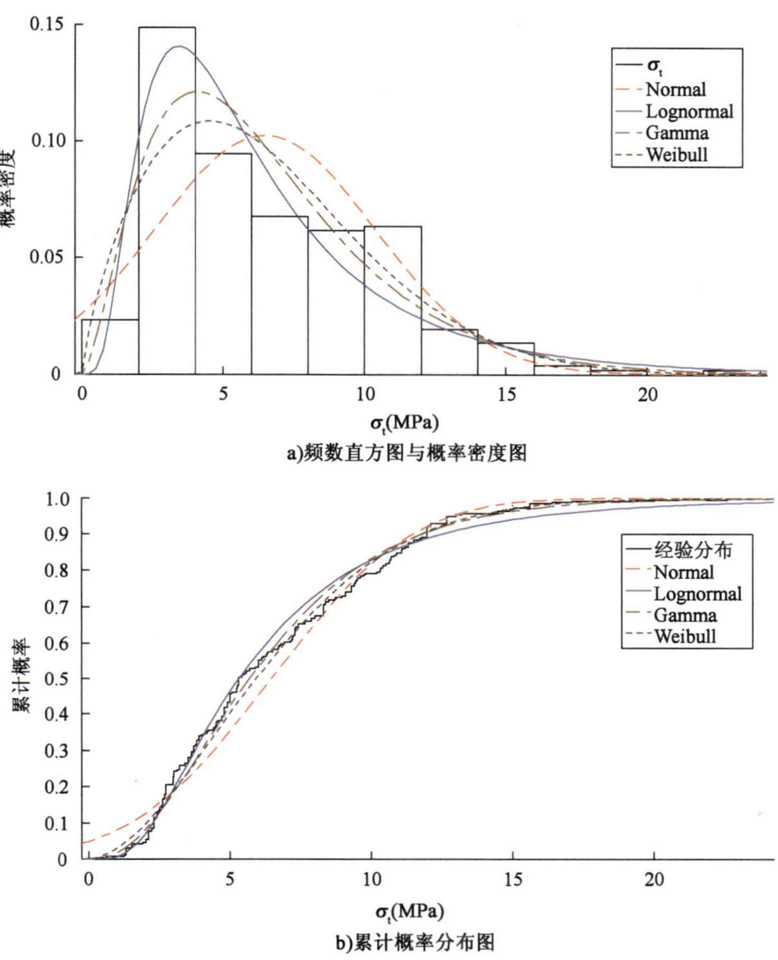

a)频数直方图与概率密度图

b)累计概率分布图

图5-3 σ_t 四种概率分布与经验分布对比图

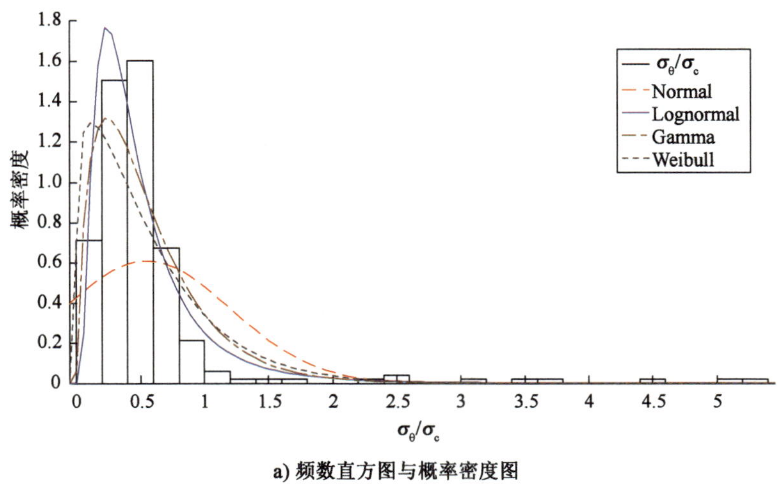

a) 频数直方图与概率密度图

图 5-4

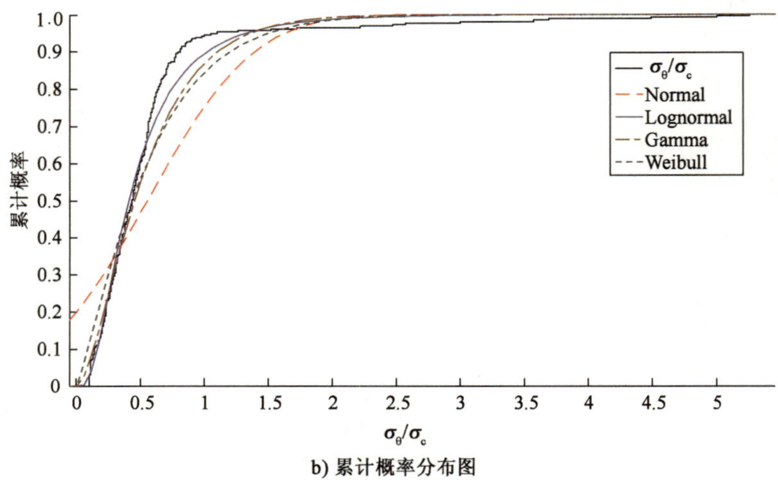

b) 累计概率分布图

图 5-4 σ_θ/σ_c 四种概率分布与经验分布对比图

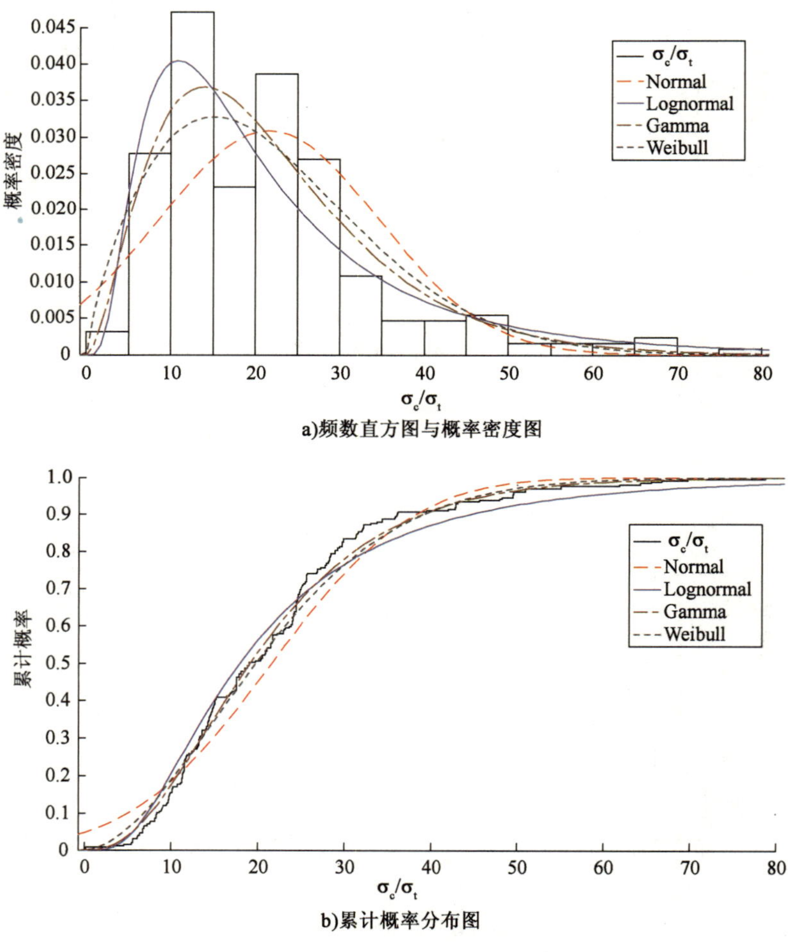

a)频数直方图与概率密度图

b)累计概率分布图

图 5-5 σ_c/σ_t 四种概率分布与经验分布对比图

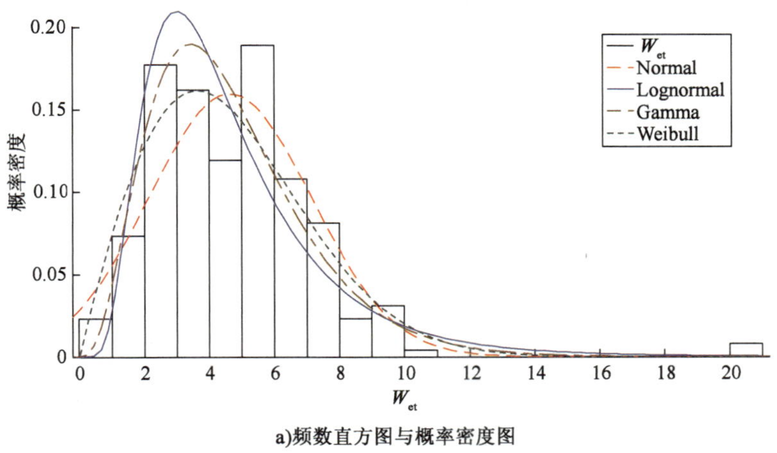

a)频数直方图与概率密度图

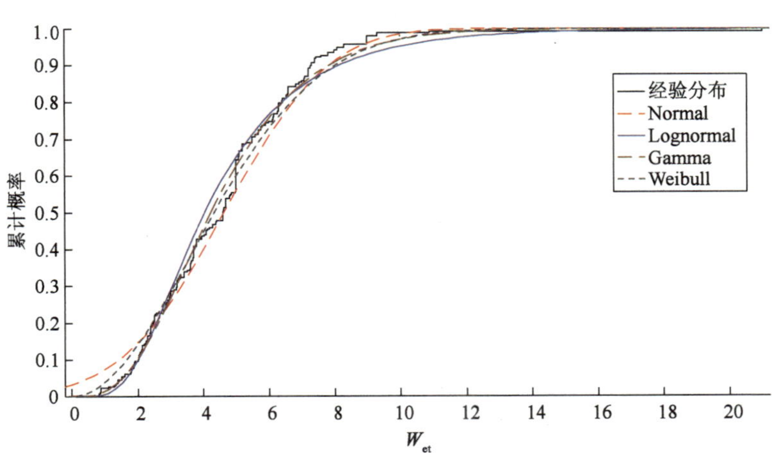

b)累计概率分布图

图 5-6　W_{et}四种概率分布与经验分布对比图

K-S 检验统计结果　　表 5-2

参数		概率模型			
		Normal	Lognormal	Gamma	Weibull
σ_θ	D_n	0.162	0.100	0.079	0.101
	D_n 排序	4	2	1	3
	接受情况	拒绝	拒绝	接受	拒绝
σ_c	D_n	0.059	0.086	0.061	0.050
	D_n 排序	2	4	3	1
	接受情况	接受	拒绝	接受	接受
σ_t	D_n	0.121	0.072	0.061	0.068
	D_n 排序	4	3	1	2
	接受情况	拒绝	接受	接受	接受

续上表

参数		概率模型			
		Normal	Lognormal	Gamma	Weibull
σ_θ/σ_c	D_n	0.267	0.081	0.136	0.151
	D_n 排序	4	1	2	3
	接受情况	拒绝	接受	拒绝	拒绝
σ_c/σ_t	D_n	0.117	0.076	0.054	0.072
	D_n 排序	4	3	1	2
	接受情况	拒绝	接受	接受	接受
W_{et}	D_n	0.097	0.116	0.084	0.062
	D_n 排序	3	4	2	1
	接受情况	拒绝	拒绝	拒绝	接受

注:K-S 检验的临界值为 0.084。

通过表 5-2 可知,σ_θ 的最优概率分布是 Gamma,σ_c 的最优概率分布是 Weibull,σ_t 的最优概率分布是 Gamma,σ_θ/σ_c 的最优概率分布是 Lognormal,σ_c/σ_t的最优概率分布是 Gamma,W_{et} 的最优概率分布是 Weibull。

2)参数相关性分析

通常情况下,利用相关性分析来衡量参数间相关密切的程度。相关系数是表征参数间相关程度的指标,6 个参数的相关系数计算值见表 5-3。从中可知,σ_c 与 σ_t、σ_θ 与 W_{et}、σ_θ 与 σ_θ/σ_c 间具有强正相关性,σ_t 与 σ_c/σ_t 间具有强负相关性,其他参数间相关性较弱。

6 个参数的相关系数计算值 表 5-3

参数	σ_θ	σ_c	σ_t	σ_θ/σ_c	σ_c/σ_t	W_{et}
σ_θ	1	0.114	0.263	0.719	-0.173	0.554
σ_c	0.114	1	0.511	-0.351	-0.021	0.330
σ_t	0.263	0.511	1	-0.088	-0.643	0.274
σ_θ/σ_c	0.719	-0.351	-0.088	1	-0.044	0.202
σ_c/σ_t	-0.173	-0.021	-0.643	-0.044	1	-0.063
W_{et}	0.554	0.330	0.274	0.202	-0.063	1

5.2.2 Copula-LSSVM 概率模型

基于以上 6 个参数,构建岩爆预测概率模型。令 X 为 6 个参数的集合,记为 $X=(\sigma_\theta、\sigma_c、\sigma_t、\sigma_\theta/\sigma_c、\sigma_c/\sigma_t、W_{et})$,$X$ 的联合先验分布函数记为 $f_x(X)$,岩爆等级按照常规分级方式分为四级,分别为无岩爆、轻微岩爆、中等岩爆、强烈岩爆。冯夏庭等(2013)、Russenes(1974)、Bukowska M(2006)从便于计算角度将以上岩爆等级分别编码为 0、1、2、3,本书为避免预测等级值出现负值,将对应的岩爆等级临界值分别编码为 1、2、3、4,分级区间设为(0,1]、(1,2]、(2,3]、(3,4]。岩爆预测计算模型如下:

$$Y = g(X) \tag{5-2}$$

式中:Y——岩爆预测等级值;

$g(X)$——岩爆预测等级值计算模型,此处以智能响应面表示。

由于 X 是随机变量集,因此,Y 也是随机变量,则岩爆发生概率 P_f 为:

$$P_f = P(Y \leqslant Y_{cri}) = \int_{-\infty}^{+\infty} I(g(X) \leqslant Y_{cri}) f_x(X)\,dx \tag{5-3}$$

$$I(g(X) \leqslant Y_{cri}) = \begin{cases} 1 & (g(X) \leqslant Y_{cri}) \\ 0 & (g(X) > Y_{cri}) \end{cases} \tag{5-4}$$

式中:Y_{cri}——岩爆预测等级值 Y 的临界值,按岩爆等级从低到高分别取值为 1、2、3、4。

对于式(5-3),直接积分是很困难的。因此,式(5-3)中的岩爆发生概率 P_f 也可以用 MCS 表达,具体如下:

$$P_f \approx \frac{1}{N}\sum_{i=1}^{N} I(g(X_i) \leqslant Y_{i,cri}) \tag{5-5}$$

式中:N——MCS 的抽样次数;

X_i——X 的第 i 个参数集;

$Y_{i,cri}$——X_i对应的岩爆预测等级临界值。

因此,只要求出式(5-5),即可得到岩爆发生概率 P_f。

计算步骤如下:

首先,模拟出服从给定 Copula 函数的指标参数值。

其次,将上述模拟的参数值分别代入式(5-2)中计算相应的岩爆预测等级。

最后,对上述所得的预测等级值进行概率统计分析,通过确定预测等级值的概率分布函数,从而利用式(5-3)计算岩爆预测等级值发生概率。也可以统计小于岩爆等级临界值的预测等级值个数,利用式(5-5)计算岩爆预测等级值发生概率。为得到普适性结果,本书采用确定预测等级值概率分布函数的方式计算岩爆预测等级值发生概率。因此,构建岩爆预测概率模型的关键是要确定基于 Copula 函数的六维参数联合概率分布函数以及智能响应面模型 $g(X)$。

1)基于 Copula 理论的六维参数联合概率分布函数构建

由于 6 个参数σ_θ、σ_c、σ_t、σ_θ/σ_c、σ_c/σ_t、W_{et}服从不同的概率分布函数,而常用的岩土体参数多维正态分布模型并不总是表征参数间相关结构的最优概率分布模型(李典庆等,2015),因此,本书基于 Copula 理论确定有限数据条件下 6 个相关非正态参数的多维联合概率分布模型。多维分布的 Sklar 定理(Sklar,1959)如下:

令 $F(x_1,x_2,\cdots,x_n)$为具有边缘累积分布函数 $F_1(x_1),F_2(x_2),\cdots,F_n(x_n)$的多维联合累积分布函数,则存在一个 Copula 函数 $C(u_1,u_2,\cdots,u_n)$将 $F(x_1,x_2,\cdots,x_n)$与 $F_1(x_1),F_2(x_2),\cdots,F_n(x_n)$连接起来,具体如下:

$$F(x_1,x_2,\cdots,x_n) = C[F_1(x_1),F_2(x_2),\cdots,F_n(x_n)] = C(u_1,u_2,\cdots,u_n) \tag{5-6}$$

如果 $F_1(x_1),F_2(x_2),\cdots,F_n(x_n)$是连续函数,则 $C(u_1,u_2,\cdots,u_n)$是唯一确定的;若 $F_1(x_1),F_2(x_2),\cdots,F_n(x_n)$是边缘累积分布函数,$C(u_1,u_2,\cdots,u_n)$是一个 Copula 函数,则 $F(x_1,x_2,\cdots,x_n)$是具有边缘累积分布函数 $F_1(x_1),F_2(x_2),\cdots,F_n(x_n)$的多维联合累积分布函

数。因此,Sklar 定理是将多维随机向量的联合累积分布函数转化为一维随机变量的边缘累积分布函数 $F_1(x_1), F_2(x_2), \cdots, F_n(x_n)$ 和一个描述各变量间相关性的 Copula 函数 $C(u_1, u_2, \cdots, u_n)$。一般来说,基于 Copula 理论的多维随机向量联合分布函数构建分为两个步骤:首先,确定各变量的边缘分布函数;其次,选择表征各变量间相关结构的最优 Copula 函数。这两个步骤是分开独立进行的,相互不影响。同理,由式(5-6)可知,随机变量 $X_1, X_2, \cdots, X_n$ 的联合概率密度函数 $f(x_1, x_2, \cdots, x_n)$ 为:

$$f(x_1, x_2, \cdots, x_n) = D(u_1, u_2, \cdots, u_n)\prod_{i=1}^{n} f_i(x_i) \tag{5-7}$$

式中: $D(u_1, u_2, \cdots, u_n)$——多维 Copula 函数 $C(u_1, u_2, \cdots, u_n)$ 的密度函数,$D(u_1, u_2, \cdots u_n) = \partial^n C(u_1, u_2, \cdots, u_n)/\partial u_1 \partial u_2 \cdots \partial u_n$;

$f_1(x_1), f_2(x_2), \cdots, f_n(x_n)$——随机变量 $X_1, X_2, \cdots, X_n$ 的边缘概率密度函数。

因此,利用式(5-6)与式(5-7)便可以建立随机变量 $X_1, X_2, \cdots, X_n$ 的多维联合概率分布函数。根据 Sklar 定理(Sklar,1959),6 个参数 σ_θ、σ_c、σ_t、σ_θ/σ_c、σ_c/σ_t、W_{et} 的联合概率分布函数 $F(\sigma_\theta, \sigma_c, \sigma_t, \sigma_\theta/\sigma_c, \sigma_c/\sigma_t, W_{et})$ 和联合概率密度函数 $f(\sigma_\theta, \sigma_c, \sigma_t, \sigma_\theta/\sigma_c, \sigma_c/\sigma_t, W_{et})$ 分别为:

$$\begin{aligned} & F(\sigma_\theta, \sigma_c, \sigma_t, \sigma_\theta/\sigma_c, \sigma_c/\sigma_t, W_{et}) \\ = & C(F_1(\sigma_\theta), F_2(\sigma_c), F_3(\sigma_t), F_4(\sigma_\theta/\sigma_c), F_5(\sigma_c/\sigma_t), F_6(W_{et}); \boldsymbol{\theta}) \\ = & C(u_1, u_2, u_3, u_4, u_5, u_6; \boldsymbol{\theta}) \end{aligned} \tag{5-8}$$

$$\begin{aligned} & f(\sigma_\theta, \sigma_c, \sigma_t, \sigma_\theta/\sigma_c, \sigma_c/\sigma_t, W_{et}) \\ = & D(F_1(\sigma_\theta), F_2(\sigma_c), F_3(\sigma_t), F_4(\sigma_\theta/\sigma_c), F_5(\sigma_c/\sigma_t), F_6(W_{et}); \boldsymbol{\theta}) \times \\ & f_1(\sigma_\theta) f_2(\sigma_c) f_3(\sigma_t) f_4(\sigma_\theta/\sigma_c) f_5(\sigma_c/\sigma_t) f_6(W_{et}) \end{aligned} \tag{5-9}$$

式中,$u_1 = F_1(\sigma_\theta)$、$u_2 = F_2(\sigma_c)$、$u_3 = F_3(\sigma_t)$、$u_4 = F_4(\sigma_\theta/\sigma_c)$、$u_5 = F_5(\sigma_c/\sigma_t)$、$u_6 = F_6(W_{et})$ 分别为参数 σ_θ、σ_c、σ_t、σ_θ/σ_c、σ_c/σ_t、W_{et} 的一维分布函数;$f_1(\sigma_\theta)$、$f_2(\sigma_c)$、$f_3(\sigma_t)$、$f_4(\sigma_\theta/\sigma_c)$、$f_5(\sigma_c/\sigma_t)$、$f_6(W_{et})$ 分别为参数 σ_θ、σ_c、σ_t、σ_θ/σ_c、σ_c/σ_t、W_{et} 的一维概率密度函数;$C(u_1, u_2, u_3, u_4, u_5, u_6; \theta)$ 为六维 Copula 函数;$D(u_1, u_2, u_3, u_4, u_5, u_6; \boldsymbol{\theta})$ 为六维 Copula 密度函数;$\boldsymbol{\theta}$ 为 Copula 函数的相关参数向量,对于椭圆 Copula 函数而言,$\boldsymbol{\theta}$ 为相关参数矩阵。

在 Copula 理论框架下构造 6 个参数 σ_θ、σ_c、σ_t、σ_θ/σ_c、σ_c/σ_t、W_{et} 的联合概率分布函数分两个步骤进行:

步骤 1 是估计 6 个参数 σ_θ、σ_c、σ_t、σ_θ/σ_c、σ_c/σ_t、W_{et} 的一维分布函数,即边缘分布函数,由上述案例特征参数的概率统计得到。

步骤 2 是选择最优 Copula 函数描述 6 个参数 σ_θ、σ_c、σ_t、σ_θ/σ_c、σ_c/σ_t、W_{et} 的相关结构。不同的 Copula 函数描述参数间的相关性是不一样的,具有不同的相关结构。因此,多维 Gaussian Copula 和 t Copula 函数适合描述 6 个参数间的相关关系。两个函数的具体原理如下:

(1)Gaussian Copula 函数

多维 Gaussian Copula 函数的概率分布函数和概率密度函数分别为(李典庆等,2015):

$$C(u_1,u_2,\cdots,u_n;\boldsymbol{\theta}) = \Phi_n(\Phi^{-1}(u_1),\Phi^{-1}(u_2),\cdots,\Phi^{-1}(u_n);\boldsymbol{\theta}) \tag{5-10}$$

$$D(u_1,u_2,\cdots,u_n;\boldsymbol{\theta}) = |\boldsymbol{\theta}|^{-1/2}\exp\left[-\frac{1}{2}\xi'(\boldsymbol{\theta}^{-1}-\boldsymbol{I})\xi\right] \tag{5-11}$$

式中：

$\boldsymbol{\theta}$——对角线上的元素全为 1 的 n 阶对称正定矩阵；

$|\boldsymbol{\theta}|$——矩阵 $\boldsymbol{\theta}$ 的行列式值；

$\Phi_n(\cdot,\cdots,\cdot;\boldsymbol{\theta})$——相关系数矩阵为 $\boldsymbol{\theta}$ 的 n 维标准正态分布函数；

$\Phi^{-1}(\cdot)$——一维标准正态分布函数 $\Phi(\cdot)$ 的逆函数；

$\xi'=(\Phi^{-1}(u_1),\Phi^{-1}(u_2),\cdots,\Phi^{-1}(u_n))$——标准正态分布变量；

$\boldsymbol{I}$——单位矩阵。

n 阶对称矩阵 $\boldsymbol{\theta}$ 包含 n 维 Gaussian Copula 函数的 $0.5n(n-1)$ 个相关参数 $\theta_{ij}\in[-1,1]$ $(i=1,2,\cdots,n-1;j=2,3,\cdots,n)$。当 $\theta_{ij}=0$ 时，变量 X_i 和 X_j 相互独立；当 $\theta_{ij}=-1$ 时，变量 X_i 和 X_j 完全负相关；当 $\theta_{ij}=1$ 时，变量 X_i 和 X_j 完全正相关。相关参数 θ_{ij} 与 Kendall 秩相关参数 τ_{ij} 间具有以下简单关系式：

$$\tau_{ij} = \frac{2\arcsin\theta_{ij}}{\pi} \tag{5-12}$$

因此，已知 Kendall 秩相关参数 τ_{ij}，便可利用式(5-12)计算 Gaussian Copula 函数的相关参数 θ_{ij}。多维 Gaussian Copula 函数可以同时描述变量间的正负相关性，且变量间的 Kendall 秩相关参数变化范围为 $[-1,1]$。

(2) t Copula 函数

多维 t Copula 函数的概率分布函数和概率密度函数分别如下（李典庆等，2015）：

$$C(u_1,u_2,\cdots,u_n;\theta) = T_n[T_v^{-1}(u_1),T_v^{-1}(u_2),\cdots,T_v^{-1}(u_n);\theta,v] \tag{5-13}$$

$$D(u_1,u_2,\cdots,u_n;\theta) = |\theta|^{-1/2}\frac{\Gamma\left(\frac{v+n}{2}\right)\left[\Gamma\left(\frac{v}{2}\right)\right]^{n-1}}{\left[\Gamma\left(\frac{v+1}{2}\right)\right]^{n}}\frac{\left(1+\frac{1}{v}\xi'\theta^{-1}\xi\right)^{-\frac{v+n}{2}}}{\prod_{i=1}^{n}\left(1+\frac{\xi_i^2}{v}\right)^{-\frac{v+1}{2}}} \tag{5-14}$$

式中：

$\boldsymbol{\theta}$——对角线上的元素全为 1 的 n 阶对称正定矩阵；

$|\boldsymbol{\theta}|$——矩阵 $\boldsymbol{\theta}$ 的行列式值；

$T_n(\cdot,\cdots,\cdot;\theta,v)$——相关系数矩阵为 $\boldsymbol{\theta}$、自由度为 v 的 n 维标准 t 分布函数；

$T_v^{-1}(\cdot)$——自由度为 v 的一维 t 分布函数 $T_v(\cdot)$ 的逆函数；

$\xi'=[T_v^{-1}(u_1),T_v^{-1}(u_2),\cdots,T_v^{-1}(u_n)]$——自由度为 v 的 t 分布变量；

n 阶对称矩阵 $\boldsymbol{\theta}$ 包含 n 维 t Copula 函数的 $0.5n(n-1)$ 个相关参数 $\theta_{ij}\in[-1,1]$ $(i=1,2,\cdots,n-1;j=2,3,\cdots,n)$。当 $\theta_{ij}=0$ 时，变量 X_i 和 X_j 相互独立；当 $\theta_{ij}=-1$ 时，变量 X_i 和 X_j 完全负相关；当 $\theta_{ij}=1$ 时，变量 X_i 和 X_j 完全正相关。相关参数 θ_{ij} 与 Kendall 秩相关参数 τ_{ij} 间具有

式(5-14)所示的简单关系式。多维 t Copula 函数可以同时描述变量间的正负相关性,变量间的 Kendall 秩相关系数变化范围可以达到[-1,1]。

最优椭圆 Copula 函数的联合概率分布函数的识别也分两个步骤:

首先,利用极大似然估计得出多维 Gaussian Copula 和 t Copula 函数的相关参数矩阵 θ 以及 t Copula 函数的自由度 $\boldsymbol{v}$。

其次,采用 AIC 准则和 BIC 准则识别 6 个参数相关结构最优的 Copula 函数。

在应用以上两种准则进行最优的 Copula 函数识别时,具有最小 AIC 值或 BIC 值的 Copula 函数认为是最优的 Copula 函数(李典庆等,2015)。其中,AIC 值是指变量原始观测数据点处 Copula 密度函数值对数和的负 2 倍与 2 倍 Copula 函数相关参数数目之和,计算公式为:

$$\mathrm{AIC} = -2\sum_{i=1}^{N}\ln D(u_{1i},u_{2i};\theta) + 2k_2 \tag{5-15}$$

式中: k_2——Copula 函数中相关参数的数目,对于二维 Copula 函数,$k_2=1$;

(u_{1i},u_{2i})——原始观测数据(x_{1i},x_{2i})的经验分布值,由下式具体确定:

$$\begin{cases} u_{1i} = \dfrac{\mathrm{rank}(x_{1i})}{N+1} \quad (i=1,2,\cdots,N) \\[2ex] u_{2i} = \dfrac{\mathrm{rank}(x_{2i})}{N+1} \quad (i=1,2,\cdots,N) \end{cases} \tag{5-16}$$

式中:$\mathrm{rank}(x_{1i})$、$\mathrm{rank}(x_{2i})$——分别表示按升序排列时实测值 x_{1i} 和 x_{2i} 在整列观测数据 $x_1=\{x_{11},x_{12},\cdots,x_{1N}\}$ 和 $x_2=\{x_{21},x_{22},\cdots,x_{2N}\}$ 中的秩次。

同理,BIC 值是指变量原始观测数据点处 Copula 密度函数值对数和的负 2 倍与 $\ln N$ 倍 Copula 函数相关参数数目之和,计算公式为:

$$\mathrm{BIC} = -2\sum_{i=1}^{N}\ln D(u_{1i},u_{2i};\theta) + k_2\ln N \tag{5-17}$$

因此,已知岩土体参数的观测数据,便可以利用式(5-15)与式(5-17)计算备选 Copula 函数的 AIC 值和 BIC 值,进而得到最优 Copula 函数。识别出最优 Copula 函数后,将 6 个参数的边缘分布函数与最优的 Copula 函数结合即可获得 6 个参数的联合概率分布函数。

2)PSO-LSSVM 智能响应面计算模型确定

鉴于岩爆发生机制的复杂性和随机性,本书采用 PSO-LSSVM 智能响应面计算模型代替计算模型 $g(X)$,建立 6 个参数与隧道岩爆预测等级间的非线性映射关系。但是,在应用 LSSVM 方法时,要首先解决模型的参数优化问题,参数选择是否合适对于模型的学习和推广能力影响很大。采用人工搜索最优参数的方法费时耗力,PSO 优化算法(冯夏庭等,2008;周健等,2018)具有高效的全局寻优能力,PSO-LSSVM 智能响应面计算模型在快速建立参数与预测数值间的非线性映射关系方面应用效果较好。传统岩爆预测方法通过人为划分训练样本与测试样本,模型参数通常通过反复试验或经验确定,经常导致模型性能不可靠或不稳定。通过 PSO 优化算法合理确定模型参数,可以有效避免模型过拟合或欠拟合(周健等,2012,2016)。

PSO-LSSVM 智能响应面计算模型建立原理如下:

假设有 n 组训练样本数据 $\{x_i,\hat{y}_i\}(i=1,2,\cdots,n)$，$x_i\in R^n$ 为多元参数，$\hat{y}_i\in R^n$ 为岩爆等级值，可建立如下关系：

$$\hat{y}:R^n\rightarrow R \tag{5-18}$$

根据LSSVM理论（Suykens与Vandewalle，1999），相应的映射模型为：

$$\hat{y}(x)=\sum_{i=1}^{n}a_iK(x,x_i)+b \tag{5-19}$$

式中：a_i——Lagrange乘子；

b——偏置量，值由下式得到：

$$\begin{bmatrix}0 & \boldsymbol{\Theta}^{\mathrm{T}}\\ \boldsymbol{\Theta} & \boldsymbol{\Omega}+C^{-1}\boldsymbol{I}\end{bmatrix}\begin{bmatrix}b\\ a\end{bmatrix}=\begin{bmatrix}0\\ \hat{y}\end{bmatrix} \tag{5-20}$$

式中，$a=[a_1,a_2,\cdots,a_n]^{\mathrm{T}}$；$\hat{y}=[\hat{y}_1,\hat{y}_2,\cdots,\hat{y}_n]^{\mathrm{T}}$；$\boldsymbol{\Theta}=[1,1,\cdots,1]^{\mathrm{T}}$；$C$ 为惩罚因子；$\boldsymbol{I}$ 为单位矩阵；$\boldsymbol{\Omega}=\varphi(x_i)^{\mathrm{T}}\varphi(x_j)=K(x_i,x_j)$，$i,j=1,2,\cdots,n$，核函数 $K(x_i,x_j)$ 是满足Mercer条件的任意对称函数，常见的核函数分别有线性函数、多项式函数与径向基函数。本书选择性能较好的径向基函数：

$$K(x,x_i)=\exp\{-|x-x_i|^2/\sigma^2\} \tag{5-21}$$

核函数参数 σ^2 和惩罚因子 C 是影响LSSVM建模精度的两个重要因素，为高效确定最优参数值，采用PSO搜索的方法优化（σ^2，C）的取值。PSO算法通过对一群初始化的随机粒子进行迭代，从而确定最优解（Suykens与Vandewalle，1999），主要原理见3.3.2节。

针对传统PSO算法易早熟以及算法后期易在全局最优解附近产生振荡的现象，采用权重线性递减的PSO算法（余胜威，2014）解决此问题。权重随算法迭代次数的变化公式为：

$$w=w_{\max}-t\cdot(w_{\max}-w_{\min})/t_{\max} \tag{5-22}$$

式中：$w_{\max}$，$w_{\min}$——分别表示 w 的最大值和最小值，通常取 $w_{\max}=0.9$，$w_{\min}=0.4$；

t——当前的迭代步数；

$t_{\max}$——最大迭代步数。

优化过程中目标函数选用通用的均方差函数，建立的PSO-LSSVM智能响应面计算模型可用于后续岩爆预测概率模型的构建。

3）岩爆预测Copula-LSSVM概率模型的构建

岩爆预测Copula-LSSVM概率模型的构建方法具体计算流程见图5-7。

具体流程如下：

步骤一：通过岩爆案例统计分析，获取6个参数 σ_θ、σ_c、σ_t、σ_θ/σ_c、σ_c/σ_t、W_{et} 的先验分布信息，如均值、标准差、变异系数与分布类型等。

步骤二：基于Copula理论，选择表征6个参数 σ_θ、σ_c、σ_t、σ_θ/σ_c、σ_c/σ_t、W_{et} 间相关结构的最优多维联合概率分布函数。通过MCS模拟抽样，获取 $N\times6$ 维独立标准均匀分布随机变量 A_1、A_2、…、A_6，再将 A_1、A_2、…、A_6 转化成服从给定多维联合概率分布函数的相关标准均匀分布变量 U_1、U_2、…、U_6，通过等概率变换原则，将其转化为 $N\times6$ 维相关非正态随机变量 X_{σ_θ}、X_{σ_c}、X_{σ_t}、$X_{\sigma_\theta/\sigma_c}$、$X_{\sigma_c/\sigma_t}$、$X_{W_{et}}$。

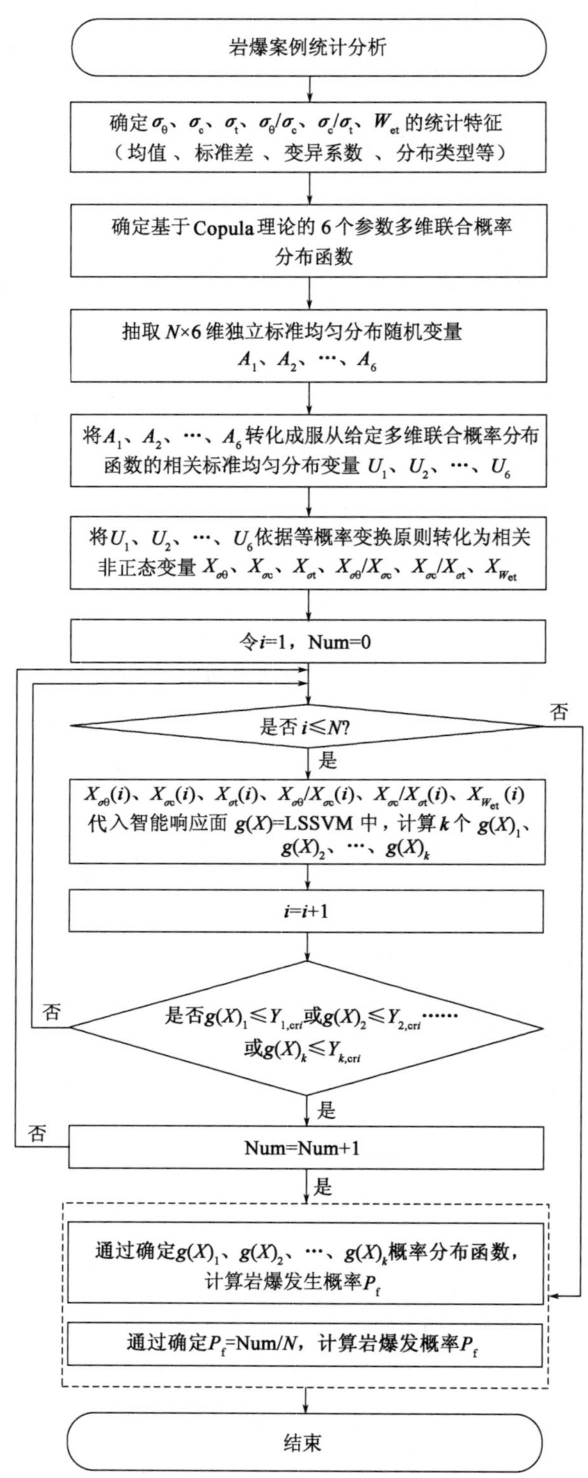

图 5-7　岩爆预测 Copula-LSSVM 概率模型的构建方法计算流程

步骤三：基于岩爆案例集，构建 LSSVM 学习样本，利用 PSO 方法优化模型参数，得到 $g(X)$ = LSSVM 智能响应面。将 $N\times6$ 维相关非正态随机变量 $X_{\sigma_\theta}(i)$、$X_{\sigma_c}(i)$、$X_{\sigma_t}(i)$、$X_{\sigma_\theta/\sigma_c}(i)$、$X_{\sigma_c/\sigma_t}(i)$、$X_{W_{et}}(i)$（$i=1$、2、…、$N$）代入 $g(X)$ = LSSVM 智能响应面中，利用迭代循环计算，判断是否 $g(X)_1\leqslant Y_{1,cri}$ 或者 $g(X)_2\leqslant Y_{2,cri}$……或者 $g(X)_k\leqslant Y_{k,cri}$，分别统计小于相应岩爆等级临界值的 $g(X)_k$。其中，$Y_{k,cri}$ 表示第 k 组随机变量对应的岩爆预测等级临界值。

步骤四：可选取两种方式计算岩爆发生概率 P_f，一是通过确定满足条件的 $g(X)_1$、$g(X)_2$、…、$g(X)_k$ 的概率分布函数计算 P_f；二是通过统计满足条件的 $g(X)_1$、$g(X)_2$、…、$g(X)_k$ 数量 Num，利用公式 $P_f=\text{Num}/N$ 计算 P_f。本书通过第一种方式计算 P_f，并给出相应概率统计特征，如均值、标准差等。

5.2.3　模型结果验证

1）Copula-LSSVM 预测概率模型计算结果

（1）多维 Copula 函数的识别与 MCS 模拟

按照图 5-7 的计算流程，首先确定最优多维 Copula 函数，然后进行联合概率分布函数 MCS 模拟抽样。模拟次数 $N=1000$，Gaussian Copula 和 t Copula 函数结果比较见表 5-4。

由表 5-4 可知，与 Gaussian Copula 相比，t Copula 函数的 AIC 值与 BIC 值较小。因此，t Copula 函数是拟合 6 个参数 σ_θ、σ_c、σ_t、σ_θ/σ_c、σ_c/σ_t、W_{et} 的最优 Copula 函数。利用 MCS 模拟出服从 t Copula 函数的 1000×6 维相关非正态随机变量，将其保存在参数集 X' 中，记为 $X'=(X_{\sigma_\theta}、X_{\sigma_c}、X_{\sigma_t}、X_{\sigma_\theta/\sigma_c}、X_{\sigma_c/\sigma_t}、X_{W_{et}})$。

（2）PSO-LSSVM 智能响应面的确定

从岩爆案例集中随机选取 231 组数据作为训练样本，其余 28 组数据作为测试样本。利用 PSO 搜索优化核函数参数 σ^2 和惩罚因子 C，搜索范围均为 $[2\times10^{-1},2\times10^3]$，得到两者参数值分别为 2000 与 1.58，均方根误差（Root Mean Square Error，RMSE）为 0.47，由此确定了以 6 个参数 σ_θ、σ_c、σ_t、σ_θ/σ_c、σ_c/σ_t、W_{et} 为输入样本，岩爆等级为相应输出样本的 PSO-LSSVM 智能响应面。在此基础上，再选取 10 组样本数据（周健等，2016），对比 $g(X)$ = LSSVM 智能响应面计算结果与实际岩爆等级结果的差异，具体如图 5-8 所示，判定系数 $R^2=0.93$，两者拟合效果较好。

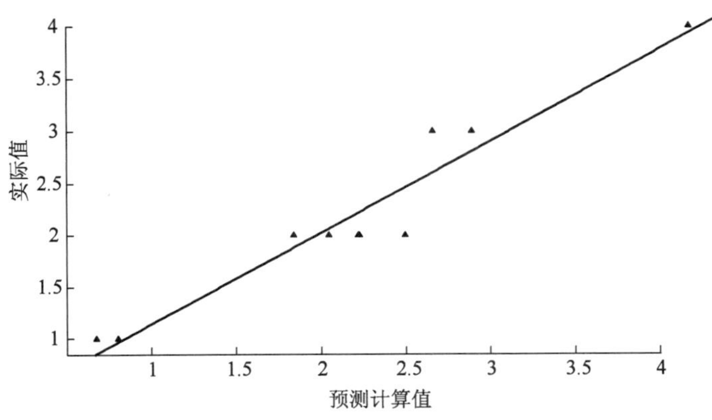

图 5-8　PSO-LSSVM 智能响应面预测计算值与实际值比较图

表 5-4

Gaussian Copula 和 *t* Copula 函数结果的比较

项目	Gaussian Copula						*t* Copula					
相关性参数矩阵 $\boldsymbol{\theta}$	1	0.233	0.260	0.767	-0.117	0.476	1	0.263	0.258	0.759	-0.124	0.483
	0.233	1	0.526	-0.393	0.024	0.415	0.263	1	0.496	-0.389	0.075	0.414
	0.260	0.526	1	-0.072	-0.734	0.236	0.258	0.496	1	-0.07	-0.765	0.192
	0.767	-0.393	-0.072	1	-0.135	0.152	0.759	-0.389	-0.07	1	-0.172	0.168
	-0.117	0.024	-0.734	-0.135	1	-0.024	-0.124	0.075	-0.765	-0.172	1	0.03
	0.476	0.415	0.236	0.152	-0.024	1	0.483	0.414	0.192	0.168	0.03	1
自由度 v	—						8.664					
AIC 值	-1272.7						-1380.8					
BIC 值	-1219.4						-1323.9					

(3)Copula-LSSVM 预测概率模型的建立

将 MCS 模拟抽样得到的 1000 ×6 维相关非正态随机变量 $X' = (X_{\sigma_\theta}、X_{\sigma_c}、X_{\sigma_t}、X_{\sigma_\theta/\sigma_c}、X_{\sigma_c/\sigma_t}、X_{W_{et}})$代入 $g(X)$ = LSSVM 智能响应面计算模型中,得到岩爆预测等级值 Y,进而确定岩爆预测等级值概率分布函数。以常用的 Normal、Lognormal、Gamma 与 Weibull 等四种概率分布估计岩爆预测等级值 Y 的概率分布形态,并用 K-S 检验确定最优拟合概率分布函数,概率统计结果见表 5-5。

岩爆预测等级值概率统计　　表 5-5

模型统计值	岩爆预测等级值 Y	D_n	D_n 排序	接受情况	备注
Normal 的均值、标准差	2.532、1.479	0.081	3	拒绝	K-S 检验的临界值为 0.044
Lognormal 的均值、标准差	0.719、0.744	0.102	4	拒绝	
Gamma 的形状参数(α)、尺度参数(β)	2.532、1.000	0.055	2	拒绝	
Weibull 的形状参数(α)、尺度参数(β)	2.841、1.764	0.035	1	接受	

由表 5-5 可知,岩爆预测等级值 Y 的最优概率分布函数是 Weibull,概率分布见图 5-9,其中,无岩爆、轻微岩爆、中等岩爆、强烈岩爆等四个岩爆等级对应的岩爆发生概率分别为 0.147、0.416、0.667、0.84,具体见表 5-6,由此建立了岩爆预测等级值与岩爆发生概率间的映射关系。因此,通过岩爆预测等级值 Y 的概率分布函数,可以很方便地求得岩爆发生概率。如已知岩爆预测等级值为 2.308,则可以得到岩爆发生概率为 0.5,属于中等岩爆。然而,由表 5-6 可知,发生中等岩爆的概率为 $0.416 < P_f \leq 0.667$,同一等级岩爆的发生概率差异较大,仅定性预测岩爆等级不利于量化评估岩爆发生可能性。因此,通过建立预测概率模型,可以定量预测岩爆发生概率可能性,对于岩爆风险防治具有较强的指导意义。

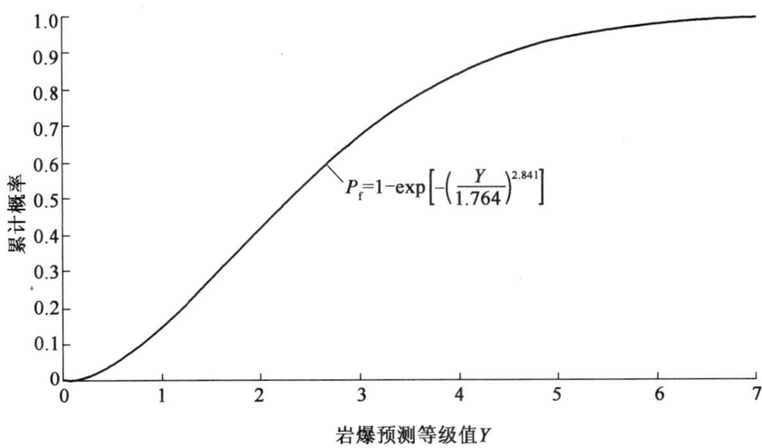

图 5-9　岩爆预测等级值概率分布图

岩爆预测等级及概率　　表 5-6

岩爆等级		对应概率
无岩爆	1	(0,0.147]
轻微岩爆	2	(0.147,0.416]
中等岩爆	3	(0.416,0.667]
强烈岩爆	4	(0.667,0.84]

2)工程验证

锦屏二级水电站位于中国四川省境内,为超深埋长隧洞特大型地下水电工程,所穿越的地层均为三叠系地层,分别为 T_1、T_2y、T_2b、T_2z、T_3,沿线的岩体主要由大理岩、石灰岩、砂岩以及板岩组成,其地质剖面图(马天辉等,2015)见图 5-10。引水隧洞共 4 条,洞线平均长度约为 16.67km,开挖洞径 13m,上覆岩体一般埋深 1500 ~ 2000m,最大埋深约为 2525m。其中,1 号和 3 号引水隧洞 TBM 开挖段为圆形断面,开挖直径 12.4m,1 号和 3 号引水隧洞钻爆法开挖洞段以及 2 号和 4 号引水隧洞为四心马蹄形断面,开挖直径 13m,4 条引水隧洞之间的中心线间距为 60m。辅助洞 A 和 B 与施工排水洞中心线间距 35m,施工排水洞与 4 号引水隧洞的中心线间距 45m。为进一步验证 Copula-LSSVM 岩爆预测概率模型的适用性,选取锦屏二级水电站深埋引水隧洞 7 个实际岩爆案例数据(冯夏庭等,2013)进行对比分析,计算结果见表 5-7。

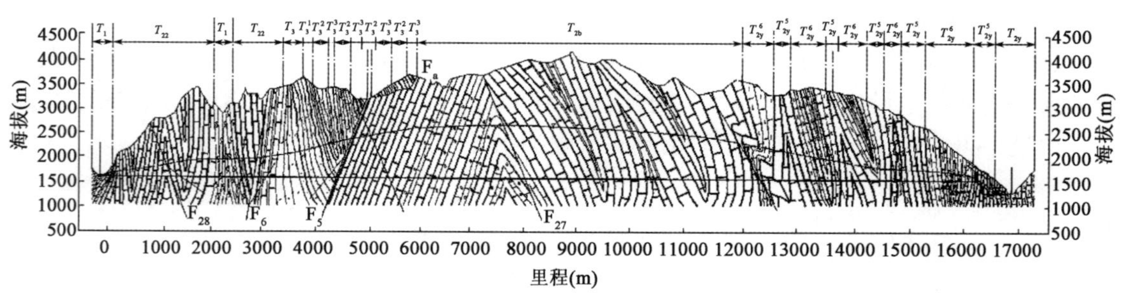

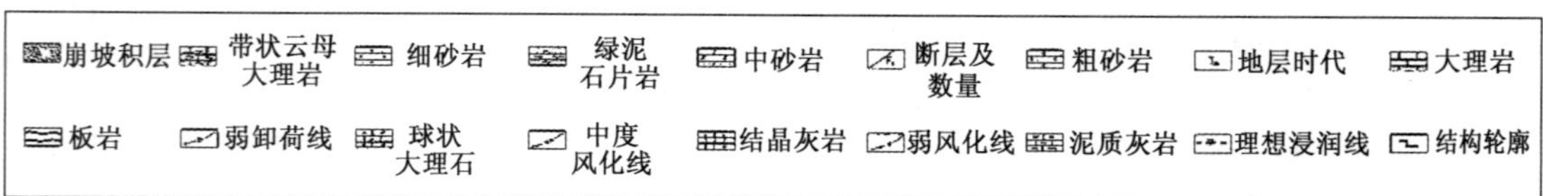

图 5-10　锦屏二级水电站地质剖面图

由表 5-7 可知,7 个案例岩爆预测结果均为中等,正确率为 71.43%。在预测正确的案例中,虽然岩爆分级均为中等,但是岩爆发生概率为 0.463 ~ 0.625 不等,实现了岩爆预测结果的量化估计。相对于定性的分级结果,概率定量化的表达更能使人正确理解风险程度,可用于后续岩爆风险预警与动态调控。

表 5-7

Copula-LSSVM 模型预测结果与实际结果比较

序号	岩爆桩号	σ_c (MPa)	σ_t (MPa)	σ_θ (MPa)	σ_θ/σ_c	σ_c/σ_t	W_{et}	实际岩爆等级	预测岩爆等级	预测岩爆等级值	预测岩爆发生概率
1	引(1)8+940~8+948	112.50	4.1	67.73	0.602	27.439	6.02	中等	中等	2.630	0.582
2	引(2)8+310	112.50	3.4	64.43	0.570	33.088	5.80	轻微	中等	2.196	0.470
3	引(2)9+184~9+188	112.50	3.4	62.88	0.560	33.088	5.62	中等	中等	2.260	0.487
4	引(3)5+809	99.59	4.1	54.51	0.550	24.290	3.26	强烈	中等	2.459	0.539
5	引(3)6+607~6+614	112.50	3.4	52.08	0.460	33.088	4.68	中等	中等	2.169	0.463
6	引(4)6+075~6+105	112.50	3.4	53.93	0.480	33.088	4.50	中等	中等	2.286	0.494
7	引(4)8+827~8+818	112.50	4.1	68.98	0.610	27.440	5.32	中等	中等	2.809	0.625

5.2.4 讨论分析

深埋硬岩隧道围岩力学参数具有随机不确定性与认知不确定性特征（吴忠广与吴顺川，2019），由于现场数据缺失、测量不准确与统计误差等原因，造成预测模型也存在认知不确定性。下面分别分析参数不确定性与模型不确定性对岩爆概率预测结果的影响。

1）参数不确定性分析

参数不确定性分析分别考虑参数相关性、参数敏感性、参数数量及未参与计算的隧道埋深指标对岩爆概率预测结果的影响。

（1）参数相关性分析

为进一步研究6个参数σ_θ、σ_c、σ_t、σ_θ/σ_c、σ_c/σ_t、W_{et}相关性对岩爆预测概率的影响，将基于t Copula函数的模拟抽样结果分别与基于Gaussian Copula函数的模拟抽样、6个参数相互独立时的模拟抽样结果进行比较，所得的岩爆预测等级值概率分布见图5-11。其中，当采用Gaussian Copula函数模拟抽样时，岩爆预测等级值概率分布服从Weibull，形状参数$\alpha=2.901$、尺度参数$\beta=1.754$；当采用6个参数独立模拟抽样时，岩爆预测等级值概率分布也服从Weibull，形状参数$\alpha=3.132$、尺度参数$\beta=1.836$。

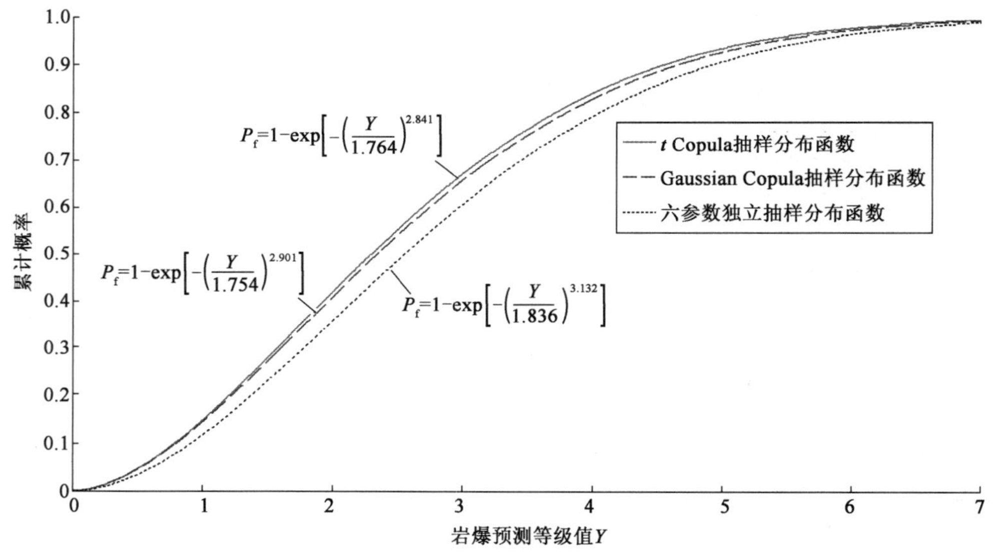

图5-11 不同模拟抽样的岩爆预测等级值概率分布图

由图5-11可知，相对于t Copula函数模拟抽样所得的岩爆预测等级值概率分布，由Gaussian Copula函数模拟抽样所得的岩爆预测等级值概率分布计算的岩爆预测等级值发生概率较低；而6个参数独立模拟抽样所得的岩爆预测等级值概率分布计算结果差异较大，远低于实际概率，最大相差10%左右。这充分表明，在开展岩爆预测值统计分析模型研究时，常用的多维Gaussian Copula函数并不总是表征参数间相关结构的最优概率分布函数，而忽略指标参数间的相关结构分析，则会导致岩爆预测概率结果偏小。

（2）参数敏感性分析

通过对6个参数σ_θ、σ_c、σ_t、σ_θ/σ_c、σ_c/σ_t、W_{et}敏感性分析来确定各输入参数对岩爆预测

概率的敏感性程度，本书采用 Sobol 指标进行参数敏感性分析。由 Sobol 指标计算原理可知（Sudret，2008），一阶 Sobol 指标只反映单随机参数变量的不确定性对输出响应量总方差的贡献，而总 Sobol 指标可以全面反映输入随机参数变量不确定性对输出响应量总方差的贡献。因此，输入参数总 Sobol 指标值越大，表示该参数对岩爆预测概率的影响程度越大。6 个参数 σ_θ、σ_c、σ_t、σ_θ/σ_c、σ_c/σ_t、W_{et}的一阶 Sobol 指标与总 Sobol 指标分布见图 5-12，其中，1 ~ 6 分别为 6 个参数 σ_θ、σ_c、σ_t、σ_θ/σ_c、σ_c/σ_t、W_{et}的一阶 Sobol 指标，7 ~ 12 分别为 6 个参数 σ_θ、σ_c、σ_t、σ_θ/σ_c、σ_c/σ_t、W_{et}的总 Sobol 指标。由图 5-12 可知，σ_θ/σ_c 敏感性最大，后续依次为 W_{et}、σ_t、σ_θ、σ_c/σ_t、σ_c，这也从概率分析角度阐释了岩爆传统单指标经验判据常选取应力强度比σ_θ/σ_c作为岩爆判据的主要原因，是由于该指标对岩爆预测结果的影响程度最大，贡献远超过其他指标。刘造保等（2013）、李宁等（2017）也研究指出，应力强度比σ_θ/σ_c是影响岩爆发生的最主要参数，与本书结论一致。

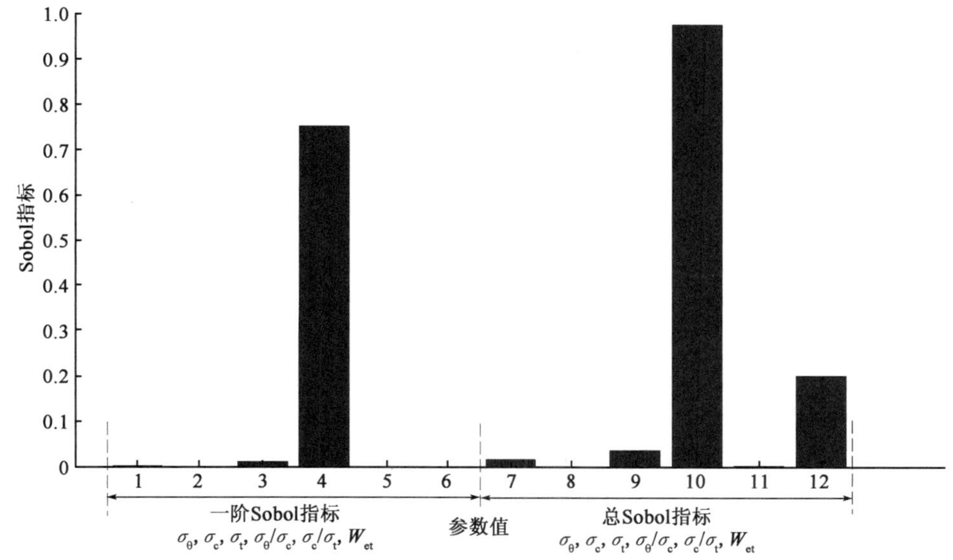

图 5-12　6 个参数一阶 Sobol 指标与总 Sobol 指标分布图

（3）参数数量影响分析

从岩爆案例统计分析中可知，6 个参数σ_θ、σ_c、σ_t、σ_θ/σ_c、σ_c/σ_t、W_{et}并非经常齐全，特征参数σ_t或W_{et}缺失较普遍，应研究分析不同参数数量情况下岩爆预测概率模型的适用性。本书仅考虑两个以上参数组合情况下多维参数数量对岩爆预测概率结果的影响。下面以 3 个参数 σ_c、σ_t、σ_c/σ_t，4 个参数σ_θ、σ_c、σ_t、W_{et}，5 个参数σ_θ、σ_c、σ_t、σ_θ/σ_c、σ_c/σ_t与 6 个参数σ_θ、σ_c、σ_t、σ_θ/σ_c、σ_c/σ_t、W_{et}等 4 种常见组合情形为例进行分析。利用上述预测概率模型构建方法，分别比较这 4 种不同情况下岩爆预测等级值概率分布函数。其中，3 个参数组合情况下岩爆预测等级值概率分布服从 Normal，均值为 2.463、标准差为 1.025；4 个参数组合情况下岩爆预测等级值概率分布服从 Gamma，形状参数 $\alpha=3.012$、尺度参数 $\beta=0.890$；5 个参数组合情况下岩爆预测等级值概率分布服从 Gamma，形状参数 $\alpha=1.915$、尺度参数 $\beta=1.313$，具体分布图见图 5-13。由图 5-13 可知，相对 6 个参数组合服从的概率分布函数 Weibull，3 个参数组合服从的概率分布函数 Normal 预测概率值在预测等级值为 2.5 左右时，呈现出先低估计后高估计现象,4 个参数组合服从的概率分布函数 Gamma 预测概率值偏小,而 5 个参数组合服从的概率分布函数 Gamma 预测概率值在预测等级值为 3.5 左右时,呈现出先高估计后低估计现象。

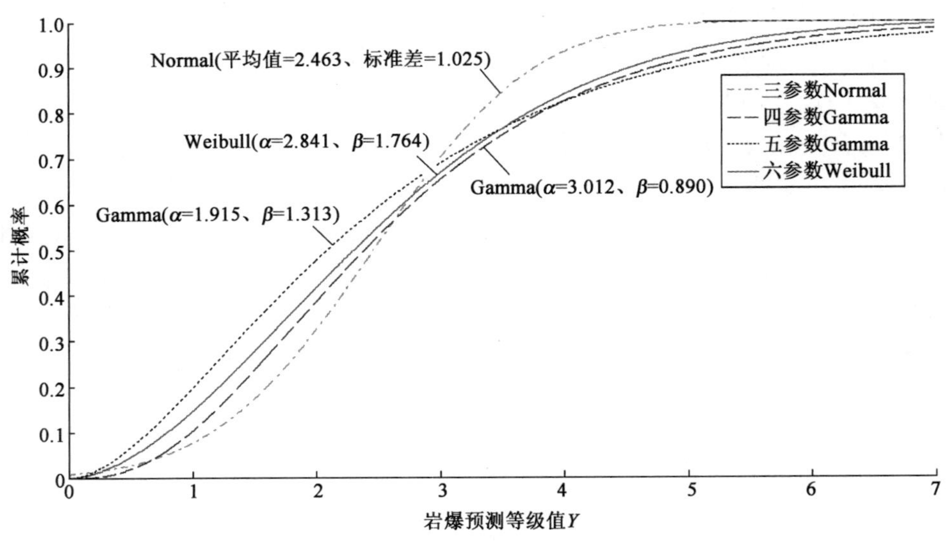

图 5-13　不同数量参数岩爆预测等级值概率分布图

(4)岩爆临界深度影响分析

由于隧道埋深 H 未参与以上岩爆预测概率模型的构建,下面分析该指标对岩爆发生可能性的影响。通常认为,埋深是岩爆发生的必要条件,隧道埋深与地应力关系密切,水平应力与垂直应力随埋深呈线性增长,埋深越大,地应力水平越高。为确定岩爆发生的临界深度,侯发亮(1989)根据弹性力学公式,推导出圆形硐室只考虑上覆岩体自重的情况下发生岩爆的最小埋深,即岩爆临界深度的计算公式,具体见式(5-23):

$$H_{cr} = \frac{0.318\sigma_c(1-\mu)}{(3-4\mu)\gamma} \tag{5-23}$$

式中:H_{cr}——临界深度;

μ——泊松比;

γ——岩石重度,取 27kN/m^3。

为分析隧道埋深对岩爆发生的影响,采用超越概率的方法(何正风等,2012)确定不同临界深度对应的岩爆发生概率。该公式中σ_c按照表 5-1 取值,针对泊松比 μ 取值不同,临界深度的超越概率也不同,临界深度的超越概率分布图见图 5-14。

由图 5-14 可知,在同一临界深度下,超越概率随泊松比 μ 的增大而增大,意味着岩石泊松比 μ 越大,超越概率也越大,超过相应围岩泊松比 μ 发生岩爆的概率也越大;随着临界深度的增加,超越概率逐渐减小,意味着隧道临界深度越大,超过此深度发生岩爆的概率越低,反之则相反。

2)模型不确定性分析

模型不确定性分析分别考虑智能响应面适宜性与预测概率模型误差对岩爆预测结果的影响。

(1)智能响应面适宜性分析

为进一步验证 PSO-LSSVM 智能响应面计算模型的准确性与适宜性,将其与常用的统计分

析模型，如岩爆预测模糊推理类模型（Adoko 等，2013）、支持向量机类模型（周健等，2012）以及传统经验指标分类模型（Hoek，1980，2009；冯涛等，2000；谷明成等，2002）进行比较，具体如下：

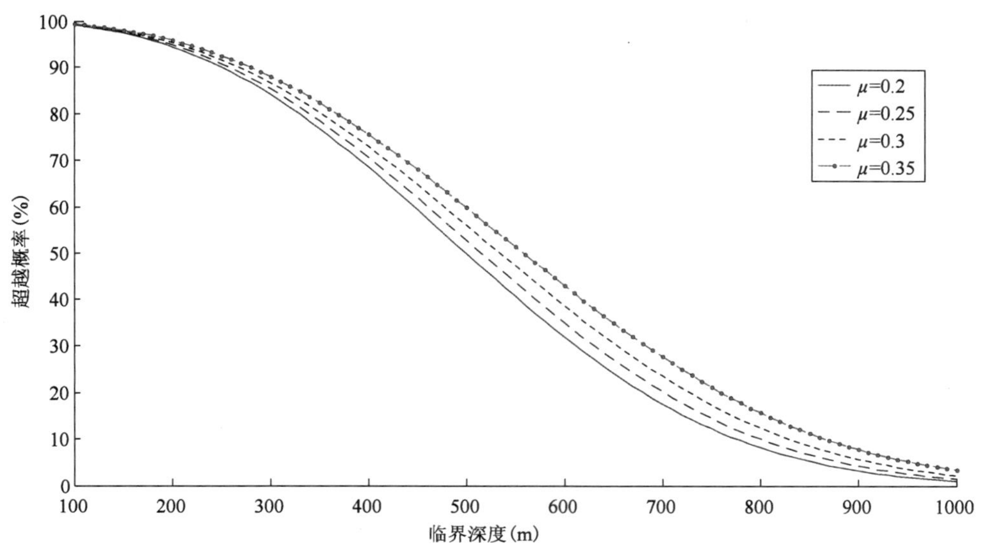

图 5-14　临界深度超越概率图

①与岩爆预测模糊推理类模型比较

将 PSO-LSSVM 智能响应面计算模型与常用的自适应神经网络的模糊推理系统（Adaptive Neuro-Fuzzy Inference System，ANFIS）、Takagi-Sugeno 型模糊推理系统与 Mamdani 型模糊推理系统等岩爆预测模糊推理类模型进行比较，以 Adoko A C 等（2013）案例数据为计算算例，具体结果见表 5-8。其中，PSO-LSSVM、ANFIS、基于减聚类的 Takagi-Sugeno 模糊推理系统（Subtractive Clustering Based Takagi-Sugeno Fuzzy Inference System，SC-TSFIS）、基于模糊 C 均值聚类的 Takagi-Sugeno 模糊推理系统（Fuzzy C-mean Based Takagi-Sugeno Fuzzy Inference System，FCM-TSFIS）、基于模糊 C 均值聚类的 Mamdani 模糊推理系统（Fuzzy C-mean Based Mamdani Fuzzy Inference System，FCM-MFIS）与基于知识的 Mamdani 模糊推理系统（Knowledge-based Mamdani Fuzzy Inference System，Knowledge based-MFIS）的偏差值（the Variance Account For，VAF）依次减少，均方根误差 RMSE 依次增加，表明 PSO-LSSVM 智能响应面计算模型表现出一定的拟合优势。

PSO-LSSVM 模型与模糊推理类模型结果比较　　表 5-8

模　　型	VAF（%）	RMSE	备　　注
PSO-LSSVM	98	0.14	本书预测值
ANFIS	92	1.71	模糊推理类模型预测值（Adoko 等，2013）
SC-TSFIS	72	3.82	
FCM-TSFIS	70	9.06	
FCM-MFIS	60.55	9.408	
Knowledge based-MFIS	45.8	13.2	

②与岩爆预测支持向量机类模型比较

将 PSO-LSSVM 智能响应面计算模型与常用的粒子群支持向量机(Support Vector Machine, SVM)模型(以下简称 PSO-SVM 模型)、遗传算法(Genetic Algorithm, GA)支持向量机模型(以下简称 GA-SVM 模型)、网格搜索法(Grid Search Method, GSM)支持向量机模型(以下简称 GSM-SVM 模型)等岩爆预测支持向量机类模型进行比较,以既有岩爆案例(周健等,2012)为计算算例,具体结果见表 5-9。其中,PSO-LSSVM 智能响应面计算模型训练集与测试集的正确率都相对较高,表明该模型的准确性。

PSO-LSSVM 模型与支持向量机类模型结果比较 表 5-9

模　　型	训练集正确率(%)	测试集正确率(%)	备　　注
PSO-LSSVM	97.98	88.89	本书预测值
PSO-SVM	97.98	77.78	支持向量机类模型预测值(周健等,2012)
GA-SVM	97.98	77.78	
GSM-SVM	67.68	88.89	

③与岩爆预测传统经验指标分类模型比较

基于以上既有岩爆案例数据算例(周健等,2012),分别比较 PSO-LSSVM 智能响应面计算模型结果与 Russense 判据(Russense,1974)、Hoek 判据(Hoek 与 Brown,1980)、弹性应变能指数判据(谷明成等,2002)、强度应力比判据(冯涛等,2000)等岩爆传统经验指标分类模型计算结果间的差异性,结果比较图见图 5-15。

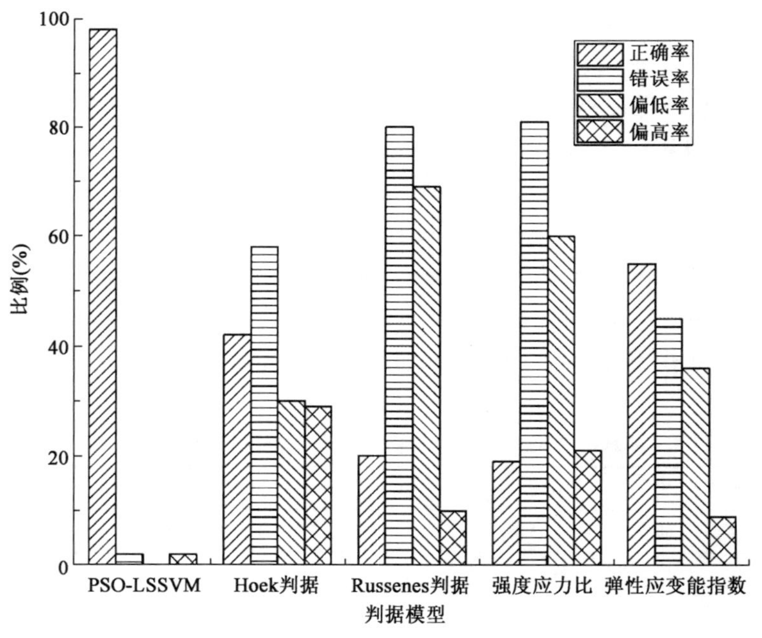

图 5-15　PSO-LSSVM 模型与岩爆传统经验指标分类模型计算结果比较图

由图 5-15 可知,PSO-LSSVM 智能响应面计算模型预测正确率最高,四种岩爆传统经验指标分类模型正确率偏低,呈现出高估计或低估计偏差。与冯夏庭等(2013)利用不同传统判据

预测锦屏二级引水隧洞岩爆倾向性得出的判定结果较吻合，单指标经验判据模型在评估具体岩爆等级时正确率偏低，主要原因在于单指标经验判据模型考虑因素少，未全面反映隧道的地质结构、工程活动等主要因素的影响。

(2)预测概率模型误差分析

为分析岩爆预测概率模型的不确定性，采用岩爆预测等级值概率分布函数95%的置信区间确定模型误差带。根据模型误差带可以很方便地判断岩爆预测等级值发生概率的上下阈值界限与波动范围，提高预测结果的可信度，具体见图5-16。

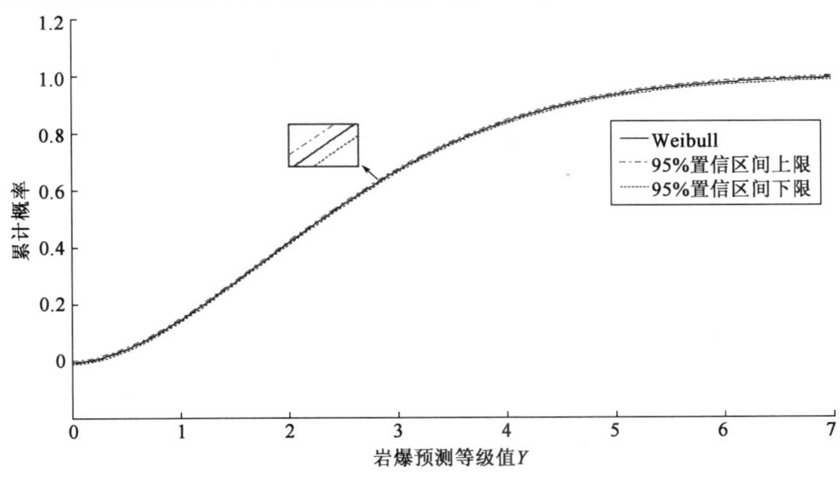

图5-16　岩爆预测等级值概率模型误差带图

5.3　基于微震信息演化特征的岩爆风险评估方法

5.3.1　微震参数案例统计特征

1)案例特征参数概率统计

本书从现有文献资料(冯夏庭等，2013；Hudson与冯夏庭，2015)中收集了锦屏二级水电站引水隧洞、施工排水洞微震监测洞段已发生的岩爆微震监测实例共78例，选取常用的与微破裂活动密切相关、能反映监测区岩爆孕育规律的微震活动参变量共6个，分别为累计事件数N(个)、事件率n(个/d)、累计释放能量对数$\lg E$(J)、能量速率对数$\lg e$(J/d)、累计视体积对数$\lg V$(m^3)与视体积率对数$\lg v$(m^3/d)，将其作为数据样本进行统计分析。

首先，推测6个微震参变量的概率分布。由于事先未知以上参数的概率分布形式，以常用的正态分布Normal、对数正态分布Lognormal、伽马分布Gamma与威布尔分布Weibull估计上述参数的分布形态。其次，检验总体分布形式。K-S检验是常用的参数分布拟合检验方法(何正风等，2012)，参照5.2.1节的做法，利用K-S检验方法分别确定6个参数的概率分布函数。经对6个参数进行统计分析，参数概率统计值见表5-10，其中，累计事件数N等6个参数的4种概率分布与经验分布对比见图5-17～图5-22。K-S检验统计结果见表5-11。

6 个参数概率统计值　　表 5-10

统计值	参数					
	N(个)	n(个/d)	lg$E$(J)	lg$e$(J/d)	lg$V$(m^3)	lg$v$(m^3/d)
平均值	12.7436	1.7009	4.3186	3.5136	4.125	3.32
标准差	14.4864	1.8227	1.5518	1.4231	0.6763	0.6027
变异系数	1.137	1.072	0.3593	0.4050	0.1640	0.1815
最大值	70	12.25	7.094	5.89	5.168	4.393
最小值	1	0.111	0.78	0.178	2.511	1.666
Lognormal 的均值、标准差	1.9681、1.1329	0.1356、0.9061	1.3626、0.5145	1.1024、0.6889	1.4026、0.1752	1.1813、0.2028
Gamma 的形状参数 α、尺度参数 β	1.0004、12.7386	1.4075、1.2085	5.1446、0.8394	3.3986、1.0338	34.7262、0.1188	26.8717、0.1236
Weibull 的形状参数 α、尺度参数 β	12.49、0.9599	1.7849、1.1305	4.8082、3.2305	3.9113、2.6435	4.4031、7.5613	3.56、6.7978

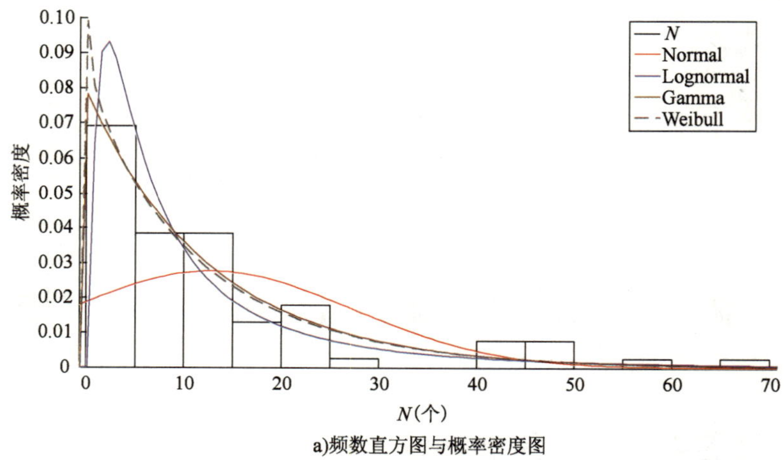

a)频数直方图与概率密度图

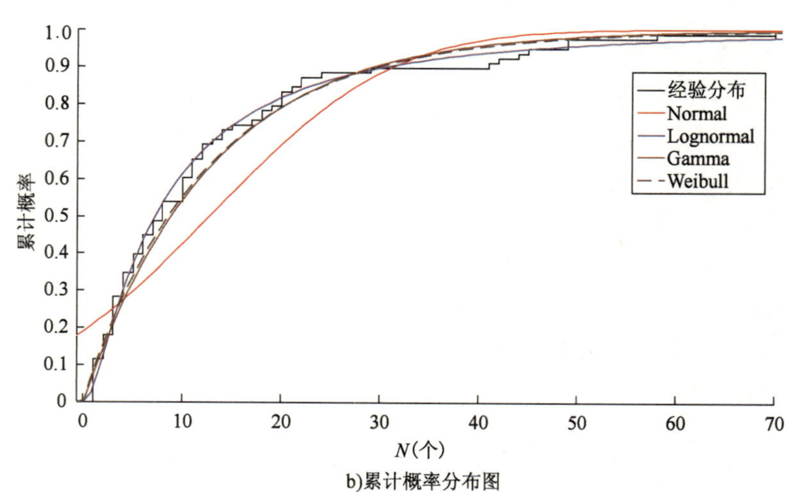

b)累计概率分布图

图 5-17　累计事件数 N 的 4 种概率分布与经验分布对比图

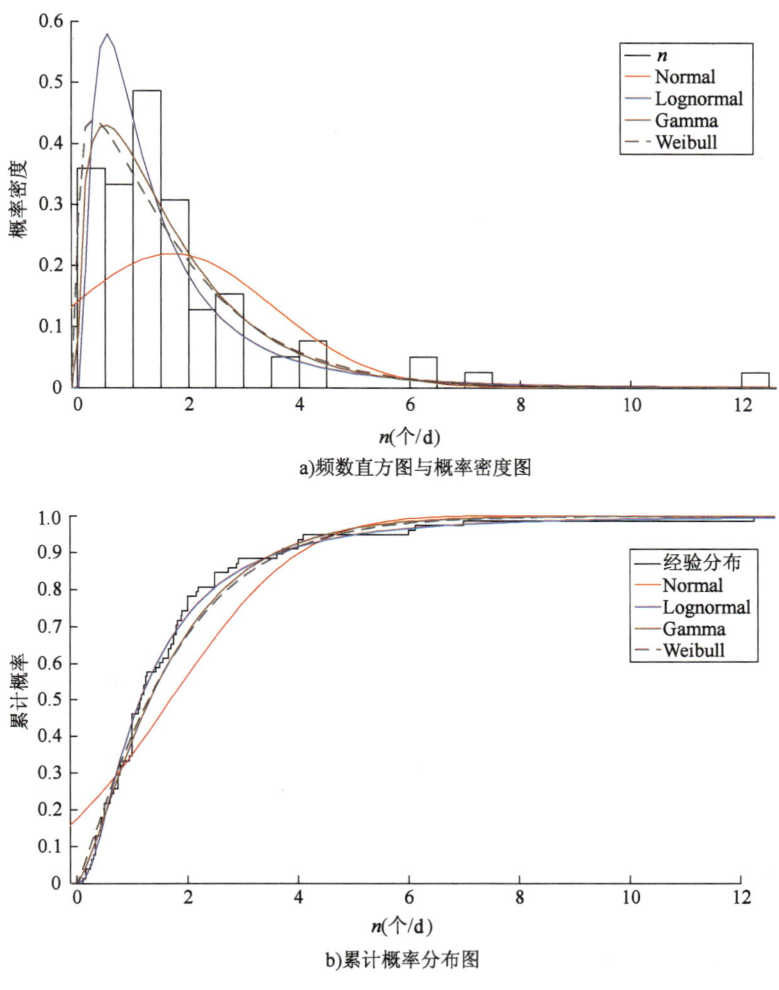

a)频数直方图与概率密度图

b)累计概率分布图

图 5-18　事件率 n 的 4 种概率分布与经验分布对比图

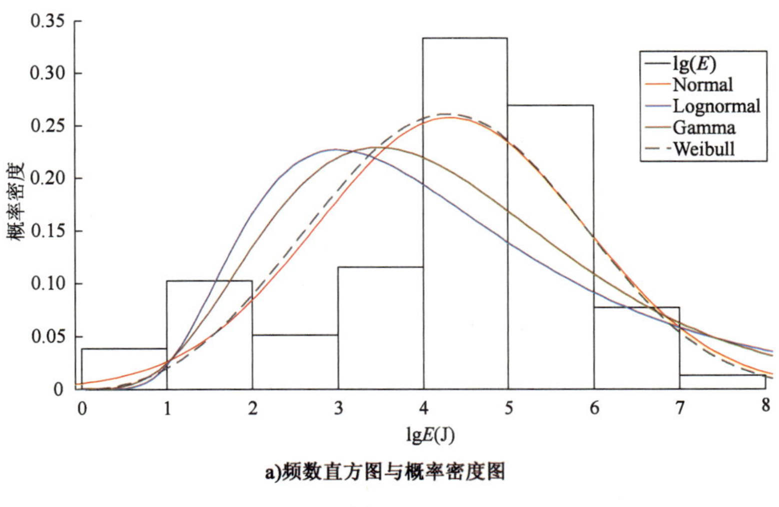

a)频数直方图与概率密度图

图　5-19

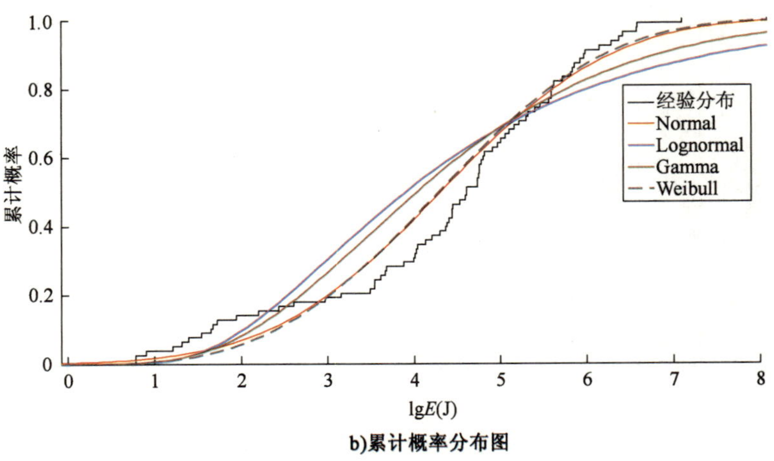

b)累计概率分布图

图 5-19 累计释放能量对数 lg$E$ 的 4 种概率分布与经验分布对比图

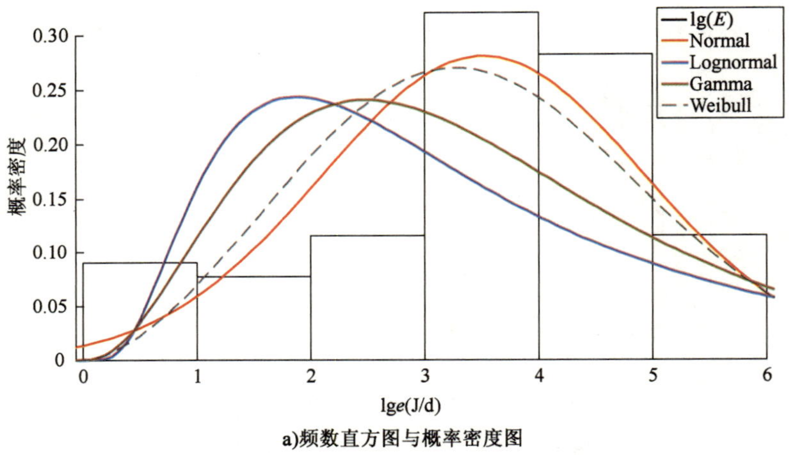

a)频数直方图与概率密度图

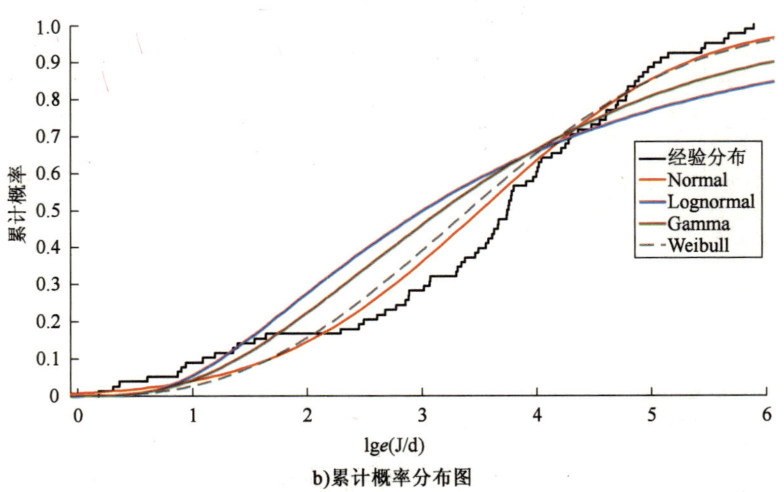

b)累计概率分布图

图 5-20 能量速率对数 lg$e$ 的 4 种概率分布与经验分布对比图

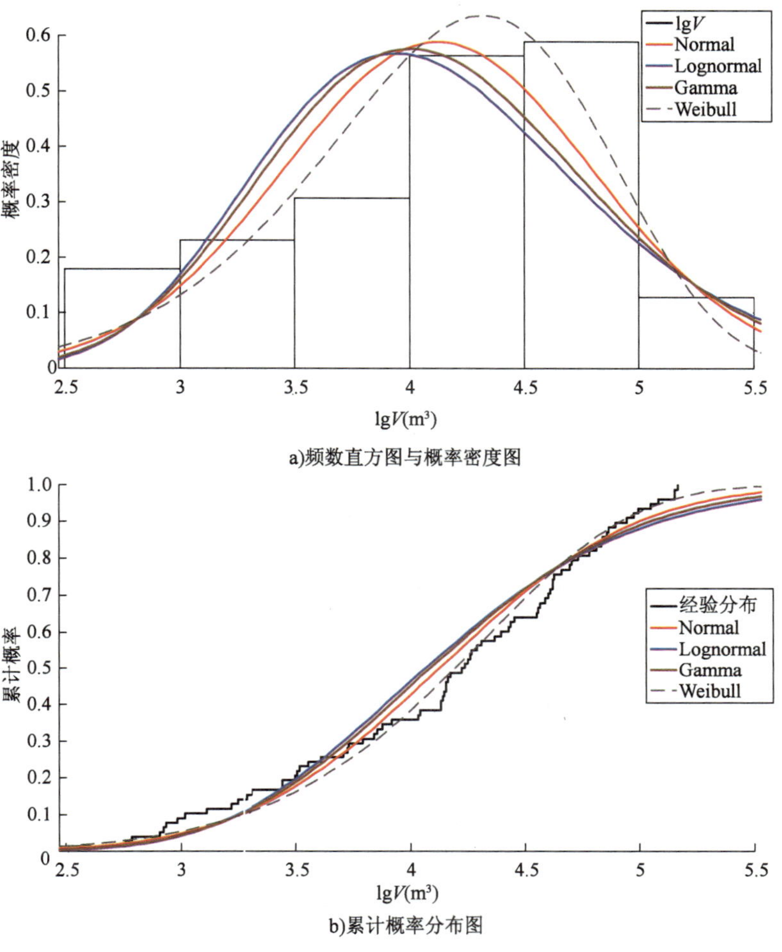

a)频数直方图与概率密度图

b)累计概率分布图

图 5-21　累计视体积对数 lgV 的 4 种概率分布与经验分布对比图

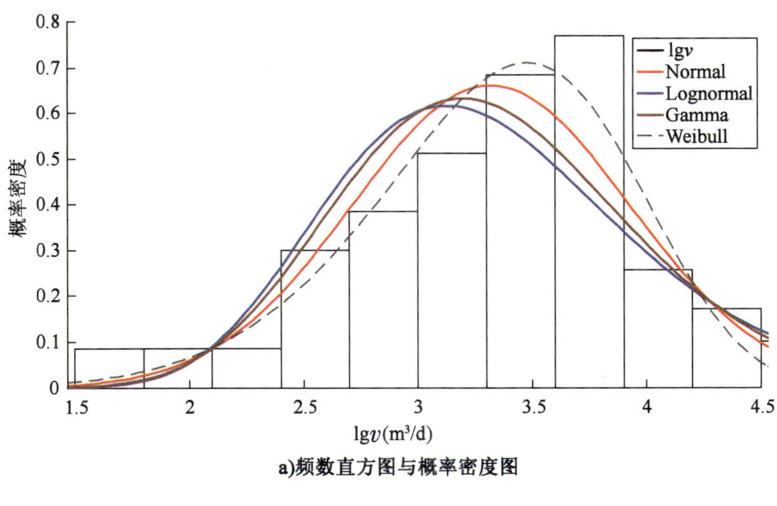

a)频数直方图与概率密度图

图　5-22

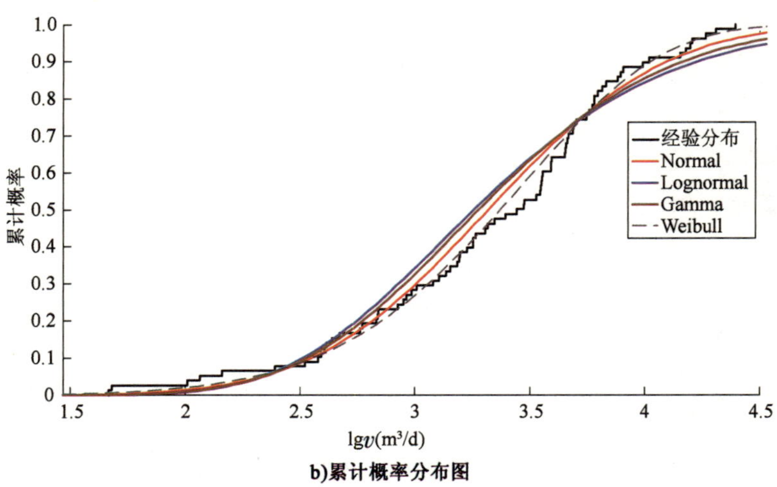

b)累计概率分布图

图 5-22　视体积率对数 lgv 的 4 种概率分布与经验分布对比图

K-S 检验统计结果　　表 5-11

参数		概率模型			
		Normal	Lognormal	Gamma	Weibull
N	D_n	0.2128	0.0766	0.0823	0.0848
	D_n排序	4	1	2	3
	接受情况	拒绝	接受	接受	接受
n	D_n	0.2169	0.0944	0.0984	0.1038
	D_n排序	4	1	2	3
	接受情况	拒绝	接受	接受	接受
$\lg E$	D_n	0.1281	0.2227	0.195	0.1351
	D_n排序	1	4	3	2
	接受情况	接受	拒绝	拒绝	接受
$\lg e$	D_n	0.1190	0.2318	0.2061	0.1504
	D_n排序	1	4	3	2
	接受情况	接受	拒绝	拒绝	接受
$\lg V$	D_n	0.1195	0.1521	0.1419	0.0826
	D_n排序	2	4	3	1
	接受情况	接受	拒绝	接受	接受
$\lg v$	D_n	0.1099	0.1273	0.1238	0.0846
	D_n排序	2	4	3	1
	接受情况	接受	接受	接受	接受

注：K-S 检验的临界值为 0.1515。

通过表 5-11 可知，累计事件数 N 的最优概率分布是 Lognormal，事件率 n 的最优概率分布是 Lognormal，累计释放能量对数 $\lg E$ 的最优概率分布是 Normal，能量速率对数 $\lg e$ 的最优概率

分布是 Normal，累计视体积对数 lg$V$ 的最优概率分布是 Weibull，视体积率对数 lg$v$ 的最优概率分布是 Weibull。

2）参数相关性分析

参照5.2.1节的做法，利用相关性分析确定参数间相关密切的程度，以相关系数作为表征参数间相关程度的指标，6个参数的相关系数计算值见表5-12，6个参数散点矩阵图见图5-23。从图5-23可知，累计事件数 N 与事件率 n、累计释放能量对数 lg$E$ 与能量速率对数 lg$e$、累计视体积对数 lg$V$ 与视体积率对数 lg$v$ 间具有强正相关性，其他参数间相关性较弱。

6个参数相关系数 表5-12

参 数	N	n	lg$E$	lg$e$	lg$V$	lg$v$
N	1	**0.7990**	0.5467	0.5105	0.5779	0.4461
n	**0.7990**	1	0.4296	0.4680	0.4268	0.4778
lg$E$	0.5467	0.4296	1	**0.9820**	0.6144	0.4332
lg$e$	0.5105	0.4680	**0.9820**	1	0.5711	0.4736
lg$V$	0.5779	0.4268	0.6144	0.5711	1	**0.8886**
lg$v$	0.4461	0.4778	0.4332	0.4736	**0.8886**	1

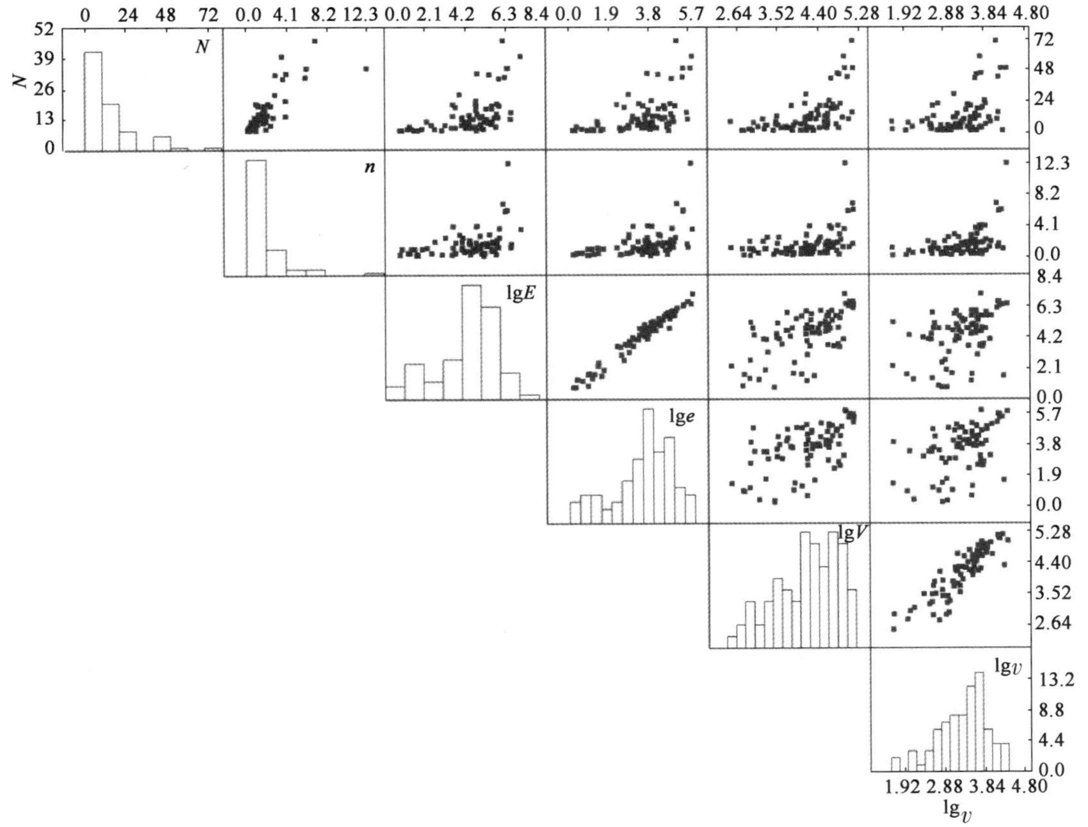

图5-23 6个参数散点矩阵图

5.3.2 岩爆风险评估方法

5.3.2.1 基于 BN 的岩爆风险估计

根据风险定义(Einstein,1996;Brown,2012),深埋硬岩隧道岩爆风险计算公式见式(5-24)。

$$R = P \times C \tag{5-24}$$

式中:R——隧道岩爆风险;

P——隧道岩爆发生可能性;

C——隧道岩爆后果损失。

因此,只要确定了岩爆发生可能性 P 与岩爆后果损失 C,即可利用式(5-26)计算隧道岩爆风险 R。通常情况下,岩爆微震现场监测受干扰因素很多,监测信息准确获取存在局限性,监测数据的不完整与不确定性给岩爆风险评估带来了困难。本书利用基于 BN 的方法评估岩爆风险,BN 方法是不确定环境中实现知识表示、推断与预测的理想工具,能够在有限不完备数据情况下得到较为客观的定量评估结果,被广泛应用于风险识别、智能决策等领域,对于直观地反映岩爆风险与微震监测参数间的内在联系有很大优势。BN 方法计算步骤包括确定参数变量集、确定网络结构、确定参数变量值域、开展参数学习与动态更新(李宁等,2017)。因此,建立 BN 模型关键是要确定岩爆发生可能性 P 与后果损失 C,下面分别介绍两者的计算方法。

1)岩爆发生可能性估测

基于以上 6 个微震监测参数,构建岩爆发生可能性预测模型。令 X 为 6 个参数的集合,记为 $X=(N、n、\lg E、\lg e、\lg V、\lg v)$,$X$ 的联合先验分布函数记为 $f_x(X)$,岩爆等级按照常规分级方式分为四级,分别为无岩爆、轻微岩爆、中等岩爆、强烈岩爆。冯夏庭等(2013)、Russenes(1974)、Bukowska M(1974)从便于计算角度将以上岩爆等级分别编码为 0、1、2、3。本书为避免预测等级值出现负值,将对应的岩爆等级临界值分别编码为 1、2、3、4,分级区间设为(0,1]、(1,2]、(2,3]、(3,4]。岩爆预测计算模型见式 (5-2)。

鉴于岩爆发生机制的复杂性和随机性,本书采用 RF 智能响应面代替计算模型 $g(X)$,建立 6 个参数与隧道岩爆预测等级间的非线性映射关系。另外,为了得到普适性结果,本书采用 MCS 构建适宜的 RF 模型。因此,开展岩爆可能性估测的关键是要确定 RF 智能响应面模型与六维参数联合概率分布函数。

(1)PSO-RF 智能响应面计算模型确定

RF 智能响应面计算模型构建原理如下:

RF 算法是由 Breiman(2001)提出的一种集成多棵决策树的有监督学习的机器学习算法,主要利用 bootstrap 随机重抽样方法,从原始数据集中抽取多个样本,并对每个 bootstrap 样本构建分类树,对所有分类树的预测进行组合并通过投票得到最终分类结果。RF 计算步骤如下:

①利用 bootstrap 方法,从原始训练样本集中有放回的随机抽取 k 个子训练样本集,组建 k 棵分类回归树,其余未被抽取的样本便构成了 k 个袋外数据。

②假设训练样本集的特征维数为 n,从 n 个特征中随机抽取 m_{try} 个特征($m_{try} \leqslant n$)计算信息增益,在 m_{try} 个特征中选取一个最具有分类能力的特征进行节点分裂。

③最大限度让每棵树自由生长，不进行任何剪枝。

④将 k 棵树组建为随机森林，并对新数据进行分类，根据树分类器投票的多少确定分类结果。

随机森林的构建流程如图5-24所示。

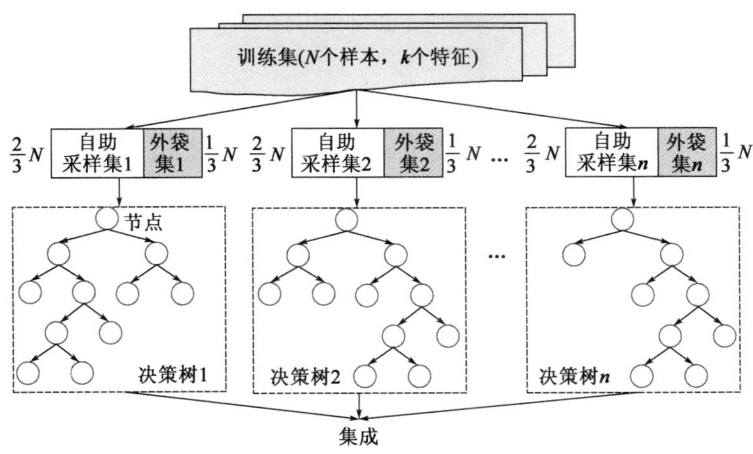

图5-24　随机森林的构建流程图

在应用RF方法时，要首先解决模型的参数优化问题，参数选择是否合适对于模型的学习和推广能力影响很大。采用人工搜索最优参数的方法费时耗力，PSO优化算法具有高效的全局寻优能力，PSO-RF智能响应面计算模型在快速建立参数与预测数值间的非线性映射关系方面应用效果较好(张聘等，2020)。PSO算法主要原理见3.3.2节，具体计算公式如下：

$$V = wV + c_1\text{rand}()(p_{Best} - p) + c_2\text{rand}()(g_{Best} - p) \tag{5-25}$$

$$p = p + v \tag{5-26}$$

式中：v——粒子的速度；

p——粒子的当前位置；

c_1，c_2——学习因子，通常在0~2间取值，此处 c_1，c_2 均取1.49；

rand( )——(0,1)之间的随机数；

w——加权因子，取 $w=1$。

为了保证参数优化结果的稳定性，本书采用十折交叉验证方法。在交叉验证过程中，PSO算法的适应度函数Fitness为：

$$\text{Fitness} = \frac{1}{10}\sum_{i=1}^{10}\text{MAE}_i \tag{5-27}$$

$$\text{MAE} = \frac{1}{n}\sum_{i=1}^{n}|r_i - p_i| \tag{5-28}$$

式中：MAE_i——第 i 个验证集的平均绝对误差；

r_i——实测输出值；

p_i——预测输出值。

另外,RF 模型性能利用均方根误差 RMSE、平均绝对误差(Mean Absolute Error, MAE)与平均绝对百分比误差(Mean Absolute Percentage Error, MAPE)共同表示。三者取值越小,表明模型性能越优。PSO-RF 模型构建流程如图 5-25 所示。

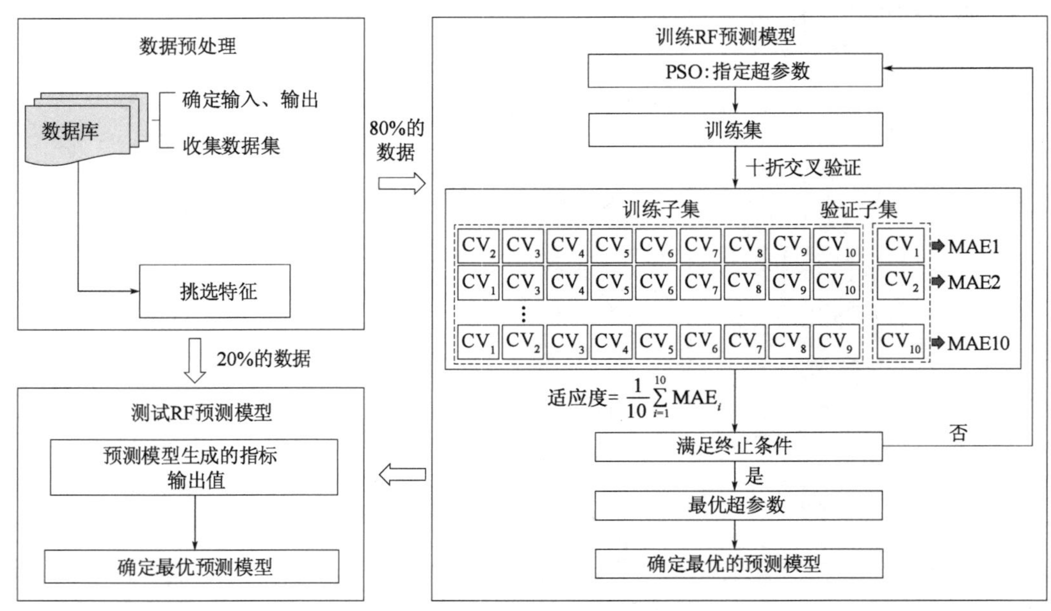

图 5-25 PSO-RF 模型构建流程图

(2)基于 Copula 理论的六维参数联合概率分布函数构建

Copula 函数是构建相关非正态变量联合分布函数的有效方法,近年来在岩土工程领域得到了快速发展。根据 Sklar 定理(Sklar,1959),6 个参数 N、n、$\lg E$、$\lg e$、$\lg V$、$\lg v$ 的联合概率分布函数 $F(N、n、\lg E、\lg e、\lg V、\lg v)$ 和联合概率密度函数 $f(N、n、\lg E、\lg e、\lg V、\lg v)$ 分别为:

$$\begin{aligned}&F(N、n、\lg E、\lg e、\lg V、\lg v)\\&=C(F_1(N),F_2(n),F_3(\lg E),F_4(\lg e),F_5(\lg V),F_6(\lg v);\boldsymbol{\theta})\\&=C(u_1,u_2,u_3,u_4,u_5,u_6;\boldsymbol{\theta})\end{aligned} \tag{5-29}$$

$$\begin{aligned}&f(N、n、\lg E、\lg e、\lg V、\lg v)\\&=D(F_1(N),F_2(n),F_3(\lg E),F_4(\lg e),F_5(\lg V),F_6(\lg v);\boldsymbol{\theta})\times\\&\quad f_1(N)f_2(n)f_3(\lg E)f_4(\lg e)f_5(\lg V)f_6(\lg v)\end{aligned} \tag{5-30}$$

式中,$u_1=F_1(N)$、$u_2=F_2(n)$、$u_3=F_3(\lg E)$、$u_4=F_4(\lg e)$、$u_5=F_5(\lg V)$、$u_6=F_6(\lg v)$ 分别为参数 N、n、$\lg(E)$、$\lg e$、$\lg V$、$\lg v$ 的一维分布函数;$f_1(N)$、$f_2(n)$、$f_3(\lg E)$、$f_4(\lg e)$、$f_5(\lg V)$、$f_6(\lg v)$ 分别为参数 N、n、$\lg E$、$\lg e$、$\lg V$、$\lg v$ 的一维概率密度函数;$C(u_1,u_2,u_3,u_4,u_5,u_6;\boldsymbol{\theta})$ 为六维 Copula 函数;$D(u_1,u_2,u_3,u_4,u_5,u_6;\boldsymbol{\theta})$ 为六维 Copula 密度函数;$\boldsymbol{\theta}$ 为 Copula 函数的相关参数向量,对于椭圆 Copula 函数而言,$\boldsymbol{\theta}$ 为相关参数矩阵。

由于 6 个参数间同时具有正负相关关系,而多维阿基米德 Copula 函数只能描述参数间的正相关性(李典庆等,2015),因此,本书采用椭圆 Copula 函数描述 6 个参数间相关关系。由于椭圆 Copula 函数中的 Gaussian Copula 函数和 t Copula 函数都具有对称的相关结构,都能描述参数间的正负相关关系,且相关系数绝对值都能达到 1。因此,多维 Gaussian Copula 和 t Copula

函数适合描述6个参数间的相关关系。最优椭圆 Copula 函数的联合概率分布函数的识别分为两个步骤：

①利用极大似然估计得出多维 Gaussian Copula 和 t Copula 函数的相关参数矩阵 $\boldsymbol{\theta}$ 以及 t Copula 函数的自由度 $\boldsymbol{v}$。

②采用 AIC 准则和 BIC 准则识别6个参数相关结构最优的 Copula 函数。在应用以上两种准则进行最优的 Copula 函数识别时，具有最小 AIC 值或 BIC 值的 Copula 函数认为是最优的 Copula 函数（李典庆等，2015）。识别出最优 Copula 函数后，将6个参数的边缘分布函数与最优的 Copula 函数结合即可获得6个参数的联合概率分布函数。

2）岩爆后果损失估测

岩爆后果通常考虑人员伤亡、直接经济损失、社会影响、环境影响与工期延误等情形（Eskesen 等，2004；交通运输部工程质量监督局，2011；中国铁路总公司，2014），不同后果情形分级标准具体如下：

（1）人员伤亡

人员伤亡根据不同伤亡类别和严重程度可分为死亡或失踪、重伤、轻伤三种，参照公路与铁路隧道以及国际隧道与地下空间协会人员伤亡分级标准（Eskesen 等，2004；交通运输部工程质量监督局，2011；中国铁路总公司，2014），结合隧道工程施工实际，将人员伤亡程度等级标准从大到小划分为五级，分别为“1、2、3、4、5”，具体见表5-13。

人员伤亡程度分级标准　　表5-13

等级	1	2	3	4	5
人员伤亡	死亡（或失踪）人数≥7或重伤人数≥12或轻伤人数≥15	5≤死亡（或失踪）人数<7或8≤重伤人数<12或10≤轻伤人数	3≤死亡（或失踪）人数<5或4≤重伤人数<8或5≤轻伤人数<10	1≤死亡（或失踪）人数<3或1≤重伤人数<4或2≤轻伤人数<5	轻伤1人或无人员受伤

（2）直接经济损失

直接经济损失主要包括人身伤亡后的支出费用（包括医疗费用、丧葬与抚恤费用、补助与救济费用以及歇工工资）、善后处理费用（包括处理事故的事务性费用、现场抢救费用、清理现场费用、事故罚款和赔偿费用）和财产损失价值（包括固定资产损失价值、流动资产损失价值），可按照绝对经济损失或相对经济损失进行分级，参照公路与铁路隧道以及国际隧道与地下空间协会直接经济损失分级标准（Eskesen 等，2004；交通运输部工程质量监督局，2011；中国铁路总公司，2014），结合隧道工程施工实际，将直接经济损失分级标准从大到小划分为五级，分别为“1、2、3、4、5”，具体见表5-14。

直接经济损失分级标准　　表5-14

等级	1	2	3	4	5
经济损失（Z）（万元）	$Z\geqslant 10000$	$5000\leqslant Z<10000$	$1000\leqslant Z<5000$	$100\leqslant Z<1000$	$Z<100$
经济损失占项目建安费的比例（p_r）	$p_r\geqslant 10\%$	$5\%\leqslant p_r<10\%$	$2\%\leqslant p_r<5\%$	$1\%\leqslant p_r<2\%$	$p_r<1\%$

(3)社会影响

社会影响主要包括隧道岩爆事故可能诱发社会矛盾、群体性或个体极端事件等造成的负面影响,根据影响范围与严重程度不同,参照铁路隧道、国际隧道与地下空间协会社会影响分级标准(Eskesen 等,2004;中国铁路总公司,2014),将社会影响分级标准划分为五级,从大到小分别为"1、2、3、4、5",具体见表5-15。

社会影响分级标准 表5-15

后果等级	1	2	3	4	5
社会影响	绝大部分群众有意见、反应强烈,可能引发大规模群体性事件,媒体高度关注	大部分群众有意见、反应较强烈,可能引发小规模群体性事件,媒体一般关注	小部分群众有意见、反应较强烈,可能引发矛盾冲突	绝大部分群众理解支持,但极少数人有意见,矛盾易化解	群众均无意见

(4)环境影响

环境影响主要包括隧道岩爆事故可能对环境造成污染或破坏,参照铁路隧道与国际隧道与地下空间协会社会影响分级标准(Eskesen 等,2004;中国铁路总公司,2014),将环境影响分级标准划分为五级,从大到小分别为"1、2、3、4、5",具体见表5-16。

环境影响分级标准 表5-16

后果等级	1	2	3	4	5
自然环境影响	涉及范围很大,周边生态环境发生严重污染或破坏	涉及范围较大,周边生态环境发生较重污染或破坏	涉及范围较小,邻近区域生态环境发生轻度污染或破坏	涉及范围很小,施工区域生态环境发生少污染或破坏	施工区域生态环境基本不受影响
社会环境影响	对重要建(构)筑物、水库、民房等有严重影响	对重要建(构)筑物、水库、民房等有较大影响	对重要建(构)筑物、水库、民房等有较小影响	对重要建(构)筑物、水库、民房等有很小影响	对重要建(构)筑物、水库、民房等无影响

(5)工期延误

工期延误主要是指岩爆事故可能引起的隧道工程建设时间的延长,参照铁路隧道、国际隧道与地下空间协会工期延误分级标准(Eskesen 等,2004;中国铁路总公司,2014),按照控制工期工程与非控制工期工程将工期延误分级标准划分为五级,从大到小分别为"1、2、3、4、5",具体见表5-17。

工期延误分级标准 表5-17

后果等级		1	2	3	4	5
延误时间(月)	非控制工期工程	>24	12~24	6~12	1~6	≤1
	控制工期工程	>8	4~8	2~4	0.33~2	≤0.33

由于岩爆事故后果的不确定性,可能会造成多种后果同时产生,而且人员伤亡、直接经济损失、社会影响、环境影响与工期延误五种后果分级标准不同,计量方式也不统一。为综合衡量岩爆事故发生后果,假设不同事故后果类型之间的统计是相互独立的,对五种事故后果的严

重程度进行量化统一，由此建立了岩爆事故后果当量计算模型，见式(5-31)。

$$DC = C_R + C_Z + C_S + C_H + C_G \tag{5-31}$$

式中：DC——岩爆事故后果当量；

C_R——人员伤亡当量；

C_Z——直接经济损失当量；

C_S——社会影响当量；

C_H——环境影响当量；

C_G——工期延误当量。

其中，对于人员伤亡当量 C_R 的计算如下：根据《企业职工伤亡事故分类》，损失工作日数值作为划分伤害程度的依据。其中，将损失工作日低于 105d 的失能伤害称为轻伤，损失工作日等于和超过 105d 的失能伤害称为重伤。按照《企业职工伤亡事故分类》附录 B 中列出的永久性部分失能伤害情景计算，重伤平均损失工作日为 2286d，死亡或永久性全失能伤害指损失工作日为 6000d。按照损失工作日计算，死亡、重伤和轻伤事故后果比例约为 1∶3∶60。因此，本书将死亡一人作为 1 个事故当量，则人员伤亡当量 C_R 可以用式(5-32)表示：

$$C_R = C_{R_1} + \frac{C_{R_2}}{3} + \frac{C_{R_3}}{60} \tag{5-32}$$

式中：C_{R_1}——死亡人数；

C_{R_2}——重伤人数；

C_{R_3}——轻伤人数。

对于直接经济损失当量 C_Z 主要参照《生产安全事故报告和调查处理条例》与《工伤保险条例》中相关事故直接经济损失的规定进行折算，1 个事故当量的直接经济损失相当于 300 万 ~ 500 万元，结合现阶段实际事故赔偿情况，本书按 400 万元进行计算，则直接经济损失当量 C_Z 可以用式(5-33)表示：

$$C_Z = \frac{Z}{400} \tag{5-33}$$

社会影响与环境影响的当量值在参照铁路隧道、国际隧道与地下空间协会社会影响与环境影响分级标准的基础上(Eskesen 等，2004；中国铁路总公司，2014)，结合实际事故影响与专家咨询情况，可确定社会影响与环境影响的当量取值分别见表 5-18、表 5-19。

社会影响当量 C_S 取值　　表 5-18

后果等级	1	2	3	4	5
当量取值	10	3	1	1/2	0

环境影响当量 C_H 取值　　表 5-19

后果等级	1	2	3	4	5
当量取值	10	3	1	1/2	0

工期延误可分为控制工期工程和非控制工期工程两类，其中，参照铁路隧道、国际隧道与地下空间协会工期延误分级标准(Eskesen 等，2004；中国铁路总公司，2014)，非控制工期工程

延误时间约为控制工期工程的 3 倍。结合实际事故影响与专家咨询情况,1 个事故当量可用 $\frac{C_G}{3}$表示,工期延误当量取值见表 5-20。

工期延误当量 C_G 取值 表 5-20

后果等级	1	2	3	4	5
当量取值	24	12 ~ 24	6 ~ 12	1 ~ 6	≤1

由以上分析可知,式(5-31)可转化为式(5-34):

$$DC = \left(C_{R_1} + \frac{C_{R_2}}{3} + \frac{C_{R_3}}{60}\right) + \frac{C_Z}{400} + C_S + C_H + \frac{C_G}{3} \tag{5-34}$$

由于文献资料中可获得的量化岩爆事故人员伤亡、直接经济损失、社会影响、环境影响与工期延误等后果类型的案例数据相对较少,本书利用 MCS 方法确定事故当量分级标准。其中,人员伤亡符合均匀分布,直接经济损失与工期延误符合三角分布(李志宏等,2010,2014)。将五种事故后果开展 1000 次 MCS 模拟抽样,得到岩爆事故后果当量 DC,确定其概率分布函数。以常用的 Normal、Lognormal、Gamma 与 Weibull 等四种概率分布估计岩爆事故后果当量 DC 的概率分布形态,并用 K-S 检验确定最优拟合概率函数,统计结果见表 5-21。

后果当量 K-S 检验统计结果 表 5-21

参数		概率模型			
		Normal	Lognormal	Gamma	Weibull
DC	D_n	0.0331	0.0503	0.0351	0.0317
	D_n排序	2	4	3	1
	接受情况	接受	拒绝	接受	接受

注:K-S 检验的临界值为 0.0428。

由表 5-21 可知,岩爆事故后果当量 DC 的最优概率分布函数是 Weibull,概率分布图见图 5-26。由于岩爆风险与岩爆发生可能性均分为四级,由式(5-24)可知,为便于岩爆风险计算,基于《公路桥梁和隧道工程施工安全风险评估制度及指南解析》(交通运输部工程质量监督局,2011)以及《生产安全事故报告和调查处理条例》,将岩爆事故后果当量 DC 按照严重程度分为"特大、重大、较大、一般"四级。参照公路与铁路隧道、国际隧道与地下空间协会等事故后果分级标准(Eskesen 等,2004;交通运输部工程质量监督局,2011;中国铁路总公司,2014;吴忠广等,2020),结合隧道工程施工实际,将岩爆事故后果当量 DC 累计概率分布曲线上比例范围约为 3% 对应的概率范围视为特大,将累积概率分布曲线上比例范围约为 27% 对应的概率范围视为重大,将累计概率分布曲线上概率小于 0.3 的区域视为一般。即对应累计概率分布曲线上比例约为 3%、27%、70% 的岩爆事故后果当量 DC 分别为 45、35、25,则相应的岩爆事故后果当量 DC 的分级标准具体见表 5-22。

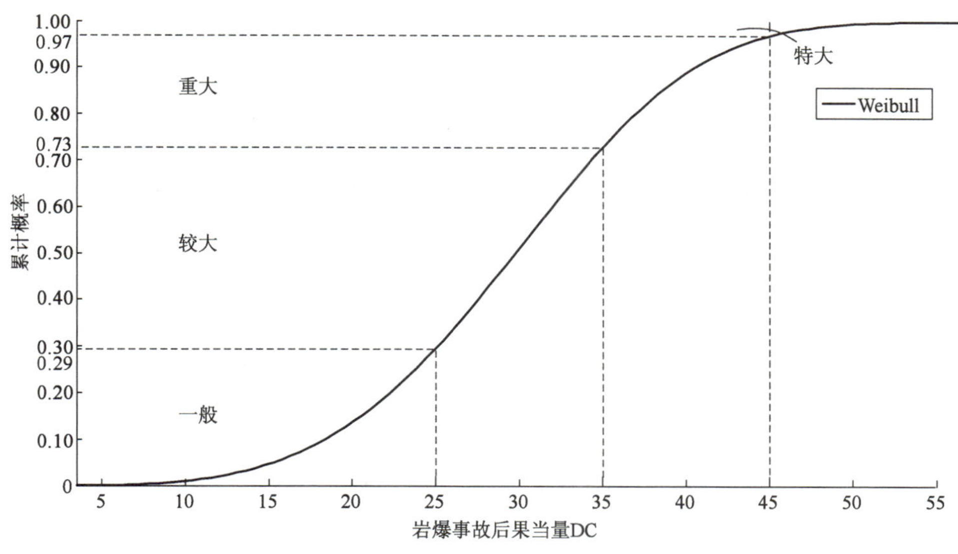

图5-26 岩爆事故后果当量DC概率分布图

岩爆事故后果当量分级标准 表5-22

事故等级	后果当量DC等级	对应概率
特大	[45,+∞)	[0.9691,1)
重大	[35,45)	[0.7282,0.9691)
较大	[25,35)	[0.2954,0.7282)
一般	[0,25)	[0,0.2954)

5.3.2.2 岩爆风险分级标准确定

结合岩爆发生可能性 P 与事故后果当量DC计算结果,由式(5-26)可得到岩爆风险,分别绘制其三维图与等高线图,具体见图5-27与图5-28。

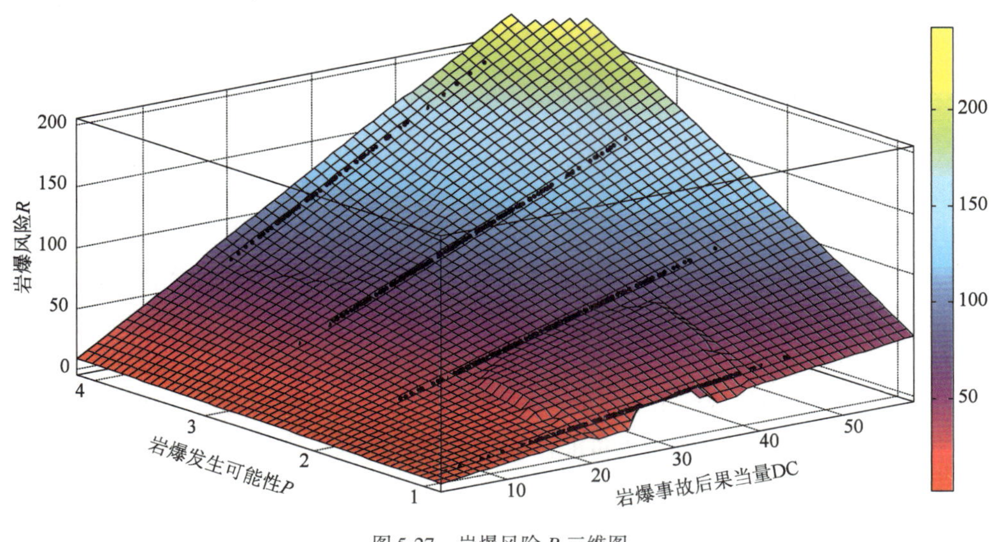

图5-27 岩爆风险 R 三维图

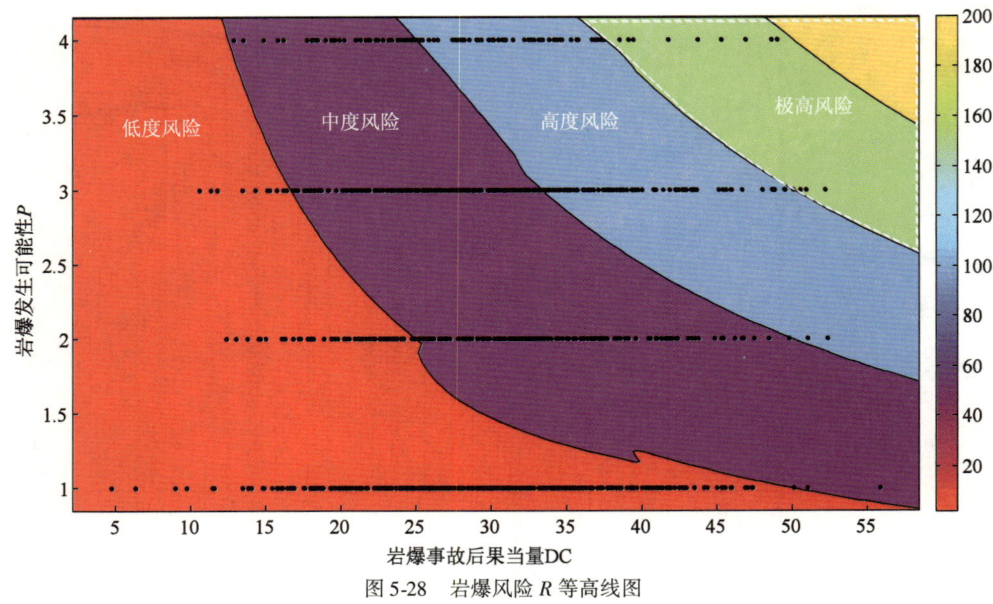

图 5-28　岩爆风险 R 等高线图

由图 5-27 与图 5-28 可知，当岩爆发生可能性 P 不变时，随着岩爆事故后果当量 DC 的增大，岩爆风险也在不断变大，不同风险值分布呈现出明显的分区特点；反之亦然。参照公路与铁路隧道以及国际隧道与地下空间协会风险分级标准(Eskesen 等，2004；交通运输部工程质量监督局，2011；中国铁路总公司，2014)，岩爆风险分为低度风险、中度风险、高度风险与极高风险四级，将图 5-28 中的红色区域视为低度风险，紫红色区域视为中度风险，浅蓝色区域视为高度风险，浅绿与黄色区域视为极高风险。具体岩爆风险分级标准见表 5-23。

岩爆风险分级标准　　表 5-23

风险等级	接受准则	分值范围
极高风险	不可接受	[150，+∞)
高度风险	不期望	[100,150)
中度风险	可接受	[50,100)
低度风险	可忽略	[0,50)

5.3.2.3　岩爆风险评估 BN 模型

1)网络结构确定

根据 BN 结构设计原理，结合式(5-24)，建立岩爆风险 BN 结构如图 5-29 所示。其中，累计事件数 N 与事件率 n，累计释放能量对数 $\lg E$ 与能量速率对数 $\lg e$、累计视体积对数 $\lg V$ 与视体积率对数 $\lg v$ 之间具有强相关性，用箭头表示彼此相互关系，其他参数之间相关性较弱。

2)参数变量值域确定

由于 BN 节点变量的值域应由离散值组成，所以开展 BN 计算的前提是要对所处理的参数进行离散化处理。对于影响岩爆发生可能性的 6 个微震监测参数，均为连续变量，按照冯夏庭等(冯夏庭等，2013；国家能源局，2019)微震监测参数聚类分析处理结果，结合现场监测实际经验进行修正，确定 6 个微震监测参数分级区间结果，如表 5-24 所示。

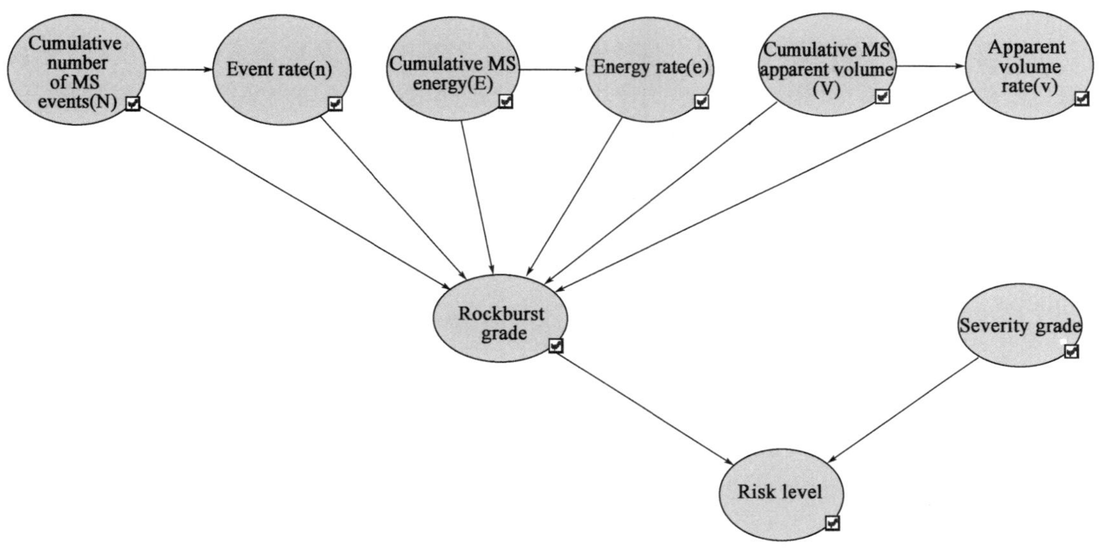

图 5-29　岩爆风险 BN 结构图

Cumulative number of MS events-累积事件数;Event rate-事件率; Cumulative MS energy-累积释放能量对数;Energy rate-能量速率对数;Cumulative MS apparent volume-累积视体积对数;Apparent volume rate-视体积率对数;Rockburst grade-岩爆预测等级;Severity grade-岩爆后果等级;Risk level-风险水平

微震监测参数分级区间结果　　表 5-24

参　数	分级区间			
N(个)	少	中等	多	很多
	[0,8)	[8,15)	[15,45)	[45,+∞)
n(个/d)	低	中等	高	很高
	[0,1.1)	[1.1,1.6)	[1.6,2.8)	[2.8,+∞)
lg$E$(J)	小	中等	大	很大
	[0,4.5)	[4.5,5.3)	[5.3,6.3)	[6.3,+∞)
lg$e$(J/d)	低	中等	高	很高
	[0,3.6)	[3.6,4.3)	[4.3,5.3)	[5.3,+∞)
lg$V$(m^3)	小	中等	大	很大
	[0,4.2)	[4.2,4.5)	[4.5,5)	[5,+∞)
lg$v$(m^3/d)	低	中等	高	很高
	[0,3.5)	[3.5,3.7)	[3.7,4)	[4,+∞)

3)参数学习

本书采用知识学习的方法确定参数先验概率,通过大量训练数据,开展 BN 参数学习,克服利用专家经验造成推理计算结果精度不高的问题。其中,岩爆预测等级利用 Copula-RF 的方法计算,将表 5-24 中 6 个微震监测参数分级区间结果与岩爆后果当量分级结果输入 BN 结构中,采用最大似然函数法进行概率估计,确定各节点的条件概率分布,以完成 BN 的参数学习功能。

4)动态更新

结合岩爆微震监测参数与后果当量计算参数,随着隧道施工参数动态变化情况,实现 BN 岩爆风险值动态更新。利用 BN 模型,不但可以进行正向推理预测岩爆风险,也可以根据岩爆风险级别开展反向诊断推理,确定对应的岩爆微震监测参数与后果当量参数变量区间。

5.3.2.4 基于 BN 的岩爆风险评估计算流程

本书提出的基于 BN 的岩爆风险评估方法计算流程如图 5-30 所示。

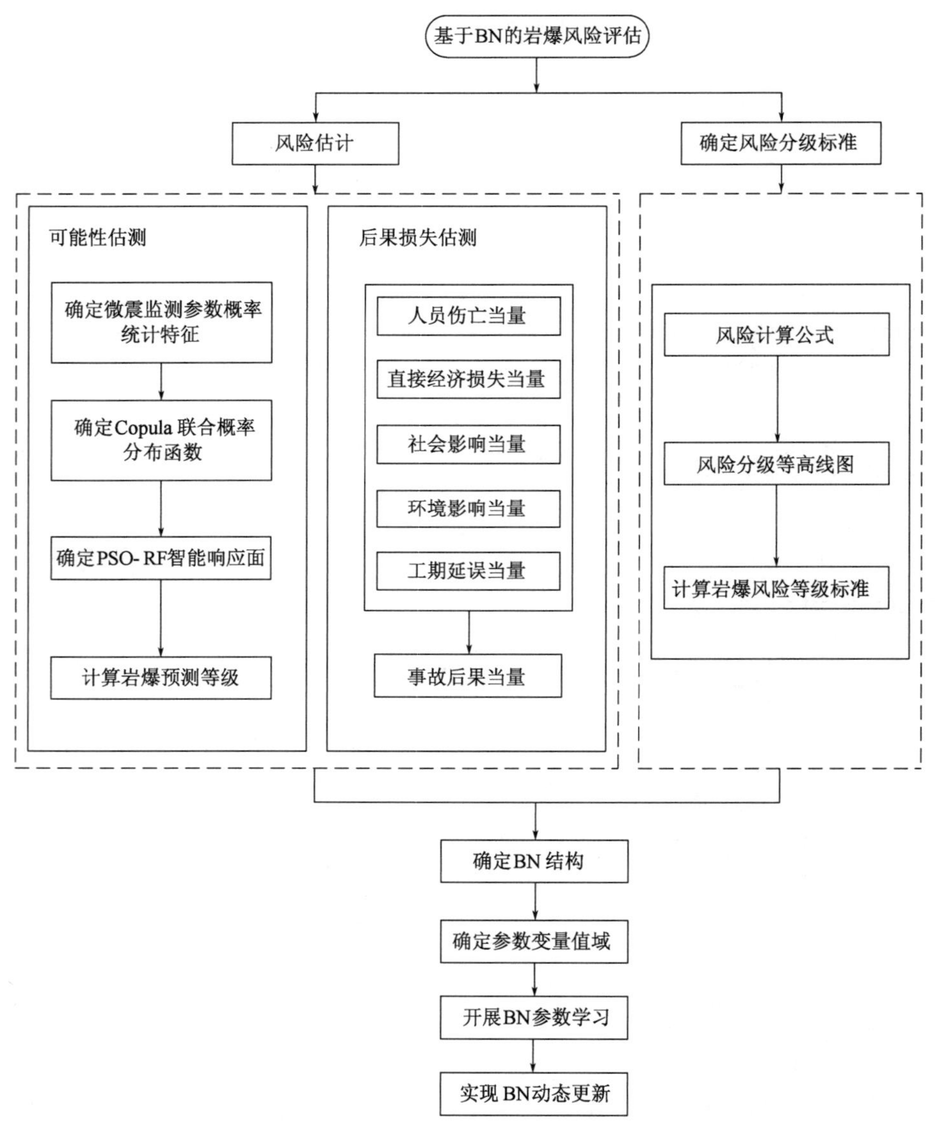

图 5-30 基于 BN 的岩爆风险评估方法计算流程

具体流程如下:

(1)开展基于 BN 的岩爆风险评估首先需要进行风险估计与确定风险分级标准。对于风险估计,首先,要开展岩爆风险可能性估测,具体步骤如下。

步骤一：确定6个微震监测参数概率统计特征。

步骤二：基于Copula理论，建立6个微震监测参数多维联合概率分布函数，通过MCS模拟抽样，获取$N\times6$维独立标准均匀分布随机变量A_1、A_2、…、A_6，再将A_1、A_2、…、A_6转化成服从给定多维联合概率分布函数的相关标准均匀分布变量U_1、U_2、…、U_6，通过等概率变换原则，将其转化为$N\times6$维相关非正态随机变量X_N、X_n、$X_{\lg E}$、$X_{\lg e}$、$X_{\lg V}$、$X_{\lg v}$。具体变换方法见5.2.2节。

步骤三：通过PSO优化RF方法，确定由6个微震监测参数预测岩爆等级的PSO-RF智能响应面计算模型。

步骤四：基于PSO-RF智能响应面，利用Copula联合概率分布函数抽样结果，得到N个岩爆预测等级。

(2)其次，要开展岩爆风险后果损失估测，具体步骤如下。

步骤一：通过人员伤亡、直接经济损失、社会影响、环境影响与工期延误等不同后果情形分级标准，分别确定每种情形后果等级对应的事故当量值。

步骤二：通过式(5-34)计算岩爆事故后果当量，利用MCS模拟抽样，计算其最优概率分布函数，进而确定岩爆事故后果当量分级标准。

(3)确定岩爆风险分级标准，具体步骤如下。

步骤一：利用岩爆风险计算式(5-24)，联立确定岩爆风险三维图与等高线图。

步骤二：根据风险等高线图，利用风险值分布区域分布特点，确定岩爆风险等级标准。

(4)基于岩爆风险估计结果，结合风险分级标准，联立建立BN结构。

(5)将BN中连续变量参数进行离散化处理，得到参数分级区间。

(6)利用知识学习的方法，利用MCS模拟抽样开展BN参数学习。

(7)基于学习训练后的BN模型，利用微震监测参数与事故后果当量参数的变化，实现岩爆风险的正向推理预测。同时，也可以利用岩爆风险开展反向诊断推理，估测微震监测参数与事故后果当量参数值域范围。

5.3.3 结果验证

1)Copula-RF预测岩爆可能性计算结果

(1)多维Copula函数的识别与MCS模拟

首先确定最优多维Copula函数，然后进行联合概率分布函数MCS模拟抽样。模拟次数$N=1000$，Gaussian Copula和t Copula函数结果比较见表5-25。由此可知，与Gaussian Copula相比，t Copula函数的AIC值与BIC值较小。因此，t Copula函数是拟合6个微震监测参数的最优Copula函数。利用MCS模拟出服从t Copula函数的1000×6维相关非正态随机变量。

(2)PSO-RF智能响应面的确定

从岩爆案例集中随机选取70组数据作为训练样本，其余8组数据作为测试样本。利用PSO搜索优化RF参数，并采用十折交叉验证方法进行验证，具体见图5-31。在进化代数100次以内达到收敛，适应度为0.4071，平均绝对误差为0，得到RF两者参数值分别为20.2169与49.7028。由此确定了以6个微震监测参数为输入样本，岩爆等级为相应输出样本的PSO-RF智能响应面。在此基础上，再将$g(X)=$RF智能响应面对训练样本与测试样本预测计算结果与实际岩爆情况进行对比分析，具体如图5-32所示，两者拟合效果较好。

表 5-25

Gaussian Copula 和 t Copula 函数结果比较

项目	Gaussian Copula						t Copula					
相关性参数矩阵 $\boldsymbol{\theta}$	1	0.7920	0.6999	0.6441	0.6598	0.4343	1	0.8084	0.7146	0.6561	0.6796	0.4639
	0.7920	1	0.5085	0.5564	0.4894	0.5068	0.8084	1	0.5243	0.5645	0.5150	0.5253
	0.6999	0.5085	1	0.9758	0.6507	0.4742	0.7146	0.5243	1	0.9780	0.6648	0.5030
	0.6441	0.5564	0.9758	1	0.6093	0.5112	0.6561	0.5645	0.9780	1	0.6225	0.5290
	0.6598	0.4894	0.6507	0.6093	1	0.8854	0.6796	0.5150	0.6648	0.6225	1	0.8998
	0.4343	0.5068	0.4742	0.5112	0.8854	1	0.4639	0.5253	0.5030	0.5290	0.8998	1
自由度 v	—						7.6514					
AIC 值	-682.3349						-705.9811					
BIC 值	-646.9843						-668.2737					

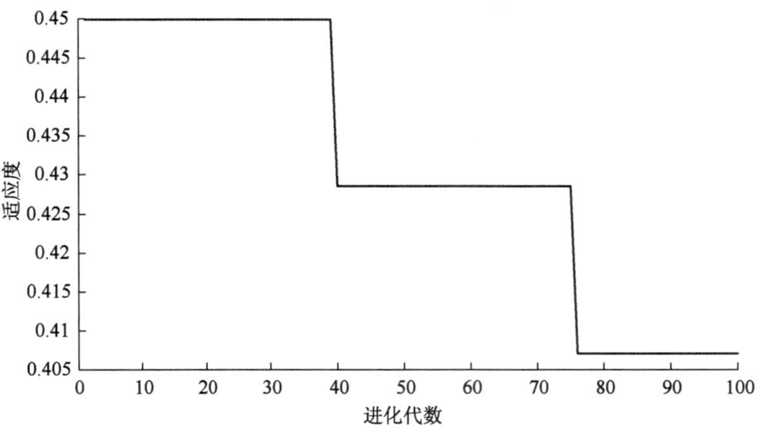

图5-31 RF适应度图

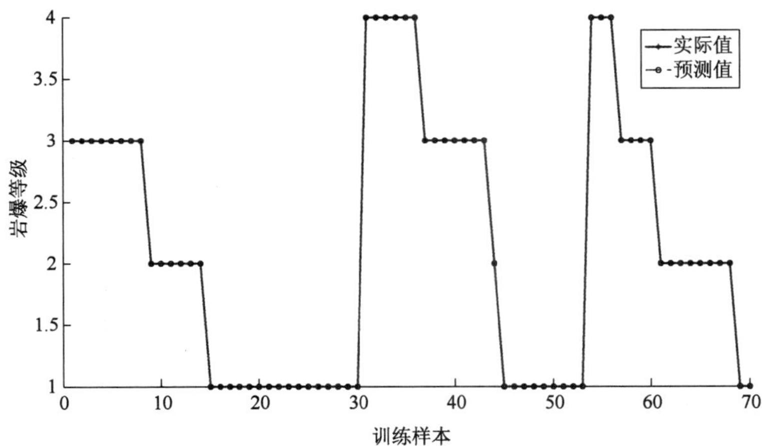

a)训练样本预测计算值与实际值比较图

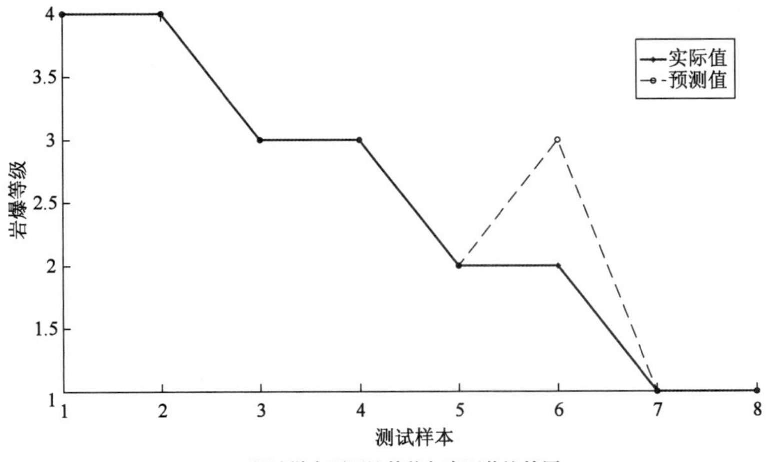

b)测试样本预测计算值与实际值比较图

图5-32 RF智能响应面预测计算值与实际值比较图

(3)BN 结构图参数学习

基于 Copula-RF 模型,将 MCS 模拟抽样得到的 1000×6 维相关非正态随机变量代入 $g(X)$ = RF 智能响应面计算模型中,得到岩爆预测等级值。结合岩爆后果当量计算结果,开展 BN 参数学习,经参数学习后的 BN 结构图如图 5-33 所示。

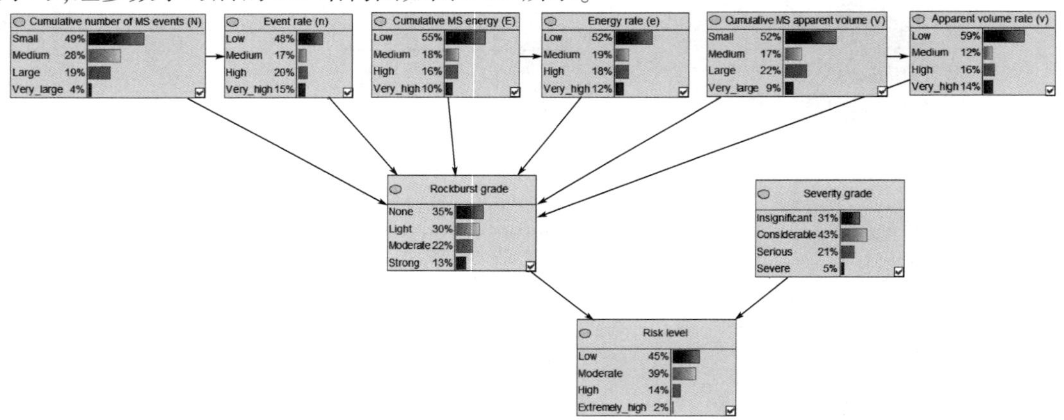

图 5-33　参数学习后的 BN 结构图

Cumulative number of MS events-累积事件数;Event rate-事件率;Cumulative MS energy-累积释放能量对数;Energy rate-能量速率对数;Cumulative MS apparent volume-累积视体积对数;Apparent volume rate-视体积率对数;Rockburst grade-岩爆预测等级;Severity grade-岩爆后果等级;Risk level-风险水平;Small-少量;Medium-中等;Large-大量;Very large-非常大;Low-低;High-高;Very high-很高;None-无;Light-轻微;Moderate-中等;Strong-强烈;Extremely high-极高;Insignificant-可忽略;Considerable-可考虑;Serious-严重;Severe-十分严重

2)工程验证

为进一步验证基于 BN 的岩爆风险评估方法的适用性,以锦屏二级水电站工程为验证案例(马天辉等,2015;吴顺川等,2019)进行介绍。

选取锦屏二级水电站深埋引水隧洞 4 个实际岩爆案例数据进行对比分析(冯夏庭等,2013)。以 3 号引水隧洞中引(3)7+802~7+806 岩爆为例,开展 BN 岩爆风险评估,岩爆后果当量 DC 等级选为"重大",得到岩爆风险评估结果分别为:低度风险发生概率为 13%,中度风险发生概率为 13%,高度风险发生概率为 69%,极高风险发生概率为 5%,BN 岩爆风险评估结果见图 5-34。4 个实际岩爆案例计算结果见表 5-26。

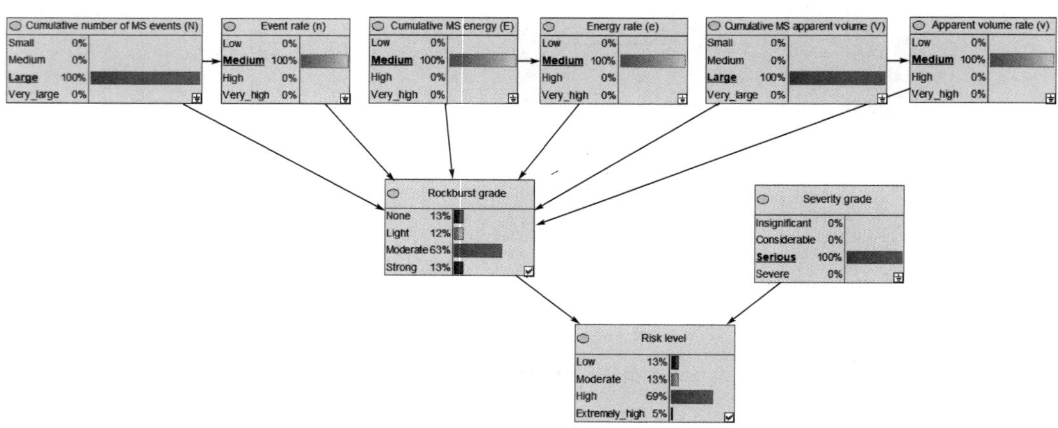

图 5-34　引(3)7+802~7+806 BN 岩爆风险评估结果

基于BN的岩爆风险评估结果与实际结果比较

表5-26

序号	岩爆桩号	微震监测参数信息						风险评估结果				实际岩爆等级
		N	n	$\lg E$	$\lg e$	$\lg V$	$\lg v$	低度	中度	高度	极高	
1	引(2)8+348	7	0.538	4.834	3.721	4.116	3.002	90%	10%	0	0	轻微
2	排水洞SK8+718	29	5.8	5.513	4.814	4.777	4.078	7%	8%	35%	50%	强烈
3	引(3)7+802~7+806	17	1.545	4.944	3.902	4.598	3.556	13%	13%	69%	5%	中等
4	引(3)6+160~6+152	19	1.9	5.865	4.865	4.263	3.263	7%	7%	84%	2%	中等

由表5-26可知，引(2)8+348、排水洞SK8+718、引(3)7+802~7+806与引(3)6+160~6+152岩爆风险评估概率结果各不相同，按照发生概率最大原则确定岩爆风险等级，分别为低度风险、极高风险、高度风险与高度风险，而相应的实际岩爆等级分别为轻微、强烈、中等与中等，岩爆风险评估结果与实际岩爆情况吻合，具体BN岩爆风险评估结果见图5-35~图5-37。

相对于定性的风险分级结果，基于BN的岩爆风险评估方法不仅综合岩爆微震信息演化规律，而且给出岩爆风险评估结果概率值，对于不同风险情况进行概率定量化表达。随着隧道施工进度或者支护方案的调整，微震监测参数不断变化，新生微震事件数、能量和视体积等参数可以重新作为BN输入参数，岩爆风险评估结果可以实现动态更新。

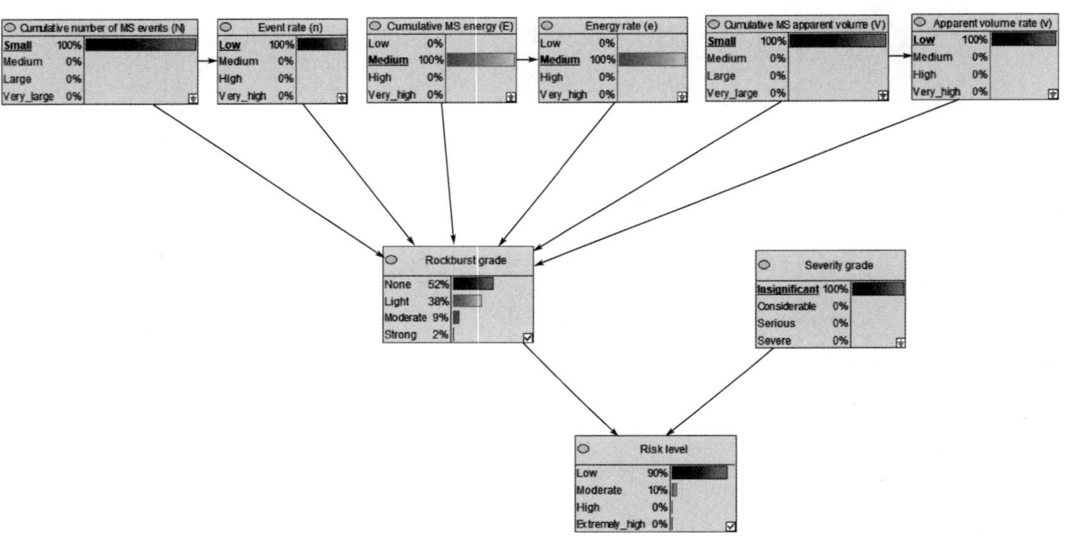

图5-35 引(2)8+348 BN岩爆风险评估结果

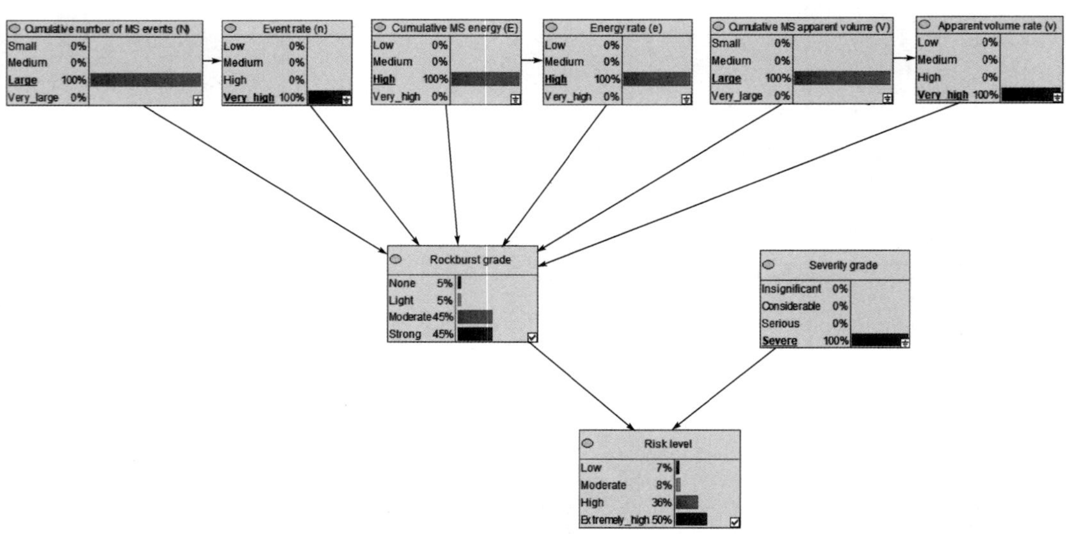

图5-36 排水洞SK8+718 BN岩爆风险评估结果

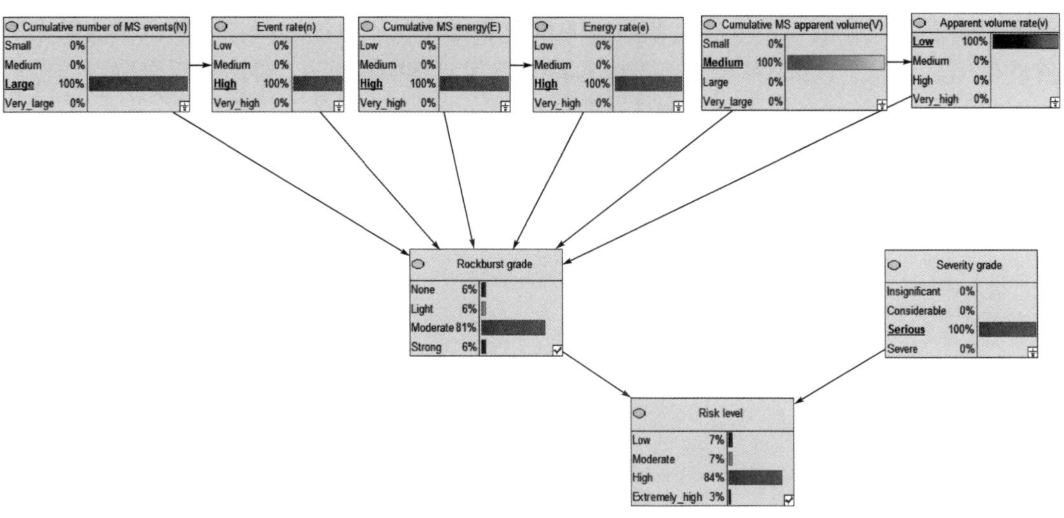

图 5-37　引(3)6 + 160 ~ 6 + 152 BN 岩爆风险评估结果

5.3.4　讨论分析

1) BN 模型准确性检验

本书建立的基于 BN 的岩爆风险评估模型是采用十折交叉验证方法进行验证的,为进一步评价 BN 模型的预测精度,利用 ROC 曲线(Receiver Operating Characteristic Curve, ROC)检验岩爆风险评估结果准确性(李宁等,2017;Hasanpour 等,2020)。ROC 曲线纵坐标轴代表真阳性率(敏感性),在岩爆风险评估中代表岩爆四种评估等级实际发生的累加百分比;横坐标轴代表假阳性率(特异性),在岩爆风险评估中代表岩爆四种评估等级预测发生的累加百分比。通常利用 ROC 曲线下面积(Area Under Curve, AUC)值衡量模型预测结果的准确程度,AUC 值位于 0 ~ 1 之间,其值越接近 1,表明模型准确性越高。利用 BN 得到的四种岩爆风险评估等级 ROC 曲线 AUC 值见图 5-38。其中,低度风险、中度风险、高度风险与极高风险 AUC 值分别为 0.883141、0.735355、0.811919、0.803173。检验结果表明,基于十折交叉验证方法的岩爆风险评估 BN 模型精度较高,能够用于岩爆风险评估。

2) BN 模型参数敏感性分析

利用 BN 参数敏感性分析功能,对累计事件数 N、事件率 n、累计释放能量对数 $\lg E$、能量速率对数 $\lg e$、累计视体积对数 $\lg V$、视体积率对数 $\lg v$ 等 6 个岩爆微震监测参数与事故后果当量 DC 进行敏感性分析,确定影响 BN 岩爆风险评估结果的主要影响因素,BN 模型参数敏感性分析结果见图 5-39。其中,对岩爆风险评估等级直接影响的参数中,岩爆发生可能性影响大于事故后果当量;对于 6 个岩爆微震监测参数,影响程度从大到小依次为能量速率对数 $\lg e$、事件率 n、视体积率对数 $\lg v$、累计释放能量对数 $\lg E$、累计事件数 N、累计视体积对数 $\lg V$。

3) BN 模型反向诊断推理分析

利用 BN 模型反向诊断推理功能,通过预先设定岩爆风险等级,得到 BN 模型输入参数所处状态的概率分布。以高度岩爆风险为例,得到BN模型反向诊断推理结果见图5-40,由此可以确定影响岩爆风险的6个微震监测参数的概率变化情况。通过选取各参数概率值最大的状态值域作为最优设定区间,并在该范围内根据岩爆风险等级的变化,对比分析岩爆微震监测参数演变情况,进而可以对隧道施工参数进行实时优化和调整。

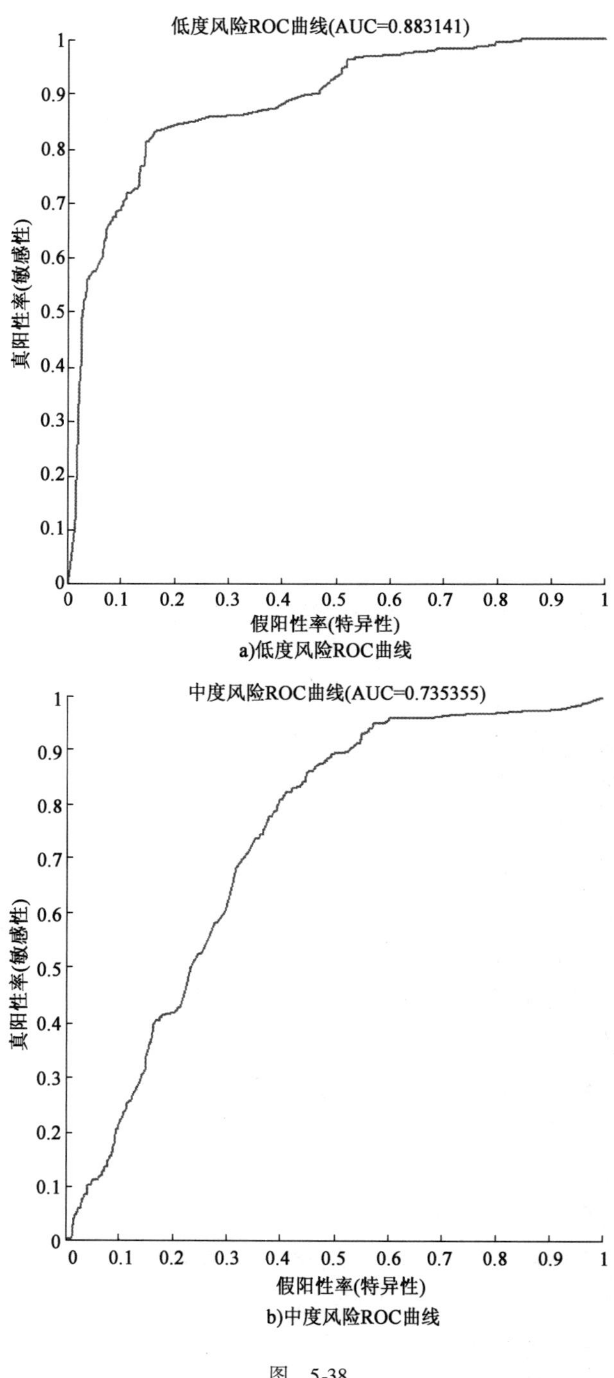

a)低度风险ROC曲线

b)中度风险ROC曲线

图 5-38

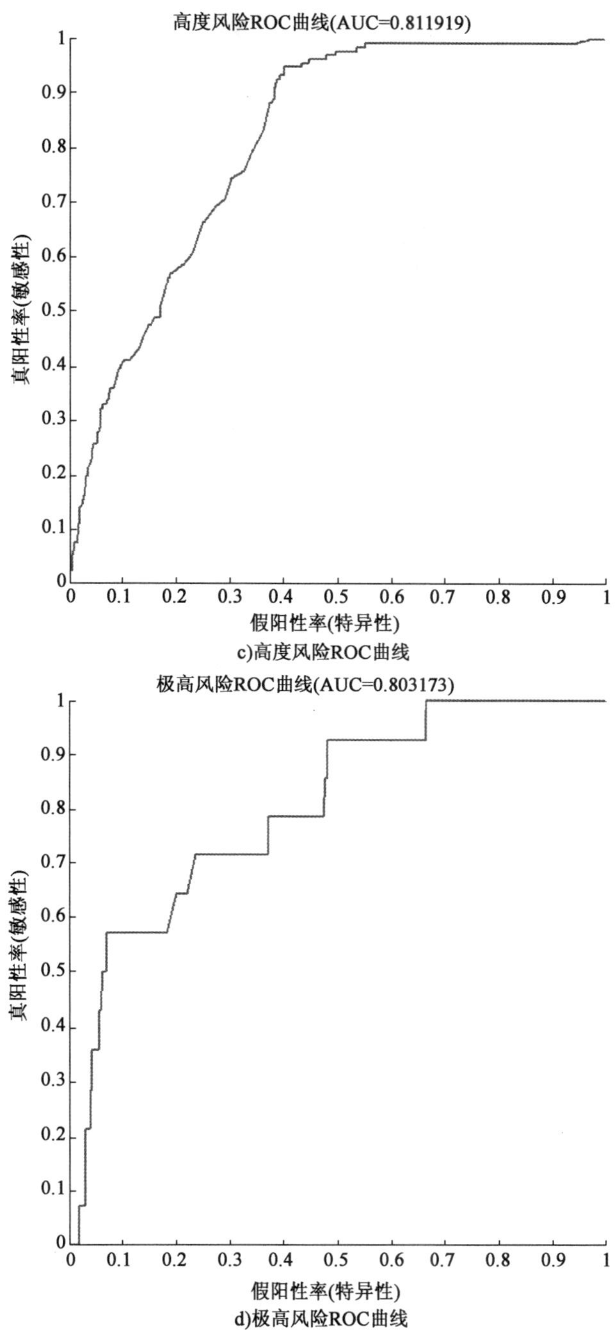

c)高度风险ROC曲线

d)极高风险ROC曲线

图5-38　BN岩爆风险评估不同风险等级ROC曲线

4)智能响应面模型适宜性分析

为进一步验证PSO-RF智能响应面计算模型的准确性与适宜性,将其与常用的PSO-LSSVM模型及遗传算法支持神经网络(Artificial Neural Network, ANN)模型(以下简称GA-ANN模型)进行比较。利用本书收集的78例岩爆微震监测案例为计算算例,具体结果见表5-27。其中,PSO-RF智能响应面计算模型训练集与测试集的正确率都相对较高,表明了该模型的准确性。

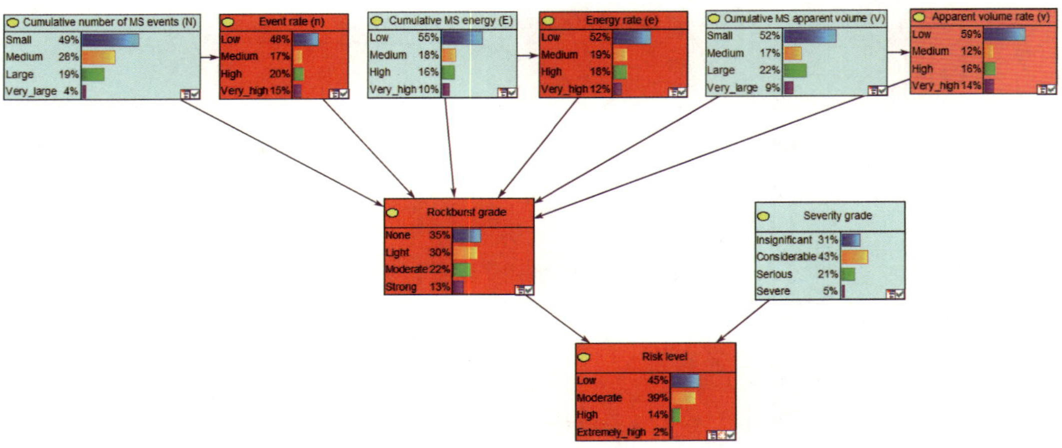

图 5-39　BN 模型参数敏感性分析结果

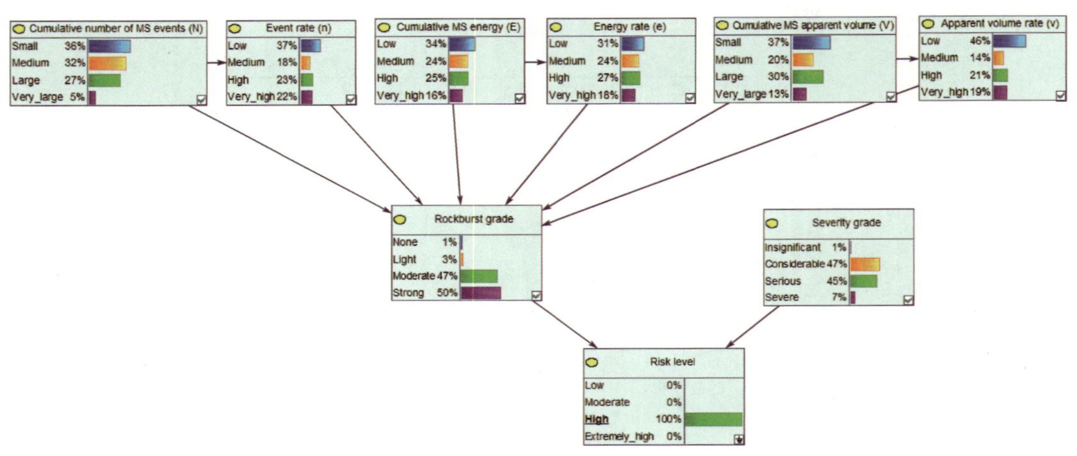

图 5-40　BN 模型反向诊断推理结果

RF 智能响应面模型预测结果比较　　表 5-27

模　　型	训练集正确率(%)	测试集正确率(%)	备　　注
PSO-RF	100	87.5	本书预测值
PSO-LSSVM	92.86	87.5	
GA-ANN	95.71	87.5	冯夏庭等(2013)

5.4　岩爆风险评估机制分析

5.4.1　两阶段风险评估机制

深埋硬岩隧道岩爆风险评估应按照“施工前风险可能性估测与施工过程动态风险评估”两阶段开展。由于施工前难以准确估测岩爆风险后果损失程度，故施工前岩爆风险可能性估

测主要是基于影响岩爆发生的围岩参数等固有主控因素开展的静态评估，即施工前主要基于以往岩爆事故案例与工程资料收集分析，确定岩爆主要参数σ_θ、σ_c、σ_t、σ_θ/σ_c、σ_c/σ_t、W_{et}概率统计特征，利用基于 Copula-LSSVM 的方法估测岩爆发生等级，进而计算施工前岩爆风险发生可能性概率值，估测结果可以为建设单位在隧道工程组织实施、安全管理力量投入、资源配置、施工单位选择、工程保险投保等方面提供决策支持。

隧道施工过程中可以利用微震监测方法开展岩爆动态风险评估，即通过对累计事件数 N、事件率 n、累计释放能量对数 $\lg E$、能量速率对数 $\lg e$、累计视体积对数 $\lg V$ 与视体积率对数 $\lg v$ 等微震监测数据信息演化特征分析，利用 Copula-RF 的方法估测岩爆发生可能性，同时基于事故当量法估测岩爆后果损失，利用 BN 方法开展岩爆风险估测，确定施工过程岩爆动态风险评估等级。因此，与施工前风险可能性估测不同，施工过程中不但可以利用施工微震监测数据的变化重新估测岩爆发生可能性，修正施工前岩爆风险可能性概率等级，而且还可以根据施工现场实际情况，估测岩爆事故后果损失程度。因此，随着施工现场的变化情况可开展施工过程岩爆动态风险评估，评估结果可作为完善隧道工程专项施工方案的依据，为细化改进施工安全风险监测与控制措施提供决策支持。

由以上分析可知，利用隧道施工前风险可能性估测与施工过程动态风险评估两阶段岩爆风险评估机制，可以较好评估岩爆风险。两阶段岩爆风险评估机制具体如图 5-41 所示。

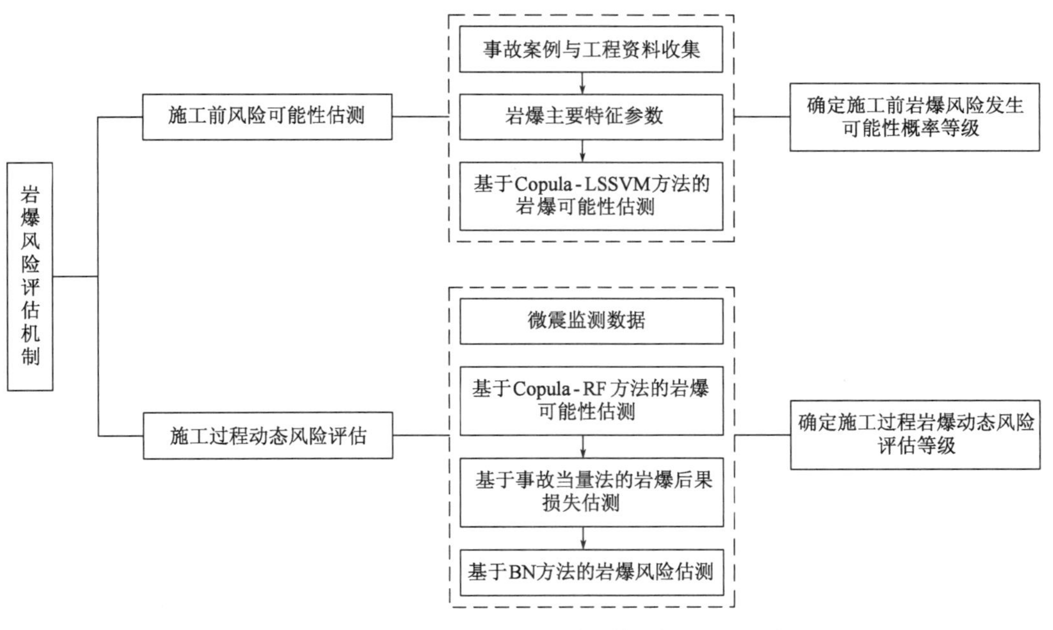

图 5-41 两阶段岩爆风险评估机制图

5.4.2 风险评估机制对比分析

针对锦屏二级水电站工程开展施工前岩爆风险可能性估测与施工过程岩爆动态风险评估。其中，以 2 号引水隧洞中引(2)8 +348 等三个岩爆实例对比分析两阶段风险评估结果，具体见表 5-28。

岩爆两阶段风险评估结果实例比较 表 5-28

序号	岩爆桩号	施工前岩爆风险可能性估测结果				施工过程岩爆动态风险评估结果				实际岩爆等级
		无	轻微	中等	强烈	低度	中度	高度	极高	
1	引(2)8 +348	—	0.47	—	—	0.90	0.10	0	0	轻微
2	引(2)9 +184 ~9 +188	—	—	0.487	—	0.34	0.41	0.22	0.04	中等
3	引(4)6 +075 ~6 +105	—	—	0.494	—	0.25	0.47	0.28	0	中等

由表 5-28 可知,引(2)8 +348 施工前岩爆预测等级为轻微,风险发生可能性概率为 0.47,施工过程中动态风险评估结果为低度风险的概率为 0.90,中度风险为 0.10,与实际岩爆情况相符;引(2)9 +184 ~9 +188 与引(4)6 +075 ~6 +105 施工前岩爆预测等级均为中等,风险发生可能性概率分别为 0.487、0.494,前者施工过程中动态风险评估结果为低度风险的概率为 0.34,中度风险为 0.41,高度风险为 0.22,极高风险为 0.04,故风险等级为中度风险;后者施工过程中动态风险评估结果为低度风险的概率为 0.25,中度风险为 0.47,高度风险为 0.28,极高风险为 0,故风险等级为中度风险。两者风险评估结果与实际岩爆情况相符。

由此可知,通过施工前岩爆风险可能性估测仅能得到岩爆预测等级概率值,无法真实反映岩爆风险等级,即使岩爆预测等级为中等,但风险评估结果不一定为高度风险,要考虑事故后果损失程度进行综合估测;而基于微震监测数据的施工过程动态风险评估,不仅可以综合考虑岩爆风险可能性与后果损失严重程度,确定岩爆风险等级,而且还可以给出不同风险等级概率值,使得评估结果指导性更强。因此,两阶段风险评估作用不同,互相补充,均对深埋硬岩隧道工程岩爆风险预控起到了较好的指导作用。

5.5 本章小结

本章基于隧道岩爆案例统计与微震信息演化特征分析,提出了一种深埋硬岩隧道岩爆风险评估方法,得到如下结论:

(1)从 259 个数据齐全的国内外隧道岩爆案例中提取 6 个可量化的影响岩爆发生的主要特征参数σ_θ、σ_c、σ_t、σ_θ/σ_c、σ_c/σ_t、W_{et},利用统计分析方法确定了 6 个参数的概率分布函数,分别服从 Gamma、Weibull、Gamma、Lognormal、Gamma 与 Weibull,并确定了参数之间的相关性,σ_c与σ_t、σ_θ与W_{et}、σ_θ与σ_θ/σ_c之间具有强正相关性,σ_t与σ_c/σ_t之间具有强负相关性,其他参数间相关性较弱;同时,从 78 个岩爆微震监测实例中提取 6 个反映监测区岩爆孕育规律的微震活动参变量 N、n、$\lg E$、$\lg e$、$\lg V$ 与 $\lg v$,利用数理统计分析方法确定了 6 个参数的概率分布函数,分别服从 Lognormal、Lognormal、Normal、Normal、Weibull 与 Weibull,并确定了参数之间的相关性,N 与 n、$\lg E$ 与 $\lg e$、$\lg V$ 与 $\lg v$ 间均具有强正相关性,其他参数间相关性较弱。

(2)基于 Copula 理论建立了σ_θ、σ_c、σ_t、σ_θ/σ_c、σ_c/σ_t与W_{et}6 个参数多维联合概率分布函数,根据 AIC 准则和 BIC 准则识别确定了 t Copula 函数是拟合原始案例数据相关结构最优的 Copula 函数,建立了反映 6 个参数与隧道岩爆预测等级值之间非线性映射关系的 PSO-LSSVM 智能响应面模型,利用 MCS 模拟构建了 Copula-LSSVM 岩爆预测概率模型,计算得到岩爆预测

等级值最优概率分布函数服从 Weibull；同时，基于 Copula 理论建立了 N、n、$\lg E$、$\lg e$、$\lg V$ 与 $\lg v$ 6 个微震监测参数多维联合概率分布函数，根据 AIC 准则和 BIC 准则识别确定了 t Copula 函数是拟合岩爆实际案例数据相关结构最优的 Copula 函数，建立了反映 6 个参数与隧道岩爆预测等级值间非线性映射关系的 PSO-RF 智能响应面模型，利用 MCS 模拟构建了 Copula-RF 岩爆预测概率模型，确定了基于微震监测参数概率特征的岩爆发生可能性估测方法。

(3)提出了岩爆事故人员伤亡、直接经济损失、社会影响、环境影响与工期延误等五种后果情形分级标准与对应的当量取值，建立了岩爆事故后果当量计算模型，利用 MCS 方法确定了事故后果当量最优概率分布函数服从 Weibull，计算得到划分岩爆事故后果当量严重程度特大、重大、较大、一般的分级标准与对应的概率阈值，有效解决了岩爆风险后果损失难以量化表征的难题；利用岩爆风险等高线图，计算得到了岩爆极高风险、高度风险、中度风险与低度风险相应的分级标准。由此确定了岩爆风险评估 BN 结构，给出了参数变量值域，利用 MCS 模拟开展了 BN 参数学习，成功构建了岩爆风险评估 BN 模型。

(4)利用锦屏二级水电站实际岩爆案例数据验证了预测等级值概率分布函数 Weibull 的正确性与 BN 评估方法的适用性，一方面，通过分析σ_θ、σ_c、σ_t、σ_θ/σ_c、σ_c/σ_t与W_{et}6 个参数不确定性揭示了参数间不同相关结构与不同数量导致岩爆预测概率结果与实际结果存在偏差的失真机制，阐明了应力强度比σ_θ/σ_c是影响岩爆发生的主控因素，探讨了隧道临界深度对岩爆发生概率的影响；通过分析模型不确定性，证明了 PSO-LSSVM 智能响应面的适宜性，并分析了岩爆预测概率分布函数 Weibull 的误差带。另一方面，通过 ROC 曲线检验了岩爆风险评估 BN 模型的准确性；基于参数敏感性分析，揭示了 $\lg e$、n 与 $\lg v$ 是影响岩爆风险的主控因素；利用 BN 模型反向诊断推理，拓展了 BN 模型进行微震监测参数演化分析与优化调整的可行性；通过与既有智能算法的对比分析，证明了 PSO-RF 智能响应面的适宜性。

(5)通过隧道施工前岩爆预测概率模型可以实现风险可能性估测，利用基于 BN 的岩爆风险评估方法可以实现施工过程动态风险评估，提出的两阶段岩爆风险评估机制可以较好评估岩爆风险。然而，岩爆预测概率分布函数 Weibull 与风险评估 BN 模型均是基于现有岩爆案例数据确定的，随着岩爆案例数据的丰富，应结合不同工程情况，重新确定最优概率分布函数与更新岩爆风险评估 BN 模型，以确保模型的适用性与准确性。

Chapter 06

第6章

结论与展望

6.1 主要结论

本书针对深埋硬岩隧道施工过程中存在的围岩参数不确定性对风险的影响量化表征、岩爆风险评估方法与剥落破坏风险评估方法构建等三个关键问题,运用案例统计、理论解析、现场监测与数值模拟等相结合的方法,系统研究提出了适用于深埋隧道硬岩灾变特点的风险评估方法。取得的主要研究结论如下:

(1)分析了深埋硬岩隧道围岩参数不确定性来源,利用 PSO 算法优化的 MSVM 模型建立了 DISL 模型三个输入参数 UCS、CI/UCS 和 T 与隧道监测数据之间非线性映射关系的智能响应面,与贝叶斯理论分析方法相结合,提出了围岩参数动态概率反演 B-PSO-MSVM 方法。将该方法应用到某深埋硬岩隧道中,基于隧道拱顶下沉点、周边收敛点变化值及开挖损伤区深度现场监测数据,运用 MCMC 算法实现了 DISL 模型三个参数同时动态更新,并分析了参数不确定性对隧道变形的影响,揭示了不确定性导致风险存在的传递机制。

(2)利用 RBD 方法,建立了基于 Hermite 随机多项式展开随机响应面的剥落破坏深度概率可靠度估测模型,拟合围岩参数与剥落破坏深度间近似显式函数关系,通过 MCS 计算拱顶与拱腰剥落破坏发生概率,首次实现 PCE + MCS 概率可靠度估测方法在剥落破坏风险评估中的应用;利用单位长度隧道断面剥落破坏深度与平均损失费用计算单位长度隧道断面内剥落破坏后果平均损失,由此提出以直接经济损失衡量剥落破坏风险后果损失的计算方法;推导得到剥落破坏预期成本比理论解析公式,确定了剥落破坏发生很可能、可能、偶然与不太可能四种可能性概率等级阈值,计算得到剥落破坏极高风险、高度风险、中度风险与低度风险的相应分级标准,由此建立了基于剥落破坏预期成本比的风险分级标准确定方法。通过加拿大低中放废物深地质处置库工程案例应用,得到了拱顶剥落破坏、拱腰剥落破坏与两者同时发生三种情况下风险等级,分析常用深度估测经验公式、随机变量变异系数与相关系数对剥落破坏深度概率估测的影响,证明了 PCE 随机响应面概率估测的准确性,揭示了参数不确定性导致剥落破坏深度概率估测结果与实际结果存在偏差的失真机制。

(3)从 259 个数据齐全的国内外隧道岩爆案例中提取最大切向应力σ_θ、岩石单轴抗压强度σ_c、岩石单轴抗拉强度σ_t、应力强度比σ_θ/σ_c、岩石脆性系数σ_c/σ_t、弹性变形能指数W_{et}等 6 个可量化的影响岩爆发生的主要特征参数,利用统计分析方法确定了 6 个参数的概率分布函数分别服从 Gamma、Weibull、Gamma、Lognormal、Gamma 与 Weibull,并确定了参数之间的相关性;基于 Copula 理论建立了 6 个参数多维联合概率分布函数,根据 AIC 准则和 BIC 准则识别确定了 t Copula 函数是拟合原始案例数据相关结构最优的 Copula 函数;建立了反映 6 个参数与隧道岩爆预测等级值之间非线性映射关系的 PSO-LSSVM 智能响应面,由此联合确立了 Copula-LSSVM 岩爆预测概率模型,利用 MCS 方法得到了岩爆预测等级值 Weibull 概率分布函数,建立了岩爆预测概率模型。

(4)从 78 个岩爆微震监测实例中选取累计事件数 N、事件率 n、累计释放能量对数 lg$E$、能量速率对数 lg$e$、累计视体积对数 lg$V$ 与视体积率对数 lg$v$ 等 6 个主要特征参数,确定了各监测参数概率分布函数分别服从 Lognormal、Lognormal、Normal、Normal、Weibull 与 Weibull,并确定

了参数之间的相关性；基于 Copula 理论建立了 6 个微震监测参数多维联合概率分布函数，根据 AIC 准则和 BIC 准则识别确定了 t Copula 函数是拟合岩爆实际案例数据相关结构最优的 Copula 函数；建立反映 6 个监测参数与隧道岩爆预测等级值之间非线性映射关系的 PSO-RF 智能响应面，利用 MCS 方法确立了 Copula-RF 岩爆预测概率模型，由此确定了基于微震监测参数概率特征的岩爆发生可能性估测方法；基于人员伤亡、直接经济损失、社会影响、环境影响与工期延误等五种后果情形，建立了岩爆事故后果当量计算模型，利用 MCS 方法确定了事故后果当量最优概率分布函数服从 Weibull，计算得到岩爆事故后果当量严重程度特大、重大、较大、一般的分级标准与对应的概率阈值；结合风险等高线图，确定了岩爆极高风险、高度风险、中度风险与低度风险相应的分级标准，由此构建了岩爆风险评估 BN 模型，计算得到不同岩爆风险等级及其概率值。基于此，提出了基于施工前岩爆风险可能性估测与施工过程岩爆风险动态评估的两阶段风险评估机制。

(5) 系统讨论分析了岩爆预测等级值概率分布函数 Weibull 的正确性与岩爆风险评估 BN 方法的适用性，一方面分析了 6 个岩爆特征参数不确定性与模型不确定性对岩爆风险可能性概率预测结果的影响，揭示了参数间不同相关结构与不同数量导致岩爆预测概率结果与实际结果存在偏差的失真机制；另一方面，分析了岩爆风险评估 BN 方法的准确性与适宜性对评估结果的影响。锦屏二级水电站实际岩爆案例应用结果表明，两阶段风险评估方法能够实现岩爆风险的准确评估，评估结果可用于指导硬岩隧道岩爆风险预警与动态调控。

6.2　研究展望

本书针对深埋隧道硬岩灾变过程中存在的风险致灾机理、剥落破坏与岩爆风险评估方法三方面关键问题开展了研究探索，然而，由于研究水平所限，尚需对以下三个方面内容继续深化研究：

(1) 本书基于智能概率反演方法分析了深埋硬岩隧道围岩参数随机不确定性对风险的影响，应进一步研究施工过程中应力的不确定性对风险的影响，研究深埋隧道硬岩灾变过程中参数不确定性与应力不确定性耦合作用下导致风险的演变机理。

(2) 限于统计资料有限，剥落破坏风险评估中未能直接给出事故后果经济损失分级标准，在后续的研究中，应不断收集深埋硬岩隧道剥落破坏典型案例，研究提出适应我国深埋硬岩隧道工程施工实际的剥落破坏经济损失量化分级标准与风险分级标准。同时，结合三维数值模拟软件，研究绘制隧道不同断面剥落破坏深度情况下的概率风险分布图。

(3) 基于以往岩爆事故案例与既有微震监测数据分析，研究提出了岩爆风险评估方法，应在此基础上，进一步研究隧道岩爆能量随着施工进度的演化过程与致灾判据，提出结合能量数值模拟与微震监测的岩爆动态风险评估方法。

Appendix A

附录A

岩爆案例数据统计

附表 A

岩爆案例统计

序号	工程项目	围岩类型	H (m)	σ_θ (MPa)	σ_c (MPa)	σ_t (MPa)	σ_θ/σ_c	σ_c/σ_t	W_{et}	岩爆等级	岩爆等级编码	来源
1	鱼子溪水电站引水隧洞	花岗闪长岩	200.00	90.00	170.00	11.30	0.53	15.04	9.00	中等	3.00	王元汉等(1998)
2	二滩水电站 2 号子隧道	花岗岩	194.00	90.00	220.00	7.40	0.41	29.73	7.30	轻微	2.00	
3	太平驿水电站地下洞室	花岗闪长岩	400.00	62.60	165.00	9.40	0.38	17.53	9.00	轻微	2.00	
4	拉西瓦水电站地下厂房	花岗岩	300.00	55.40	176.00	7.30	0.32	24.11	9.30	中等	3.00	
5	天圣桥二级引水隧洞	白云质灰岩	400.00	30.00	88.70	3.70	0.34	23.97	6.60	中等	3.00	
6	挪威 Sima 水电站地下厂房	花岗岩	700.00	48.75	180.00	8.30	0.27	21.69	5.00	中等	3.00	
7	瑞典 Vietas 水电站引水隧洞	石英岩	250.00	80.00	180.00	6.70	0.44	26.87	5.50	轻微	2.00	
8	日本 Guanyuk 隧道	石英闪长岩	890.00	89.00	236.00	8.30	0.38	28.43	5.00	中等	3.00	
9	京坪水电站引水隧洞	大理岩	150.00	98.60	120.00	6.50	0.82	18.46	3.80	中等	3.00	
10	意大利 Raibl 铅锌硫矿	铅和锌矿石	N/A	108.40	140.00	8.00	0.77	17.50	5.00	强烈	4.00	
11	苏联 Rasvumchorr 矿	镍霞石-P 霞石	N/A	57.00	180.00	8.30	0.32	21.69	5.00	中等	3.00	
12	瑞典 Forsmark 核电站冷却导流隧道	片麻岩花岗岩	N/A	50.00	130.00	6.00	0.38	21.67	5.00	中等	3.00	
13	挪威 Heggura 公路隧道	花岗质片麻岩	N/A	62.50	175.00	7.25	0.36	24.14	5.00	中等	3.00	
14	挪威 Sewage 公路隧道	花岗岩	N/A	75.00	180.00	8.30	0.42	21.69	5.00	中等	3.00	
15	李家峡水电站地下洞室	黑云角、闪灰斜长片岩	N/A	11.00	115.00	5.00	0.10	23.00	5.70	无	1.00	
16	瀑布沟水电站地下洞室	花岗闪长岩	N/A	43.40	123.00	6.00	0.35	20.50	5.00	中等	3.00	
17	龙羊峡水电站地下洞室	花岗岩	N/A	18.80	178.00	5.70	0.11	31.23	7.40	无	1.00	
18	Lubuge 水电站地下洞室	石灰岩	N/A	34.00	150.00	5.40	0.23	27.78	7.80	无	1.00	
19	程潮铁矿	大理岩	469.00	18.70	82.00	10.90	0.23	7.52	1.50	无	1.00	许梦国等(2008)
20	程潮铁矿	花岗岩斑岩	460.00	28.60	123.60	11.50	0.23	10.75	2.50	无	1.00	
21	程潮铁矿	花岗岩斑岩	580.00	72.00	120.50	14.90	0.60	8.09	2.50	无	1.00	
22	程潮铁矿	闪长岩	530.00	44.60	130.50	11.09	0.34	11.77	4.60	无	1.00	

续上表

序号	工程项目	围岩类型	H (m)	σ_θ (MPa)	σ_c (MPa)	σ_t (MPa)	σ_θ/σ_c	σ_c/σ_t	W_{et}	岩爆等级	岩爆等级编码	来源
23	程潮铁矿	闪长岩	569.00	66.10	135.20	10.90	0.49	12.40	4.60	轻微	2.00	许梦国等(2008)
24	程潮铁矿	闪长岩	650.00	99.40	129.50	11.30	0.77	11.46	4.60	轻微	2.00	
25	程潮铁矿	闪长斑岩	650.00	109.50	155.80	11.77	0.70	13.24	5.20	中等	3.00	
26	程潮铁矿	磁铁矿	550.00	38.30	90.10	10.20	0.43	8.83	3.70	中等	3.00	
27	程潮铁矿	花岗岩	670.00	109.90	128.50	9.63	0.86	13.34	8.10	强烈	4.00	
28	程潮铁矿	花岗岩斑岩	520.00	28.60	122.00	12.00	0.23	10.22	2.50	中等	3.00	
29	程潮铁矿	闪长岩	552.00	29.80	132.00	11.50	0.23	11.52	4.60	中等	3.00	
30	程潮铁矿	闪长斑岩	583.00	33.60	156.00	10.80	0.22	14.45	5.20	中等	3.00	
31	程潮铁矿	磁铁矿	567.00	26.90	92.80	9.47	0.29	9.80	3.70	中等	3.00	
32	程潮铁矿	花岗岩	670.00	55.90	128.00	6.29	0.44	20.30	8.10	强烈	4.00	
33	程潮铁矿	矽卡岩	570.00	59.90	96.60	11.70	0.62	8.26	1.80	轻微	2.00	
34	程潮铁矿	石英-长石斑岩	600.00	68.00	107.00	6.10	0.64	17.51	7.20	强烈	4.00	
35	冬瓜山铜矿	粉砂岩	850.00	105.50	187.00	19.20	0.56	9.74	7.27	中等	3.00	刘章军等(2008)
36	冬瓜山铜矿	石榴石矽石	850.00	105.50	170.00	12.10	0.62	14.05	5.76	中等	3.00	
37	冬瓜山铜矿	矽卡岩	790.00	105.50	190.00	17.10	0.55	11.11	3.97	中等	3.00	
38	北洺河铁矿	灰岩	510.00	15.20	53.80	5.56	0.28	9.68	1.92	无	1.00	张立新与李长洪(2009)
39	北洺河铁矿	闪长岩	510.00	88.90	142.00	13.20	0.63	10.70	3.62	强烈	4.00	
40	北洺河铁矿	铁矿	510.00	59.82	85.80	7.31	0.70	11.70	2.78	中等	3.00	
41	北洺河铁矿	矽卡岩	510.00	32.30	67.40	6.74	0.48	10.10	1.10	无	1.00	
42	新城金矿	黄龙组大理岩	805	77.69	74.04	8.96	1.05	8.26	1.33	无	1.00	郦亮(2009)
43	新城金矿	栖霞组大理岩	795	77.07	78.30	6.80	0.98	11.51	3.11	中等	3.00	
44	新城金矿	矽卡岩	635	67.18	132.20	16.40	0.51	8.06	3.97	中等	3.00	

续上表

序号	工程项目	围岩类型	H (m)	σ_θ (MPa)	σ_c (MPa)	σ_t (MPa)	σ_θ/σ_c	σ_c/σ_t	W_{et}	岩爆等级	岩爆等级编码	来源
45	新城金矿	石榴石矽卡岩	762	75.03	128.60	13.00	0.58	9.89	5.76	中等	3.00	郦亮(2009)
46	新城金矿	粉砂岩	843	80.04	171.30	22.60	0.47	7.58	7.27	强烈	4.00	
47	新城金矿	黑云母花岗岩	660	50.28	77.30	7.65	0.65	10.10	2.47	轻微	2.00	
48	新城金矿	花岗岩	660	50.28	59.00	5.23	0.85	11.28	0.88	无	1.00	
49	新城金矿	黑云母花岗岩	630	44.80	77.30	7.65	0.58	10.10	2.47	轻微	2.00	
50	新城金矿	花岗岩	630	44.80	94.70	5.26	0.47	18.00	2.96	中等	3.00	
51	新城金矿	花岗岩	630	48.00	94.70	5.26	0.51	18.00	2.96	中等	3.00	
52	新城金矿	花岗岩	630	48.00	59.00	5.23	0.81	11.28	0.88	无	1.00	
53	新城金矿	花岗岩	630	54.90	59.00	5.23	0.93	11.28	0.88	无	1.00	
54	会泽铅锌矿	砂岩	920.00	34.15	54.20	12.10	0.63	4.48	3.17	轻微	2.00	衣永亮等(2010)
55	金川二矿	花岗岩	1000.00	60.00	135.00	15.04	0.44	8.98	4.86	轻微	2.00	
56	金川二矿	大理岩	1000.00	60.00	66.49	9.72	0.90	6.84	2.15	轻微	2.00	
57	金川二矿	菱镁矿	1000.00	60.00	106.38	11.20	0.56	9.50	6.11	轻微	2.00	
58	金川二矿	橄榄岩	1000.00	60.00	86.03	7.14	0.70	12.05	2.85	轻微	2.00	
59	金川二矿	锂铁矿	1000.00	60.00	149.19	9.30	0.40	16.40	3.50	轻微	2.00	
60	金川二矿	闪石	1000.00	60.00	136.79	10.42	0.44	13.13	2.12	轻微	2.00	
61	马鹿坪矿	砂岩	750.00	63.80	110.00	4.50	0.58	24.40	6.31	中等	3.00	杨金林等(2010)
62	马鹿坪矿	白云岩	750.00	2.60	20.00	3.00	0.13	6.67	1.39	无	1.00	
63	马鹿坪矿	磷酸盐岩	750.00	44.40	120.00	5.00	0.37	24.00	5.10	轻微	2.00	
64	马鹿坪矿	红页岩	750.00	13.50	30.00	2.67	0.45	11.20	2.03	轻微	2.00	
65	马鹿坪矿	砂岩	700.00	70.40	110.00	4.50	0.64	24.40	6.31	中等	3.00	
66	马鹿坪矿	白云岩	700.00	3.80	20.00	3.00	0.19	6.67	1.39	无	1.00	

续上表

序号	工程项目	围岩类型	H (m)	σ_θ (MPa)	σ_c (MPa)	σ_t (MPa)	σ_θ/σ_c	σ_c/σ_t	W_{et}	岩爆等级	岩爆等级编码	来源
67	马鹿坪矿	磷酸盐岩	700.00	57.60	120.00	5.00	0.48	24.00	5.10	中等	3.00	杨金林等(2010)
68	马鹿坪矿	红页岩	700.00	19.50	30.00	2.67	0.65	11.20	2.03	中等	3.00	
69	马鹿坪矿	砂岩	600.00	81.40	110.00	4.50	0.74	24.40	6.31	强烈	4.00	
70	马鹿坪矿	白云岩	600.00	4.60	20.00	3.00	0.23	6.67	1.39	无	1.00	
71	马鹿坪矿	磷酸盐岩	600.00	73.20	120.00	5.00	0.61	24.00	5.10	中等	3.00	
72	马鹿坪矿	红页岩	600.00	30.00	30.00	2.67	1.00	11.20	2.03	强烈	4.00	
73	红透山铜矿	斜生斜长片	720	47.50	86.30	15.60	0.55	5.53	6.30	中等	3.00	刘建坡(2011)
74	红透山铜矿	黑云母斜片麻岩	720.00	47.50	61.10	5.30	0.78	11.53	7.20	中等	3.00	
75	红透山铜矿	斜生斜长片	780	67.20	86.30	15.60	0.78	5.53	6.30	中等	3.00	
76	红透山铜矿	黑云母斜片麻岩	780	67.20	61.10	5.30	1.10	11.53	7.20	中等	3.00	
77	红透山铜矿	铜矿	780	67.20	99.20	7.30	0.68	13.59	8.31	中等	3.00	
78	红透山铜矿	斜生斜长片	840	77.00	86.30	15.60	0.89	5.53	6.30	强烈	4.00	
79	红透山铜矿	黑云母斜片麻岩	840	77.00	61.10	5.30	1.26	11.53	7.20	强烈	4.00	
80	红透山铜矿	铜矿	840	77.00	99.20	7.30	0.78	13.59	8.31	强烈	4.00	
81	红透山铜矿	黑云母斜片麻岩	900	225.50	61.10	5.30	3.69	11.53	7.20	强烈	4.00	
82	红透山铜矿	辉绿岩	900	225.50	91.30	14.50	2.47	6.30	21.00	强烈	4.00	
83	红透山铜矿	黑云母斜片麻岩	960	274.30	61.10	5.30	4.49	11.53	7.20	强烈	4.00	
84	红透山铜矿	辉绿岩	960	274.30	91.30	14.50	3.00	6.30	21.00	强烈	4.00	
85	三山岛金矿	角闪岩	N/A	N/A	86.28	14.66	N/A	5.89	58.51	中等	3.00	蔡美峰等(2013)
86	三山岛金矿	二厂花岗岩	N/A	N/A	70.70	6.92	N/A	10.22	92.19	中等	3.00	
87	三山岛金矿	乌云花岗石	N/A	N/A	97.53	16.46	N/A	5.93	118.66	强烈	4.00	
88	三山岛金矿	燕营花岗岩	N/A	N/A	125.21	16.31	N/A	7.68	181.79	强烈	4.00	
89	三山岛金矿	燕营岩	N/A	N/A	93.26	14.33	N/A	6.51	105.96	强烈	4.00	

续上表

序号	工程项目	围岩类型	H (m)	σ_θ (MPa)	σ_c (MPa)	σ_t (MPa)	σ_θ/σ_c	σ_c/σ_t	W_{et}	岩爆等级	岩爆等级编码	来源
90	锦屏Ⅱ级水电站1-1断面	角砾大理岩	<2520	N/A	N/A	N/A	0.62	20.00	3.10	中等	3.00	梁志勇(2004)
91	锦屏Ⅱ级水电站1-1断面	灰-白大理岩	<2520	N/A	N/A	N/A	0.67	26.80	0.85	轻微	2.00	
92	锦屏Ⅱ级水电站2-2断面	N/A	<2520	N/A	N/A	N/A	0.90	25.70	0.90	强烈	4.00	
93	锦屏Ⅱ级水电站3-3断面	N/A	<2520	N/A	N/A	N/A	0.83	28.90	3.20	强烈	4.00	
94	锦屏Ⅱ级水电站4-4断面	N/A	<2520	N/A	N/A	N/A	0.93	28.90	3.20	强烈	4.00	
95	锦屏Ⅱ级水电站5-5断面	N/A	<2520	N/A	N/A	N/A	0.74	28.90	3.20	中等	3.00	
96	锦屏Ⅱ级水电站6-6断面	N/A	<2520	N/A	N/A	N/A	1.41	19.20	3.10	强烈	4.00	
97	锦屏Ⅱ级水电站7-7断面	N/A	<2520	N/A	N/A	N/A	0.79	22.00	2.00	中等	3.00	
98	锦屏Ⅱ级水电站引水隧洞K1+693	云母大理岩	N/A	N/A	N/A	N/A	0.56	20.40	2.00	轻微	2.00	
99	锦屏Ⅱ级水电站引水隧洞K1+731	云母大理岩	N/A	46.40	100.00	4.90	0.46	20.40	2.00	轻微	2.00	
100	锦屏Ⅱ级水电站引水隧洞K0+568	灰-白大理岩	N/A	N/A	N/A	N/A	0.24	26.80	0.85	轻微	2.00	
101	锦屏Ⅱ级水电站引水隧洞K0+600	灰-白大理岩	N/A	23.00	80.00	3.00	0.29	26.80	0.85	轻微	2.00	
102	锦屏Ⅱ级水电站引水隧洞K2+215	灰-白大理岩	N/A	N/A	N/A	N/A	0.63	19.70	0.85	中等	3.00	
103	锦屏Ⅱ级水电站引水隧洞K1+560	颗粒状大理岩	N/A	N/A	N/A	N/A	0.49	19.70	2.30	轻微	2.00	
104	锦屏Ⅱ级水电站引水隧洞K1+640	颗粒状大理岩	N/A	46.20	105.00	5.30	0.44	19.70	2.30	轻微	2.00	
105	锦屏Ⅱ级水电站引水隧洞K3+390	颗粒状大理岩	N/A	N/A	N/A	N/A	0.84	19.70	2.30	中等	3.00	
106	锦屏Ⅱ级水电站引水隧洞K3+580	颗粒状大理岩	N/A	N/A	N/A	N/A	0.42	19.70	2.30	轻微	2.00	
107	锦屏Ⅱ级水电站引水隧洞K3+650	颗粒状大理岩	N/A	N/A	N/A	N/A	0.46	19.70	2.30	轻微	2.00	
108	锦屏Ⅱ级水电站引水隧洞K3+000	黑色大理岩	N/A	N/A	N/A	N/A	0.85	27.30	3.10	中等	3.00	
109	锦屏Ⅱ级水电站引水隧洞K3+800	黑色大理岩	N/A	N/A	N/A	N/A	0.51	27.30	3.10	中等	3.00	
110	锦屏Ⅱ级水电站	砂岩	463	12.00	85.00	3.60	0.14	23.61	1.50	无	1.00	肖学沛(2005)
111	锦屏Ⅱ级水电站	大理岩、砂岩	731	21.00	103.00	4.10	0.20	25.12	2.40	轻微	2.00	

续上表

序号	工程项目	围岩类型	H (m)	σ_θ (MPa)	σ_c (MPa)	σ_t (MPa)	σ_θ/σ_c	σ_c/σ_t	W_{et}	岩爆等级	岩爆等级编码	来源
112	锦屏Ⅱ级水电站	大理岩砂岩	1456	28.00	100.00	3.90	0.28	25.64	2.30	轻微	2.00	肖学沛(2005)
113	锦屏Ⅱ级水电站	角砾状大理岩	1735	47.00	122.00	5.50	0.39	22.18	3.40	轻微	2.00	
114	锦屏Ⅱ级水电站	大理岩	2372	52.00	117.00	4.80	0.44	24.38	3.20	轻微	2.00	
115	锦屏Ⅱ级水电站	大理岩	1765	42.00	117.00	4.80	0.36	24.38	3.20	轻微	2.00	
116	锦屏Ⅱ级水电站	大理岩	1878	32.00	117.00	4.80	0.27	24.38	3.20	轻微	2.00	
117	锦屏Ⅱ级水电站	钙质石灰岩	630	20.00	112.00	4.70	0.18	23.83	2.50	无	1.00	
118	江边电站引水隧洞	砂岩	203.00	91.23	157.63	11.96	0.58	13.18	6.27	强烈	4.00	张乐文等(2010)
119	江边电站引水隧洞	白云岩	827.00	66.77	148.48	8.47	0.45	17.53	5.08	轻微	2.00	
120	江边电站引水隧洞	矿石	896.00	51.50	132.05	6.33	0.39	20.86	4.63	中等	3.00	
121	江边电站引水隧洞	红页岩	1117.00	35.82	127.93	4.43	0.28	28.90	3.67	轻微	2.00	
122	江边电站引水隧洞	砂岩	1124.00	21.50	107.52	2.98	0.20	36.04	2.29	无	1.00	
123	江边电站引水隧洞	白云岩	1140.00	18.32	96.41	2.01	0.19	47.93	1.87	无	1.00	
124	江边电站引水隧洞	矿石	983.00	110.30	167.19	12.67	0.66	13.20	6.83	强烈	4.00	
125	江边电站引水隧洞	红页岩	853.00	26.06	118.46	3.51	0.22	33.75	2.98	轻微	2.00	
126	锦屏Ⅱ级水电站	黑云母花岗斑岩	644.00	16.62	156.86	10.66	0.11	14.71	4.83	中等	3.00	张传庆等(2012)
127	锦屏Ⅱ级水电站	黑云母花岗斑岩	692.00	16.47	156.90	10.33	0.10	15.19	4.39	中等	3.00	
128	锦屏Ⅱ级水电站	黑云母花岗斑岩	970.00	16.43	157.95	11.06	0.10	14.28	4.99	强烈	4.00	
129	锦屏Ⅱ级水电站	黑云母花岗斑岩	850.00	16.30	155.28	10.63	0.10	14.61	4.40	中等	3.00	
130	锦屏Ⅱ级水电站	N/A	400.00	18.00	50.00	5.00	0.36	10.00	N/A	轻微	2.00	尚彦军等(2013)
131	锦屏Ⅱ级水电站	N/A	400.00	18.00	70.00	5.00	0.26	14.00	N/A	轻微	2.00	
132	锦屏Ⅱ级水电站	N/A	400.00	70.00	50.00	5.00	1.40	10.00	N/A	强烈	4.00	
133	锦屏Ⅱ级水电站	N/A	400.00	70.00	70.00	5.00	1.00	14.00	N/A	强烈	4.00	

续上表

序号	工程项目	围岩类型	H (m)	σ_θ (MPa)	σ_c (MPa)	σ_t (MPa)	σ_θ/σ_c	σ_c/σ_t	W_{et}	岩爆等级	岩爆等级编码	来源
134	锦屏Ⅱ级水电站	N/A	1200～2500	40.50	81.00	5.00	0.50	16.20	N/A	中等	3.00	
135	锦屏Ⅱ级水电站	N/A	1200～2501	50.60	110.00	6.00	0.46	18.33	N/A	中等	3.00	
136	锦屏Ⅱ级水电站	N/A	1200～2502	117.70	120.10	5.00	0.98	24.02	N/A	强烈	4.00	
137	锦屏Ⅱ级水电站	N/A	1200～2503	108.00	120.00	6.00	0.90	20.00	N/A	强烈	4.00	
138	天生桥Ⅱ级水电站引水隧洞	N/A	130～760	30.00	88.70	3.70	0.34	23.97	N/A	中等	3.00	
139	天生桥Ⅱ级水电站引水隧洞	N/A	130～761	30.00	88.70	3.70	0.34	23.97	N/A	中等	3.00	
140	天生桥Ⅱ级水电站引水隧洞	N/A	400.00	62.60	178.85	9.40	0.35	19.03	N/A	轻微	2.00	
141	秦岭铁路隧道	N/A	1600.00	105.00	94.60	7.00	1.11	13.51	N/A	中等	3.00	
142	山东玲珑金矿	N/A	1000.00	82.00	138.00	7.00	0.59	19.71	N/A	中等	3.00	尚彦军等(2013)
143	山东玲珑金矿	N/A	1000.00	82.00	197.00	10.00	0.42	19.70	N/A	中等	3.00	
144	山东玲珑金矿	N/A	1000.00	114.00	138.00	7.00	0.83	19.71	N/A	强烈	4.00	
145	山东玲珑金矿	N/A	1000.00	114.00	197.00	10.00	0.58	19.70	N/A	中等	3.00	
146	二郎山隧道	N/A	770.00	41.46	64.78	8.00	0.64	8.10	N/A	强烈	4.00	
147	铜陵冬瓜山铜矿	N/A	790～850	105.5	131.88	16.40	0.80	8.04	N/A	强烈	4.00	
148	二滩水电站地下厂房	N/A	200～400	50～120	N/A	7.40	N/A	N/A	N/A	中等～强烈	3～4	
149	瀑布沟水电站地下洞室	N/A	250～320	42～54	N/A	5.90	N/A	N/A	N/A	轻微～中等	2～3	
150	渔子溪一级水电站引水隧洞	N/A	250～600	90	169.81	11.30	0.53	15.03	N/A	中等	3.00	
151	苍岭隧道	N/A	300～756	48.9	148.20	8.00	0.33	18.53	N/A	中等	3.00	
152	双江口坝区测点 SPD9	N/A	N/A	N/A	71.97	7.14	0.36	10.08	N/A	中等	3.00	郭建强等(2015)
153	双江口坝区测点 SPD9	N/A	N/A	N/A	77.67	7.51	N/A	10.34	N/A	轻微	2.00	
154	双江口坝区测点 SPD9	N/A	N/A	N/A	91.47	8.93	N/A	10.24	N/A	轻微	2.00	
155	双江口坝区测点 SPD9	N/A	N/A	N/A	86.80	8.23	N/A	10.55	N/A	中等	3.00	

续上表

序号	工程项目	围岩类型	H (m)	σ_θ (MPa)	σ_c (MPa)	σ_t (MPa)	σ_θ/σ_c	σ_c/σ_t	W_{et}	岩爆等级	岩爆等级编码	来源
156	双江口坝区测点 SPD10	N/A	N/A	N/A	100.60	9.33	N/A	10.78	N/A	轻微	2.00	郭建强等(2015)
157	双江口坝区测点 SPD10	N/A	N/A	N/A	97.97	9.30	N/A	10.53	N/A	中等	3.00	
158	锦屏Ⅱ级水电站	黑云母灰岩	174	15.97	114.07	11.96	0.14	9.54	2.40	无	1.00	周健等(2016)
159	锦屏Ⅱ级水电站	黑云母灰岩	275	19.14	106.31	11.96	0.18	8.89	2.07	无	1.00	
160	锦屏Ⅱ级水电站	黑云母灰岩	187	12.96	117.81	11.96	0.11	9.85	3.00	无	1.00	
161	锦屏Ⅱ级水电站	黑云母灰岩	267	31.05	147.85	11.96	0.21	12.36	3.00	中等	3.00	
162	锦屏Ⅱ级水电站	黑云母灰岩	215	29.09	138.50	11.96	0.21	11.58	2.77	无	1.00	
163	锦屏Ⅱ级水电站	黑云母灰岩	272	32.40	140.88	11.96	0.23	11.78	2.86	轻微	2.00	
164	锦屏Ⅱ级水电站	黑云母灰岩	644	34.89	151.70	10.66	0.23	14.23	3.17	轻微	2.00	
165	锦屏Ⅱ级水电站	黑云母灰岩	692	16.21	135.07	10.33	0.12	13.08	2.49	轻微	2.00	
166	锦屏Ⅱ级水电站	黑云母灰岩	970	30.56	160.83	11.06	0.19	14.54	3.63	强烈	4.00	
167	锦屏Ⅱ级水电站	黑云母灰岩	1107	19.36	113.87	4.43	0.17	25.70	2.38	轻微	2.00	
168	锦屏Ⅱ级水电站	黑云母灰岩	1205	33.15	106.94	2.98	0.31	35.89	2.15	中等	3.00	
169	锦屏Ⅱ级水电站	黑云母灰岩	1184	9.74	88.51	2.98	0.11	29.70	1.77	无	1.00	
170	锦屏Ⅱ级水电站	黑云母灰岩	1373	11.75	83.96	2.98	0.14	28.17	2.15	无	1.00	
171	锦屏Ⅱ级水电站	黑云母灰岩	1689	39.94	117.48	2.98	0.34	39.42	2.37	轻微	2.00	
172	锦屏Ⅱ级水电站	黑云母灰岩	1606	39.82	128.46	2.98	0.31	43.11	2.40	中等	3.00	
173	锦屏Ⅱ级水电站	黑云母灰岩	1220	46.22	140.07	2.01	0.33	69.69	3.29	轻微	2.00	
174	锦屏Ⅱ级水电站	黑云母灰岩	920	30.95	123.79	12.67	0.25	9.77	2.57	轻微	2.00	
175	锦屏Ⅱ级水电站	黑云母灰岩	785	40.99	186.30	12.67	0.22	14.70	4.10	中等	3.00	
176	锦屏Ⅱ级水电站	黑云母灰岩	772	20.82	122.47	12.67	0.17	9.67	2.81	轻微	2.00	
177	锦屏Ⅱ级水电站	黑云母灰岩	644	36.09	164.05	12.67	0.22	12.95	3.59	中等	3.00	

续上表

序号	工程项目	围岩类型	H (m)	σ_θ (MPa)	σ_c (MPa)	σ_t (MPa)	σ_θ/σ_c	σ_c/σ_t	W_{et}	岩爆等级	岩爆等级编码	来源
178	N/A	砂岩黏土	N/A	7.28	52.00	3.70	0.14	14.05	1.30	无	1.00	
179	N/A	大理岩	N/A	9.57	99.70	4.80	0.10	20.77	3.80	无	1.00	
180	N/A	石灰岩	682	50.60	63.83	5.06	0.79	12.61	2.23	轻微	2.00	
181	N/A	石灰岩	682	50.60	85.36	4.91	0.59	17.38	3.41	轻微	2.00	
182	N/A	铅锌	682	50.60	104.97	6.18	0.48	16.99	10.90	强烈	4.00	
183	N/A	石灰岩与页岩	610	42.40	50.00	6.10	0.85	8.20	5.30	轻微	2.00	
184	N/A	砂岩板岩	400	18.20	60.00	1.90	0.30	31.58	2.84	轻微	2.00	周健等(2016)
185	N/A	花岗岩	290	53.00	147.20	7.18	0.36	20.50	5.00	中等	3.00	
186	N/A	基岩	N/A	16.40	156.23	10.51	0.10	14.86	4.14	轻微	2.00	
187	N/A	基岩	N/A	16.40	156.14	10.30	0.11	15.16	4.04	轻微	2.00	
188	N/A	基岩	N/A	16.40	155.63	10.42	0.11	14.94	4.20	中等	3.00	
189	N/A	白云质灰岩	380	12.00	30.00	5.58	0.11	5.38	5.10	无	1.00	
190	高黎贡山隧道	花岗斑岩	700	57.97	96.16	3.77	0.46	25.51	2.53	轻微	2.00	
191	高黎贡山隧道	花岗斑岩	700	57.97	70.68	4.19	0.60	16.87	2.87	轻微	2.00	
192	二郎山隧道 K262 +740 北壁 1.5m 高处	灰岩	N/A	8.29	74.14	N/A	0.11	N/A	N/A	无	1.00	
193	二郎山隧道 K262 +461 北壁 1.5m 高处	砂质泥岩	N/A	7.34	60.50	N/A	0.12	N/A	N/A	无	1.00	
194	二郎山隧道 K262 +444 北壁 1.5m 高处	砂岩	N/A	8.90	87.12	N/A	0.10	N/A	N/A	无	1.00	
195	二郎山隧道 K262 +445.5 北壁 1.5m 高处	砂岩	N/A	7.26	87.12	N/A	0.08	N/A	N/A	无	1.00	
196	二郎山隧道 K262 +298 北壁 1.5m 高处	砂质泥岩	N/A	14.84	56.76	N/A	0.26	N/A	N/A	轻微	2.00	徐林生与王兰生(1999)
197	二郎山隧道 K262 +939 北壁 1.5m 高处	泥灰岩	N/A	40.12	77.00	N/A	0.52	N/A	N/A	中等	3.00	
198	二郎山隧道 K262 +905 北壁 1.5m 高处	砂质泥岩	N/A	41.46	64.90	N/A	0.64	N/A	N/A	中等	3.00	
199	二郎山隧道 K262 +761 北壁 1.5m 高处	砂质泥岩	N/A	28.59	60.06	N/A	0.48	N/A	N/A	轻微	2.00	
200	二郎山隧道 K262 +701 北壁 1.5m 高处	石英砂岩	N/A	20.62	185.90	N/A	0.11	N/A	N/A	无	1.00	

续上表

序号	工程项目	围岩类型	H (m)	σ_θ (MPa)	σ_c (MPa)	σ_t (MPa)	σ_θ/σ_c	σ_c/σ_t	W_{et}	岩爆等级	岩爆等级编码	来源
201	邵怀高速公路雪峰山隧道	砂质板岩	437	40.87	139.00	6.00	0.29	23.17	0.81	无	1.00	张志龙(2002)
202	邵怀高速公路雪峰山隧道	变质砂岩	240	29.04	124.15	5.00	0.23	24.83	4.39	无	1.00	
203	邵怀高速公路雪峰山隧道	变质砂岩	490	50.09	124.00	5.00	0.40	24.80	6.53	轻微	2.00	
204	邵怀高速公路雪峰山隧道	砂质板岩	720	59.09	88.25	3.60	0.67	24.51	6.14	中等	3.00	
205	邵怀高速公路雪峰山隧道	砂质板岩	470	40.90	88.25	3.60	0.46	24.51	4.61	轻微	2.00	
206	邵怀高速公路雪峰山隧道	砂质板岩	220	22.93	88.25	3.60	0.26	24.51	0.81	无	1.00	
207	秦岭隧道	菱镁矿	<1600	54.20	134.00	9.09	0.40	15.00	7.08	中等	3.00	白明洲等(2002)
208	秦岭隧道	菱镁矿	<1600	70.30	129.00	8.73	0.55	11.40	6.43	中等	3.00	
209	括苍山隧道	水晶凝灰岩	204.00	35.00	133.40	9.30	0.26	14.34	2.90	轻微	2.00	
210	大相岭隧道 ZK55 +154	流纹岩	374.00	26.90	62.80	2.10	0.42	29.90	2.40	轻微	2.00	张俊峰(2010)
211	大相岭隧道 YK55 +819	流纹岩	775.00	40.40	72.10	2.10	0.56	34.30	1.90	轻微	2.00	
212	大相岭隧道 ZK55 +854	流纹岩	799.00	39.40	65.20	2.30	0.60	28.30	3.40	中等	3.00	
213	大相岭隧道 YK56 +080	流纹岩	811.00	38.20	71.40	3.40	0.53	21.00	3.60	中等	3.00	
214	大相岭隧道 YK56 +109	流纹岩	816.00	45.70	69.10	3.20	0.66	21.50	4.10	中等	3.00	
215	大相岭隧道 YK56 +177	流纹岩	841.00	35.80	67.80	3.80	0.52	17.80	4.30	中等	3.00	
216	大相岭隧道 YK56 +343	流纹岩	959.00	39.40	96.20	2.70	0.57	25.60	3.80	中等	3.00	
217	大相岭隧道 ZK56 +374	流纹岩	984.00	40.60	66.60	2.60	0.61	25.60	3.70	中等	3.00	
218	大相岭隧道 YK56 +421	流纹岩	1112.00	39.00	70.10	2.40	0.56	29.20	4.80	中等	3.00	
219	大相岭隧道 YK61 +305	流纹岩	981.00	57.20	80.60	2.50	0.71	32.20	5.50	强烈	4.00	
220	大相岭隧道 YK61 +382	流纹岩	808.00	55.60	114.00	2.30	0.49	49.50	4.70	中等	3.00	
221	大相岭隧道 YK61 +400	流纹岩	799.00	56.90	123.00	2.70	0.26	42.90	3.70	轻微	2.00	
222	大相岭隧道 ZK61 +440	流纹岩	768.00	62.10	132.00	2.40	0.47	55.00	5.00	中等	3.00	

续上表

序号	工程项目	围岩类型	H (m)	σ_θ (MPa)	σ_c (MPa)	σ_t (MPa)	σ_θ/σ_c	σ_c/σ_t	W_{et}	岩爆等级	岩爆等级编码	来源
223	大相岭隧道 YK61 +445	流纹岩	764.00	29.70	116.00	2.70	0.26	42.90	3.70	轻微	2.00	张俊峰(2010)
224	大相岭隧道 YK61 +450	流纹岩	760.00	29.10	94.00	2.60	0.31	36.10	3.20	轻微	2.00	
225	大相岭隧道 YK61 +493	流纹岩	729.00	27.80	90.00	2.10	0.31	42.80	1.80	无	1.00	
226	大相岭隧道 YK61 +827	流纹岩	724.00	30.30	88.00	3.10	0.34	28.30	3.00	轻微	2.00	
227	大相岭隧道 YK61 +382	流纹岩	808.00	55.60	114.00	2.30	0.49	49.50	4.70	中等	3.00	
228	大相岭隧道 ZK56 +451	流纹岩	1048.00	41.60	67.60	2.70	0.61	25.00	3.70	中等	3.00	
229	大相岭隧道 ZK56 +479	流纹岩	1074.00	40.10	72.10	2.30	0.55	31.30	4.60	中等	3.00	
230	大相岭隧道 ZK61 +201	流纹岩	980.00	58.20	83.60	2.60	0.69	32.10	5.90	强烈	4.00	
231	大相岭隧道 ZK61 +352	流纹岩	839.00	56.80	112.00	2.20	0.50	50.90	5.20	中等	3.00	
232	安禄隧道	白云质灰岩	369	17.39	102.30	1.30	0.17	78.69	6.58	中等	3.00	姜来峰(2008)
233	安禄隧道	白云质灰岩	369	17.02	85.09	1.30	0.20	65.45	6.14	中等	3.00	
234	安禄隧道	白云质灰岩	373	16.70	83.50	1.30	0.20	64.23	6.53	中等	3.00	
235	安禄隧道	白云质灰岩	373	17.35	86.77	1.30	0.20	66.75	3.22	中等	3.00	
236	安禄隧道	砂质板岩	374	16.87	80.33	1.30	0.21	61.79	6.92	中等	3.00	
237	括苍山隧道 K155 +200 ~ K156 +178	N/A	<504	13.90	124.00	4.22	0.11	29.40	2.04	无	1.00	秦胜伍等(2009)
238	括苍山隧道 K156 +203 ~ K157 +573	N/A	<504	17.40	161.00	3.98	0.14	31.40	2.19	轻微	2.00	
239	括苍山隧道 K157 +573 ~ K58 +078	N/A	<504	19.00	153.00	4.48	0.15	28.10	2.11	轻微	2.00	
240	括苍山隧道 K157 +078 ~ K159 +250	N/A	<504	19.70	142.00	4.55	0.16	27.90	2.26	轻微	2.00	
241	通渝隧道断面 K21 +680	石灰岩	900.00	47.56	58.50	3.50	0.81	16.70	5.00	轻微	2.00	王心飞等(2004)
242	通渝隧道断面 K21 +740	石灰岩	1030.00	43.62	78.10	3.20	0.56	24.41	6.00	轻微	2.00	康勇(2006)

续上表

序号	工程项目	围岩类型	H (m)	σ_θ (MPa)	σ_c (MPa)	σ_t (MPa)	σ_θ/σ_c	σ_c/σ_t	W_{et}	岩爆等级	岩爆等级编码	来源
243	通渝隧道断面 K21 +720	石灰岩	N/A	47.60	80.30	3.50	0.59	22.94	5.00	轻微	2.00	宫凤强等(2010)
244	通渝隧道断面 K21 +212	石灰岩	N/A	44.70	82.40	4.70	0.54	17.53	6.60	轻微	2.00	
245	通渝隧道	石灰岩	1032	47.56	80.30	3.50	0.59	22.94	5.00	中等	3.00	夏彬伟(2006)
246	通渝隧道	石灰岩	900	44.71	82.40	4.70	0.54	17.53	6.60	中等	3.00	
247	大相岭高速公路隧道	流纹岩	374	26.90	62.80	2.10	0.43	29.90	2.40	轻微	2.00	张俊峰(2010)
248	大相岭高速公路隧道	流纹岩	775	40.40	72.10	2.10	0.56	34.33	1.90	轻微	2.00	
249	大相岭高速公路隧道	流纹岩	799	39.40	65.20	2.30	0.60	28.35	3.40	中等	3.00	
250	大相岭高速公路隧道	流纹岩	811	38.20	71.40	3.40	0.54	21.00	3.60	中等	3.00	
251	大相岭高速公路隧道	流纹岩	816	45.70	69.10	3.20	0.66	21.59	4.10	中等	3.00	
252	大相岭高速公路隧道	流纹岩	841	35.80	67.80	3.80	0.53	17.84	4.30	中等	3.00	
253	大相岭高速公路隧道	流纹岩	959	39.40	69.20	2.70	0.57	25.63	3.80	中等	3.00	
254	大相岭高速公路隧道	流纹岩	984	40.60	66.60	2.60	0.61	25.62	3.70	中等	3.00	
255	大相岭高速公路隧道	流纹岩	1112	39.00	70.10	2.40	0.56	29.21	4.80	中等	3.00	
256	大相岭高速公路隧道	流纹岩	981	57.20	80.60	2.50	0.71	32.24	5.50	强烈	4.00	
257	大相岭高速公路隧道	流纹岩	808	55.60	114.00	2.30	0.49	49.57	4.70	中等	3.00	
258	大相岭高速公路隧道	流纹岩	799	56.90	123.00	2.70	0.46	45.56	5.20	中等	3.00	
259	大相岭高速公路隧道	流纹岩	768	62.10	132.00	2.40	0.47	55.00	5.00	中等	3.00	
260	大相岭高速公路隧道	流纹岩	760	29.10	94.00	2.60	0.31	36.15	3.20	轻微	2.00	
261	大相岭高速公路隧道	流纹岩	729	27.80	90.00	2.10	0.31	42.86	1.80	无	1.00	
262	大相岭高速公路隧道	流纹岩	808	55.60	114.00	2.30	0.49	49.57	4.70	中等	3.00	
263	大相岭高速公路隧道	流纹岩	1048	41.60	67.60	2.70	0.62	25.04	3.70	中等	3.00	
264	大相岭高速公路隧道	流纹岩	1074	40.10	72.10	2.30	0.56	31.35	4.60	中等	3.00	

续上表

序号	工 程 项 目	围 岩 类 型	H (m)	σ_θ (MPa)	σ_c (MPa)	σ_t (MPa)	σ_θ/σ_c	σ_c/σ_t	W_{et}	岩爆等级	岩爆等级编码	来源
265	大相岭高速公路隧道	流纹岩	980	58.20	83.60	2.60	0.70	32.15	5.90	强烈	4.00	张俊峰(2010)
266	大相岭高速公路隧道	流纹岩	839	56.80	112.00	2.20	0.51	50.91	5.20	中等	3.00	
267	西康铁路秦岭隧道 DYK77 +176	花岗岩	N/A	56.10	131.99	9.44	0.43	13.98	7.44	中等	3.00	苏国韶等(2010)
268	西康铁路秦岭隧道 T1	花岗岩	N/A	54.20	134.00	9.10	0.40	0.15	7.10	中等	3.00	
269	西康铁路秦岭隧道 T2	花岗岩	N/A	70.30	128.30	8.70	0.55	0.15	6.40	中等	3.00	
270	西康铁路秦岭隧道 DYK72 +440	花岗岩	N/A	60.70	111.50	7.86	0.54	14.19	6.16	强烈	4.00	
271	苍岭隧道 K97 +102 ~ K98 +152	凝灰岩角砾岩和钾长石	N/A	N/A	N/A	N/A	0.21	24.30	4.60	轻微	2.00	王迎超(2010)
272	苍岭隧道 K98 +152 ~ K98 +637	N/A	N/A	N/A	N/A	N/A	0.28	23.60	4.90	轻微	2.00	
273	苍岭隧道 K98 +637 ~ K99 +638	N/A	N/A	N/A	N/A	N/A	0.32	21.30	5.30	中等	3.00	
274	苍岭隧道 K99 +638 ~ K100 +892	N/A	N/A	N/A	N/A	N/A	0.28	23.80	4.80	轻微	2.00	
275	二郎山隧道 K261 +939	N/A	N/A	N/A	N/A	N/A	0.52	21.20	5.50	中等	3.00	
276	秦岭终南山公路隧道	N/A	N/A	N/A	N/A	N/A	0.65	28.60	6.80	强烈	4.00	
277	福建九华山隧道	N/A	N/A	N/A	N/A	N/A	0.52	24.60	7.30	中等	3.00	
278	大坪山隧道 K42 +729 ~ K43 +030	N/A	N/A	22.97 ~ 24.12	100.50	N/A	0.23 ~ 0.24	N/A	N/A	轻微	2.00	尤哲敏与陈建平(2012)
279	大坪山隧道 K43 +130 ~ K43 +330	N/A	N/A	21.32 ~ 23.61	100.50	N/A	0.21 ~ 0.23	N/A	N/A	轻微	2.00	
280	大坪山隧道 K43 +330 ~ K43 +630	N/A	N/A	33.43 ~ 38.01	100.50	N/A	0.33 ~ 0.38	N/A	N/A	中等	3.00	

续上表

序号	工程项目	围岩类型	H (m)	σ_θ (MPa)	σ_c (MPa)	σ_t (MPa)	σ_θ/σ_c	σ_c/σ_t	W_{et}	岩爆等级	岩爆等级编码	来源
281	大坪山隧道 K43 +630 ~ K43 +730	N/A	N/A	27.71	100.50	N/A	0.28	N/A	N/A	轻微	2.00	尤哲敏与陈建平(2012)
282	大坪山隧道 K44 +030 ~ K44 +330	N/A	N/A	24.23 ~ 29.34	100.50	N/A	0.24 ~ 0.29	N/A	N/A	轻微	2.00	
283	大坪山隧道 K45 +030 ~ K45 +630	N/A	N/A	23.96 ~ 26.48	100.50	N/A	0.24 ~ 0.26	N/A	N/A	轻微	2.00	
284	大坪山隧道 K46 +630 ~ K47 +630	N/A	N/A	21.35 ~ 27.97	100.50	N/A	0.21 ~ 0.28	N/A	N/A	轻微	2.00	
285	大坪山隧道 K47 +630 ~ K48 +230	N/A	N/A	32.93 ~ 44.63	100.50	N/A	0.33 ~ 0.44	N/A	N/A	中等	3.00	
286	大坪山隧道 K48 +230 ~ K48 +830	N/A	N/A	56.63 ~ 62.49	100.50	N/A	0.56 ~ 0.62	N/A	N/A	强烈	4.00	
287	大坪山隧道 K48 +830 ~ K49 +530	N/A	N/A	29.73 ~ 40.78	100.50	N/A	0.3 ~ 0.41	N/A	N/A	中等	3.00	
288	N/A	白云质灰岩	225.00	30.10	88.70	3.70	0.34	23.97	6.60	强烈	4.00	冯夏庭与王丽娜(1994)
289	N/A	花岗岩	375.00	18.80	171.50	6.30	0.11	27.22	7.00	无	1.00	
290	N/A	石灰岩	435.00	34.00	149.00	5.90	0.23	25.25	7.60	轻微	2.00	
291	N/A	砂岩黏土	250.00	38.20	53.00	3.90	0.72	13.59	1.60	无	1.00	
292	N/A	大理岩	100.00	11.30	90.00	4.80	0.13	18.75	3.60	无	1.00	
293	N/A	石灰岩	300.00	92.00	263.00	10.70	0.35	24.58	8.00	轻微	2.00	

续上表

序号	工程项目	围岩类型	H (m)	σ_θ (MPa)	σ_c (MPa)	σ_t (MPa)	σ_θ/σ_c	σ_c/σ_t	W_{et}	岩爆等级	岩爆等级编码	来源
294	N/A	闪长岩	223.00	43.40	136.50	7.20	0.32	18.96	5.60	强烈	4.00	冯夏庭与王丽娜(1994)
295	N/A	花岗岩	330.00	62.40	235.00	9.50	0.27	24.74	9.00	强烈	4.00	
296	N/A	角闪歪长石	425.00	11.00	105.00	4.90	0.10	21.43	4.70	无	1.00	
297	N/A	N/A	N/A	75.00	180.00	8.30	0.42	9.04	5.00	中等	3.00	贾义鹏(2013)
298	N/A	N/A	N/A	62.50	175.00	7.30	0.36	8.56	5.00	中等	3.00	
299	N/A	N/A	N/A	50.00	130.00	6.00	0.38	8.33	5.00	中等	3.00	
300	N/A	N/A	N/A	57.00	180.00	8.30	0.32	6.87	5.00	中等	3.00	贾义鹏(2013)
301	N/A	N/A	N/A	60.00	200.00	9.80	0.30	6.12	5.00	轻微	2.00	
302	N/A	N/A	N/A	18.80	179.00	5.70	0.11	3.30	7.40	无	1.00	
303	N/A	N/A	N/A	43.40	123.00	6.00	0.35	7.23	5.00	轻微	2.00	
304	N/A	N/A	N/A	48.00	120.00	1.50	0.40	32.00	5.80	中等	3.00	
305	N/A	N/A	N/A	63.00	115.00	1.50	0.55	42.00	5.70	中等	3.00	
306	N/A	N/A	N/A	56.10	130.00	9.30	0.43	6.03	7.40	中等	3.00	
307	N/A	N/A	N/A	49.50	110.00	1.50	0.45	33.00	5.70	中等	3.00	
308	N/A	N/A	N/A	34.00	150.00	5.40	0.23	27.78	7.80	无	1.00	Adoko et al. (2013)
309	N/A	N/A	N/A	60.70	111.50	7.86	0.54	14.19	6.16	强烈	4.00	
310	N/A	N/A	N/A	54.20	134.00	9.09	0.40	14.74	7.08	中等	3.00	
311	N/A	N/A	N/A	70.30	129.00	8.37	0.54	14.78	6.43	中等	3.00	
312	N/A	N/A	N/A	35.00	133.40	9.30	0.26	14.34	2.90	轻微	2.00	
313	N/A	N/A	N/A	157.30	91.23	6.92	1.72	13.18	6.27	强烈	4.00	
314	N/A	N/A	N/A	148.40	66.77	3.81	2.22	17.52	5.08	轻微	2.00	

续上表

序号	工程项目	围岩类型	H (m)	σ_θ (MPa)	σ_c (MPa)	σ_t (MPa)	σ_θ/σ_c	σ_c/σ_t	W_{et}	岩爆等级	岩爆等级编码	来源
315	N/A	N/A	N/A	132.10	51.50	2.47	2.57	20.85	4.63	中等	3.00	Adoko et al. (2013)
316	N/A	N/A	N/A	127.90	35.82	1.24	3.57	28.89	3.67	轻微	2.00	
317	N/A	N/A	N/A	107.50	21.50	0.60	5.00	35.83	2.29	无	1.00	
318	N/A	N/A	N/A	96.41	18.23	0.38	5.26	48.21	1.87	无	1.00	
319	N/A	N/A	N/A	167.20	110.30	8.36	1.52	13.19	6.83	强烈	4.00	
320	N/A	N/A	N/A	38.20	53.00	3.90	0.72	13.59	1.60	无	1.00	
321	N/A	N/A	N/A	11.30	90.00	4.80	0.13	18.75	3.60	无	1.00	
322	N/A	N/A	N/A	92.00	263.00	10.70	0.35	24.58	8.00	轻微	2.00	
323	N/A	N/A	N/A	62.40	235.00	9.50	0.27	24.74	9.00	强烈	4.00	
324	N/A	N/A	N/A	43.40	136.50	7.20	0.32	18.96	5.60	强烈	4.00	
325	N/A	N/A	N/A	11.00	105.00	4.90	0.10	21.43	4.70	无	1.00	
326	N/A	N/A	N/A	90.00	170.00	11.30	0.53	15.04	9.00	中等	3.00	
327	N/A	N/A	N/A	90.00	220.00	7.40	0.41	29.73	7.30	轻微	2.00	
328	N/A	N/A	N/A	62.60	165.00	9.40	0.38	17.55	9.00	轻微	2.00	
329	N/A	N/A	N/A	55.40	176.00	7.30	0.31	24.11	9.30	中等	3.00	
330	N/A	N/A	N/A	30.00	88.70	3.70	0.34	23.97	6.60	中等	3.00	
331	N/A	N/A	N/A	48.75	180.00	8.30	0.27	21.69	5.00	中等	3.00	
332	N/A	N/A	N/A	80.00	180.00	6.70	0.44	26.87	5.50	轻微	2.00	
333	N/A	N/A	N/A	89.00	236.00	8.30	0.38	28.43	5.00	中等	3.00	
334	N/A	N/A	N/A	98.60	120.00	6.50	0.82	18.46	3.80	中等	3.00	
335	N/A	N/A	N/A	108.40	140.00	8.00	0.77	17.50	5.00	强烈	4.00	

注:N/A 代表缺失值。

Appendix B

附录B

岩爆微震监测案例数据统计

附表 B

岩爆微震监测案例统计

序号	累计事件数 N(个)	事件率 n(个/d)	累计释放能量对数 $\lg E$(J)	能量速率对数 $\lg e$(J/d)	累计视体积对数 $\lg V$(m^3)	视体积率对数 $\lg v$(m^3/d)	岩爆等级
1	18	1.8	5.295	4.295	4.703	3.703	3
2	10	1.429	5.322	4.477	4.238	3.393	3
3	14	1.273	4.818	3.776	4.266	3.225	3
4	18	1.8	5.602	4.602	4.779	3.779	3
5	20	1.818	5.589	4.548	4.589	3.547	3
6	11	1.222	5.926	4.972	4.141	3.186	3
7	8	2	5.621	5.019	4.62	4.018	3
8	12	1.5	4.912	4.009	4.565	3.662	3
9	3	1	4.61	4.133	3.732	3.255	2
10	10	1.667	4.446	3.668	4.37	3.592	2
11	4	1	4.595	3.993	3.708	3.106	2
12	7	1.75	4.381	3.779	4.132	3.529	2
13	13	2.167	4.408	3.629	4.428	3.65	2
14	3	0.6	4.443	3.744	4.291	3.592	2
15	1	0.333	0.78	0.303	3.441	2.964	1
16	3	0.333	4.448	3.493	4.261	3.306	1
17	3	0.5	3.668	2.89	3.609	2.831	1
18	7	0.778	4.3	3.345	3.018	2.064	1
19	1	0.333	2.97	2.493	4.164	3.687	1
20	5	1	3.996	3.297	3.279	2.58	1

续上表

序号	累计事件数 N(个)	事件率 n(个/d)	累计释放能量对数 lg$E$(J)	能量速率对数 lg$e$(J/d)	累计视体积对数 lg$V$(m^3)	视体积率对数 lg$v$(m^3/d)	岩爆等级
21	2	0.5	1.21	0.608	4.146	3.544	1
22	1	0.167	1.65	0.872	2.787	2.009	1
23	1	1	0.9	0.9	2.759	2.759	1
24	4	0.8	4.737	4.038	4.173	3.474	1
25	1	0.333	1.67	1.193	4.033	3.556	1
26	1	0.167	1.72	0.942	3.857	3.079	1
27	2	1	1.39	1.089	2.908	2.607	1
28	5	0.455	2.435	1.393	3.878	2.836	1
29	4	0.444	1.316	0.361	3.114	2.16	1
30	1	0.25	0.78	0.178	3.441	2.839	1
31	49	12.25	6.419	5.817	4.995	4.393	4
32	58	3.625	7.094	5.89	4.975	3.771	4
33	42	6	6.284	5.439	5.05	4.204	4
34	49	6.125	6.373	5.47	5.168	4.265	4
35	22	2.2	5.859	4.859	4.895	3.895	4
36	15	1.667	6.587	5.633	5.152	4.198	4
37	20	2.5	5.982	5.079	4.453	3.55	3
38	6	1.148	5.008	3.577	4.627	3.195	3
39	11	2.75	4.966	4.364	4.154	3.552	3

续上表

序号	累计事件数 N(个)	事件率 n(个/d)	累计释放能量对数 $\lg E$(J)	能量速率对数 $\lg e$(J/d)	累计视体积对数 $\lg V$(m^3)	视体积率对数 $\lg v$(m^3/d)	岩爆等级
40	24	4	4.748	3.97	4.66	3.882	3
41	6	0.75	5.593	4.69	4.809	3.906	3
42	11	0.846	5.724	4.61	4.251	3.137	3
43	8	0.5	5.219	4.015	4.552	3.348	3
44	11	1.222	4.029	3.075	4.944	3.99	2
45	1	1	4.78	4.78	2.985	2.985	1
46	5	2.5	4.04	3.739	3.555	3.254	1
47	5	2.5	3.154	2.853	3.309	3.008	1
48	3	0.429	3.616	2.771	4.603	3.758	1
49	1	1	1.54	1.54	4.31	4.31	1
50	2	2	2.61	2.61	2.925	2.925	1
51	2	0.111	5.16	3.905	2.936	1.68	1
52	3	0.273	3.493	2.451	4.857	3.816	1
53	8	1.143	2.197	1.352	2.511	1.666	1
54	45	4.091	4.803	3.762	4.838	3.796	4
55	70	7	6.147	5.147	5.152	4.152	4
56	44	2.933	5.459	4.283	4.865	3.689	4
57	21	1.167	3.543	2.288	4.732	3.477	3
58	3	0.429	5.06	4.215	4.438	3.593	3

续上表

序号	累计事件数 N(个)	事件率 n(个/d)	累计释放能量对数 $\lg E$(J)	能量速率对数 $\lg e$(J/d)	累计视体积对数 $\lg V$(m^3)	视体积率对数 $\lg v$(m^3/d)	岩爆等级
59	19	1.9	3.68	2.68	4.832	3.832	3
60	12	1.714	5.098	4.253	3.516	2.671	3
61	22	0.957	4.736	3.374	4.133	2.771	2
62	8	0.615	4.132	3.018	3.504	2.39	2
63	29	2.9	3.882	2.882	4.156	3.156	2
64	20	1.25	4.76	3.556	3.843	2.639	2
65	12	4	3.543	3.066	4.223	3.746	2
66	6	1	5.561	4.783	4.043	3.265	2
67	6	0.75	4.368	3.465	3.497	2.594	2
68	7	1.75	5.4	4.798	3.919	3.317	2
69	4	0.308	5.82	4.706	3.728	2.614	1
70	10	2	4.008	3.309	3.221	2.522	1
71	41	3.727	5.968	4.926	4.694	3.653	4
72	10	1.25	6.576	5.673	5.081	4.178	4
73	14	1.556	5.841	4.887	4.622	3.668	3
74	17	1.889	4.754	3.8	4.397	3.443	3
75	10	1.111	4.614	3.66	4.611	3.657	2
76	4	0.667	4.53	3.752	4.557	3.779	2
77	3	0.75	4.211	3.609	3.794	3.192	1
78	2	1	1.94	1.639	3.25	2.949	1

参考文献

[1] Connor Langford J, Diederichs M S. Quantifying uncertainty in Hoek-Brown intact strength envelopes[J]. International Journal of Rock Mechanics and Mining Sciences, 2015, 74: 91-102.

[2] Connor Langford J, Diederichs M S. Reliability based approach to tunnel lining design using a modified point estimate method[J]. International Journal of Rock Mechanics and Mining Sciences, 2013,60:263-276.

[3] Connor Langford J, Vlachopoulos N, Diederichs M S. Revisiting support optimization at the Driskos tunnel using a quantitative risk approach[J]. Journal of Rock Mechanics and Geotechnical Engineering, 2016,8(2):147-163.

[4] Langford J C, Diederichs M S. Reliable Support Design for Excavations in Brittle Rock Using a Global Response Surface Method[J]. Rock Mechanics and Rock Engineering, 2015,48(2): 669-689.

[5] 唐小松,李典庆,周创兵,等.基于Copula函数的抗剪强度参数间相关性模拟及边坡可靠度分析[J].岩土工程学报,2012,34(12):2284-2291.

[6] 李典庆,唐小松,周创兵.基于Copula理论的岩土体参数不确定性表征与可靠度分析[M].北京:科学出版社,2015.

[7] Zhang L L, Zhang J, Zhang L M, et al. Back analysis of slope failure with Markov chain Monte Carlo simulation[J]. Computers and Geotechnics, 2010,37(7-8):905-912.

[8] Zhang L L, Zuo Z B, Ye G L, et al. Probabilistic parameter estimation and predictive uncertainty based on field measurements for unsaturated soil slope[J]. Computers and Geotechnics, 2013,48:72-81.

[9] Wang L, Hwang J H, Luo Z, et al. Probabilistic back analysis of slope failure-A case study in Taiwan[J]. Computers and Geotechnics, 2013,51:12-23.

[10] Li S, Zhao H, Ru Z, et al. Probabilistic back analysis based on Bayesian and multi-output support vector machine for a high cut rock slope[J]. Engineering Geology, 2016, 203: 178-190.

[11] Miro S, König M, Hartmann D, et al. A probabilistic analysis of subsoil parameters uncertainty impacts on tunnel-induced ground movements with a back-analysis study[J]. Computers and Geotechnics, 2015,68:38-53.

[12] Miranda T, Gomes Correia A, Ribeiro E Sousa L. Bayesian methodology for updating geomechanical parameters and uncertainty quantification[J]. International Journal of Rock Mechanics and Mining Sciences, 2009,46(7):1144-1153.

[13] Zhang J, Tang W H, Zhang L M, et al. Characteristic geotechnical model uncertainty by hybrid Marlov Chain Monte Carlo simulation[J]. Computers and Geotechnics, 2012(43):26-36.

[14] Peng M, Li X Y, Li D Q, et al. Slope safety evaluation by integrating multi-source monitoring information[J]. Structural Safety, 2014,49:65-74.

[15] Feng X, Jimenez R. Bayesian prediction of elastic modulus of intact rocks using their uniaxial compressive strength[J]. Engineering Geology, 2014,173:32-40.

[16] Wang Y, Cao Z. Probabilistic characterization of Young's modulus of soil using equivalent samples[J]. Engineering Geology, 2013,159:106-118.

[17] Cao Z, Wang Y, Li D. Quantification of prior knowledge in geotechnical site characterization [J]. Engineering Geology, 2016,203:107-116.

[18] Wang Y, Aladejare A E. Bayesian characterization of correlation between uniaxial compressive strength and Young's modulus of rock[J]. International Journal of Rock Mechanics and Mining Sciences, 2016,85:10-19.

[19] Nicksiar M, Martin C D. Crack initiation stress in low porosity crystalline and sedimentary rocks[J]. Engineering geology, 2013,154:64-76.

[20] Gao Y, Feng X, Zhang X, et al. Generalized crack damage stress thresholds of hard rocks under true triaxial compression[J]. Acta Geotechnica, 2020,15(3):565-580.

[21] Perras M A, Diederichs M S. A Review of the Tensile Strength of Rock: Concepts and Testing[J]. Geotechnical and geological engineering, 2014,32(2):525-546.

[22] Wen T, Tang H, Ma J, et al. Evaluation of methods for determining crack initiation stress under compression[J]. Engineering Geology, 2018,235:81-97.

[23] Zhao X G, Cai M, Wang J, et al. Objective Determination of Crack Initiation Stress of Brittle Rocks Under Compression Using AE Measurement[J]. Rock Mechanics and Rock Engineering, 2015,48(6):2473-2484.

[24] Zhang G K, Li H B, Wang M Y, et al. Crack initiation of granite under uniaxial compression tests: A comparison study[J]. Journal of Rock Mechanics and Geotechnical Engineering, 2020,12(3):656-666.

[25] C D Martin, N A Chandler N A. The Progressive Fracture of Lac du Bonnet Granite[J]. Intemational Journal of Rock Mechanics and Mining Sciences & Geomechanics Abstracts, 1994,31(6):643-659.

[26] Diederichs M S. The 2003 Canadian Geotechnical Colloquium: Mechanistic interpretation and practical application of damage and spalling prediction criteria for deep tunnelling[J]. Canadian Geotechnical Journal, 2007,44(9):1082-1116.

[27] HAJIABDOLMAJID V, KAISER P. Brittleness of rock and stability assessment in hard rock tunneling[J]. Tunnelling and underground space technology, 2003,18(1):35-48.

[28] 冯夏庭,张传庆,李邵军,等.深埋硬岩隧洞动态设计方法[M].北京:科学出版社,2013.

[29] 张春生,侯靖,褚卫江,等.深埋隧洞岩石力学问题与实践[M].北京:中国水利水电出版社,2016.

[30] ISO. ISO 2394 General principles on reliability for structures [S]. Switzerland: 2015.

[31] Lü Q, Xiao Z, Ji J, et al. Moving least squares method for reliability assessment of rock tun-

nel excavation considering ground-support interaction[J]. Computers and Geotechnics, 2017, 84:88-100.

[32] Sousa R L. Risk Analysis for Tunneling Projects[D]. MIT, 2010.

[33] Manchao H, Leal E Sousa R, Müller A, et al. Analysis of excessive deformations in tunnels for safety evaluation[J]. Tunnelling and Underground Space Technology, 2015,45:190-202.

[34] Martin C D, Kaiser P K, Christiansson R. Stress, instability and design of underground excavations[J]. International Journal of Rock Mechanics and Mining Sciences, 2003,40(7): 1027-1047.

[35] Martin C D, Christiansson R. Estimating the potential for spalling around a deep nuclear waste repository in crystalline rock[J]. International Journal of Rock Mechanics and Mining Sciences, 2009,46(2):219-228.

[36] Dammyr Ø. Prediction of Brittle Failure for TBM Tunnels in Anisotropic Rock: A Case Study from Northern Norway[J]. Rock Mechanics and Rock Engineering, 2016(49):2131-2153.

[37] Perras M A, Diederichs M S. Predicting excavation damage zone depths in brittle rocks[J]. Journal of Rock Mechanics and Geotechnical Engineering, 2016,8(1):60-74.

[38] Eskesen S, Tengborg P, Kampmann J, et al. Guidelines for tunnelling risk mangement: International Tunnelling Association, Working Group No. 2[J]. Tunnelling and Underground Space Technology, 2004(19):217-237.

[39] Sousa R L, Einstein H H. Risk analysis during tunnel construction using Bayesian Networks: Porto Metro case study[J]. Tunnelling and Underground Space Technology, 2012,27(1): 86-100.

[40] 交通运输部工程质量监督局.公路桥梁和隧道工程施工安全风险评估制度及指南解析[M].北京:人民交通出版社,2011.

[41] 中国铁路总公司.铁路建设工程风险管理技术规范:Q/CR 9006—2014[S].北京:中国铁道出版社,2014.

[42] 徐林生,王兰生,李天斌.国内外岩爆研究现状综述[J].长江科学院院报,1999(04): 25-28.

[43] 冯夏庭,陈炳瑞,张传庆,等.岩爆孕育过程的机制、预警与动态调控[M].北京:科学出版社,2013.

[44] Zhang Y, Feng X, Yang C, et al. Evaluation Method of Rock Brittleness under True Triaxial Stress States Based on Pre-peak Deformation Characteristic and Post-peak Energy Evolution [J]. Rock Mechanics and Rock Engineering, 2021,54(3):1277-1291.

[45] He M, E Sousa L R, Miranda T, et al. Rockburst laboratory tests database-Application of data mining techniques[J]. Engineering Geology, 2015,185:116-130.

[46] Meng F, Zhou H, Zhang C, et al. Evaluation Methodology of Brittleness of Rock Based on Post-Peak Stress-Strain Curves[J]. Rock Mechanics and Rock Engineering, 2015,48(5): 1787-1805.

[47] Tarasov B, Potvin Y. Universal criteria for rock brittleness estimation under triaxial compres-

sion[J]. International Journal of Rock Mechanics and Mining Sciences, 2013,59:57-69.

[48] Ai C, Zhang J, Li Y, et al. Estimation Criteria for Rock Brittleness Based on Energy Analysis During the Rupturing Process[J]. Rock Mechanics and Rock Engineering, 2016,49(12):4681-4698.

[49] Hoek E, Brown E T. Underground excavations in rock[M]. London: Institution of Mining and Metallurgy, 1980.

[50] 徐林生,王兰生. 二郎山公路隧道岩爆发生规律与岩爆预测研究[J]. 岩土工程学报,1999(05):569-572.

[51] 陶振宇. 高地应力区的岩爆及其判别[J]. 人民长江,1987(05):25-32.

[52] 住房和城乡建设部. 水力发电工程地质勘察规范:GB 50287—2016[S]. 北京:中国计划出版社,2017.

[53] 谷明成,何发亮,陈成宗. 秦岭隧道岩爆的研究[J]. 岩石力学与工程学报,2002(09):1324-1329.

[54] Adoko A C, Gokceoglu C, Wu L, et al. Knowledge-based and data-driven fuzzy modeling for rockburst prediction[J]. International Journal of Rock Mechanics and Mining Sciences, 2013,61:86-95.

[55] Zhou J, Li X, Shi X. Long-term prediction model of rockburst in underground openings using heuristic algorithms and support vector machines[J]. Safety Science,2012,50(4):629-644.

[56] Zhou J, Li X, Mitri H S. Evaluation method of rockburst: State-of-the-art literature review[J]. Tunnelling and Underground Space Technology, 2018,81:632-659.

[57] Li N, Feng X, Jimenez R. Predicting rock burst hazard with incomplete data using Bayesian networks[J]. Tunnelling and Underground Space Technology, 2017,61:61-70.

[58] 邱士利,冯夏庭,江权,等. 深埋隧洞应变型岩爆倾向性评估的新数值指标研究[J]. 岩石力学与工程学报,2014,33(10):2007-2017.

[59] Zhang W, Ching J, Goh A T C, et al. Big data and machine learning in geoscience and geoengineering: Introduction[J]. Geoscience Frontiers, 2021,12(1):327-329.

[60] Jong S C, Ong D E L, Oh E. State-of-the-art review of geotechnical-driven artificial intelligence techniques in underground soil-structure interaction[J]. Tunnelling and Underground Space Technology, 2021,113:103946.

[61] 蒋水华,李典庆,周创兵. 随机响应面法最优概率配点数目分析[J]. 计算力学学报,2012,29(03):345-351.

[62] 蔡美峰,何满潮,刘冬燕. 岩石力学与工程[M]. 2 版. 北京:科学出版社,2013.

[63] D M C, K K P, R M D. Hoek-Brown parameters for predicting the depth of brittle failure around tunnels[J]. Canadian Geotechnical Journal, 1999,36(1):136-151.

[64] Zhang J, Tang W H, Zhang L M, et al. Characterising geotechnical model uncertainty by hybrid Markov Chain Monte Carlo simulation[J]. Computers and Geotechnics, 2012,43:26-36.

[65] 余胜威. MATLAB 优化算法案例分析与应用[M]. 北京:清华大学出版社,2014.

[66] Li X, Li X, Su Y. A hybrid approach combining uniform design and support vector machine to probabilistic tunnel stability assessment[J]. Structural Safety, 2016,61:22-42.

[67] Diederichs M S, Kaiser P K, Eberhardt E. Damage initiation and propagation in hard rock during tunnelling and the influence of near-face stress rotation[J]. International Journal of Rock Mechanics and Mining Sciences, 2004,41(5):785-812.

[68] Einstein H H. Risk and risk analysis in rock engineering[J]. Tunnelling and Underground Space Technology incorporating Trenchless Technology Research, 1996,11(2):141-155.

[69] Brown E T. Risk assessment and management in underground rock engineering—an overview [J]. Journal of Rock Mechanics and Geotechnical Engineering, 2012,4(3):193-204.

[70] 张璐璐,张洁,徐耀,等.岩土工程可靠度理论[M].上海:同济大学出版社,2011.

[71] Hajiabdolmajid V, Kaiser P K, Martin C D. Modelling brittle failure of rock[J]. International Journal of Rock Mechanics and Mining Sciences, 2002,39(6):731-741.

[72] Hudson J A, Feng X T. Rock Engineering Risk[M]. Leiden: CRC Press/Balkema, 2015.

[73] Li D, Chen Y, Lu W, et al. Stochastic response surface method for reliability analysis of rock slopes involving correlated non-normal variables[J]. Computers and Geotechnics, 2011,38 (1):58-68.

[74] Li D, Zheng D, Cao Z, et al. Response surface methods for slope reliability analysis: Review and comparison[J]. Engineering Geology, 2016,203:3-14.

[75] 钱七虎,李树忱.深部岩体工程围岩分区破裂化现象研究综述[J].岩石力学与工程学报,2008(06):1278-1284.

[76] 李典庆,蒋水华.边坡可靠度非侵入式随机分析方法[M].北京:科学出版社,2016.

[77] Zevgolis I E, Bourdeau P L. Probabilistic analysis of retaining walls[J]. Computers and Geotechnics, 2010,37(3):359-373.

[78] Zevgolis I E, Deliveris A V, Koukouzas N C. Probabilistic design optimization and simplified geotechnical risk analysis for large open pit excavations[J]. Computers and Geotechnics, 2018,103:153-164.

[79] Itasca Consulting Group I. Long-term geomechanical stability analysis, DGR-TR-2011-17 [R].2011.

[80] 何正风,等.MATLAB概率与数理统计分析[M].北京:机械工业出版社,2012.

[81] Ma T H, Tang C A, Tang L X, et al. Rockburst characteristics and microseismic monitoring of deep-buried tunnels for Jinping II Hydropower Station[J]. Tunnelling and Underground Space Technology incorporating Trenchless Technology Research, 2015,49:345-368.

[82] 吴忠广,吴顺川.深埋硬岩隧道围岩参数概率反演方法[J].工程科学学报,2019,41(01):78-87.

[83] Zhang P, Yin Z, Jin Y, et al. A novel hybrid surrogate intelligent model for creep index prediction based on particle swarm optimization and random forest[J]. Engineering Geology, 2020,265:105328.

[84] Li Z, Huang H, Xue Y. Cut-slope versus shallow tunnel: Risk-based decision making frame-

work for alternative selection[J]. Engineering Geology, 2014,176:11-23.

[85] Wu Z, Wu S, Cheng Z. Discussion and application of a risk assessment method for spalling damage in a deep hard-rock tunnel[J]. Computers and Geotechnics, 2020,124:103632.

[86] 国家能源局.水电工程岩爆风险评估技术规范:NB/T 10143—2019[S].北京:中国水利水电出版社,2019.

[87] Wu S, Wu Z, Zhang C. Rock burst prediction probability model based on case analysis[J]. Tunnelling and Underground Space Technology incorporating Trenchless Technology Research, 2019,93:103069.